市政公用基础设施工程建造关键技术丛书

热力盾构隧道工程施工技术

孔 恒 黄明利 孟庆龙 著

中国建筑工业出版社

图书在版编目（CIP）数据

热力盾构隧道工程施工技术/孔恒，黄明利，孟庆龙著．—北京：中国建筑工业出版社，2022.6
（市政公用基础设施工程建造关键技术丛书）
ISBN 978-7-112-27395-9

Ⅰ．①热…　Ⅱ．①孔…②黄…③孟…　Ⅲ．①隧道施工—盾构法—研究　Ⅳ．①U455.43

中国版本图书馆 CIP 数据核字（2022）第 085757 号

责任编辑：刘颖超
责任校对：芦欣甜

市政公用基础设施工程建造关键技术丛书
热力盾构隧道工程施工技术
孔　恒　黄明利　孟庆龙　著

*

中国建筑工业出版社出版、发行（北京海淀三里河路 9 号）
各地新华书店、建筑书店经销
北京龙达新润科技有限公司制版
河北鹏润印刷有限公司印刷

*

开本：787 毫米×1092 毫米　1/16　印张：13¾　字数：335 千字
2022 年 8 月第一版　　2022 年 8 月第一次印刷
定价：**69.00** 元
ISBN 978-7-112-27395-9
（38951）

版权所有　翻印必究
如有印装质量问题，可寄本社图书出版中心退换
（邮政编码　100037）

作者简介

孔 恒，1965年出生，安徽亳州人，博士（后），教授级高工。住建部科学技术委员会市政交通组专家，国家一级建造师市政公用工程考试大纲与考试用书编写组组长，北京市"有突出贡献的科学、技术、管理人才"，入选"中国地铁60年人和事""管廊建设杰出贡献人物""中国盾构党员先锋谱"，其事迹在北京卫视《为你喝彩》专题播放。获省部级科技进步奖一等奖3项，二等奖8项，三等奖9项。获得发明专利授权30余项，出版专著3部，主参编书籍8部，主参编标准30余部，发表论文80余篇。

黄明利，1969年出生，黑龙江省哈尔滨市人，博士（后）。先后到香港理工大学和俄罗斯圣彼得堡国立交通大学做高访学者各1年，现任北京交通大学隧道及地下工程系教授、博导。主要从事隧道和地下工程施工力学和环境影响控制、装配式结构设计和施工技术、隧道注浆理论与技术等方面的教学科研工作。主持完成国家重点研发课题、国家自然基金等150余项。获省部级科技进步奖一等奖5项，二等奖6项，获得发明专利授权20余项，出版专著2部，发表论文100余篇。中国土木协会隧道和地下工程协会设计和教育专委会秘书长。

孟庆龙，1971年出生，河北承德人，教授级高工，全国一级注册建造师（市政、公路、建筑）、公路工程检测工程师，北京市危大工程专家库岩土专家、北京市评标专家。现任北京市政建设集团有限责任公司第二工程处总工程师。长期从事市政工程施工，曾主持多项科技创新课题，获得中国市政工程协会技术开发一等奖1项、中国交通运输协会科技进步一等奖1项，获得发明专利授权6项、实用新型专利40余项、软件著作权2项，发表论文10余篇，参编《给水排水构筑物工程施工新技术》《海绵城市建造实用技术手册》、一级建造师相关教材等著作。

前　言

随着我国城市化进程的加快以及城市建设的发展，集中供热事业取得了长足的进步，虽然近年来大力推广城市综合管廊的建设，但目前国内热力管线仍单独建设使用。热力管线工程规模不断扩大，实际工程中大多采用明挖法和矿山法。随着城市保护地下水环境要求的提高，对于地下水丰富或者不允许降水的地方，采用浅埋暗挖法施工进度缓慢，无水作业很难保证，严重影响了工期和工程质量，增加了造价，并且一般的注浆材料会污染地下水。与浅埋暗挖法相比，盾构法在城市地下工程中表现出了极强的适应性。未来若干年热力隧道给城市提供集中供热会成为趋势。如果能将盾构技术应用在热力隧道的修建中，必将大大提高施工安全和施工质量，加快施工速度，减小对城市交通及环境的影响。

目前地铁盾构隧道施工技术相对成熟，但在市场上暂无盾构法应用于热力隧道的相关书籍。热力盾构隧道与地铁盾构隧道施工不同，热力隧道检查井较多，需要盾构机多次穿越竖井，盾构机的掘进隧道较长，刀盘磨损严重，对盾构机的维护保养和掘进技术提出了更高的要求。热力隧道处在温度高、湿度大以及管道推力大的环境中，对混凝土结构有特殊的要求；连接螺栓和防水材料的耐久性能以及耐高温性能如何保证的问题需要解决；含有固定支架的管片环承受偏心的竖向和水平方向的作用力，并且和固定支架合理连接，需要特殊设计，目前这方面的设计尚缺乏可靠的参考资料。另外，由于热力隧道需要密集的检查井，对盾构掘进与检查井之间安全接驳的问题和隧道施工结束后拆除其位置处的管环，相关的力学机制也亟待研究。

本书提出了热力盾构管道固定传力支架结构体系；揭示了热力盾构管道固定传力支架结构的变形规律；优化了热力盾构管道固定传力支架结构布置、连接构造及现场施工技术；研发了耐高温老化硫化硅橡胶新型管片止水带；形成了井-隧施工成套技术。

本书撰写过程中，北京市政集团的乔国刚博士、刘明华等，圣彼得堡国立交通大学申巧凤博士等协助完成本书资料的收集总结工作；同时引用和参考了相关文献资料，特此致谢。

由于时间仓促，作者水平有限，书中内容难免存在错漏之处，恳请有关专家和读者给予批评和指正。

目 录

前言 ·· Ⅳ
第1章 绪论 ·· 1
   1.1 热力隧道研究意义 ·· 1
   1.2 国内外热力隧道发展现状 ·· 2
   1.3 热力隧道施工技术关键问题 ··· 4
第2章 工程概况和重难点分析 ·· 6
   2.1 工程概况 ··· 6
   2.2 工程重难点分析 ·· 16
第3章 热力盾构隧道支架受力分析及施工技术 ··· 18
   3.1 概述 ·· 18
   3.2 热力管道固定传力支架成型装置 ·· 18
   3.3 热力支架结构现场试验 ··· 20
   3.4 热力支架结构数值计算 ··· 36
   3.5 热力支架结构简化力学模型及分析 ··· 39
   3.6 热力支架结构施工技术 ··· 47
   3.7 本章小结 ·· 50
第4章 热力盾构隧道温度场效应及管片力学性能分析 ·· 51
   4.1 概述 ·· 51
   4.2 热传递的基本方式 ··· 51
   4.3 热力隧道温度场的基本传导方程 ·· 53
   4.4 传导方程的初始条件和边界条件 ·· 55
   4.5 有效圆域内热传导方程推导 ··· 55
   4.6 热传导物理模型的建立及简化 ·· 57
   4.7 地下热力管道运行中温度扩散规律研究 ··· 60
   4.8 地下热力管道运行中温度场与应力场的耦合分析 ··································· 65
   4.9 地下热力管道运行对混凝土管片的损伤分析 ··· 66
   4.10 热力盾构隧道管片力学性能分析 ·· 72
   4.11 特殊管片安装技术 ··· 81
   4.12 本章小结 ··· 85
第5章 热力盾构隧道结构防水材料耐久性研究 ··· 88
   5.1 概述 ·· 88

5.2	管片防水材料材质的对比选择	88
5.3	盾构管片接缝防水橡胶材料（硅橡胶）人工加速老化试验	90
5.4	密封垫断面结构及防水能力研究	93
5.5	管片间隙缓冲材料和管片接缝内侧嵌缝材料研究	100
5.6	本章小结	100

第6章 先井后隧方案施工关键技术 101

6.1	概述	101
6.2	热力检查井施工技术	101
6.3	先井后隧施工技术	120
6.4	先井后隧方案结构受力变形分析	126
6.5	现场监测分析	143
6.6	本章小结	145

第7章 先隧后井方案施工关键技术 147

7.1	概述	147
7.2	先隧后井施工技术	147
7.3	先隧后井方案结构受力变形分析	151
7.4	现场监测分析	159
7.5	本章小结	161

第8章 热力竖井段管片保护性拆除施工技术 163

8.1	管片拆除施工技术	163
8.2	管片保护性拆除方案研究	164
8.3	不同加固范围结构位移分析	168
8.4	不同加固范围结构应力分析	174
8.5	本章小结	181

第9章 施工监测与信息反馈技术 182

9.1	监测目的	182
9.2	编制依据	182
9.3	监控量测	182
9.4	监测方法	185
9.5	监测的辅助手段	195
9.6	监测技术管理措施和质量控制措施	196
9.7	信息化监测和成果反馈	201
9.8	监测成果分析	202

第10章 结论 211

参考文献 213

第1章 绪论

1.1 热力隧道研究意义

随着我国城市化进程的加快以及城市建设的发展，具有节能、卫生、环保等优势的集中供热事业取得了长足的进步。热力管线工程规模不断扩大，集中供热已经成为城市供热的重要方式之一。特别是在大城市，地上的空间资源十分紧张，城市地下空间随着地铁和市政管道的修建逐步得以开发利用，为了保障地下管线安全，解决地下管线混乱的问题，修建热力隧道显得非常必要。近年来，随着生活水平的提高，人们对生活的环境质量要求越来越高，为了不影响城市的美观，节省城市的使用空间，城市中的集中供热系统往往采用的是地下敷设方式[1-4]。

热力隧道的修建方法与一般隧道的方法基本一致，主要有明挖法、暗挖法、盾构法等[5,6]。传统的明挖法存在交通干扰大、环境影响大、地下管线改移和房屋拆迁等一系列问题。浅埋暗挖法在对道路交通、城市居民的出行、城市环境的影响等方面较明挖法具有很大的优越性，在实际工程中得到了大量的应用，北京热力隧道现已超过100km，几乎所有一级管网均采用暗挖通行沟（隧道）敷设[7-11]。但随着城市对保护地下水环境要求的提高，采用浅埋暗挖法施工进度缓慢，无水作业很难保证，严重影响了工期和工程质量，增加了造价，并且一般的注浆材料会污染地下水；对于要求地表沉降严格的区域，采用浅埋暗挖法代价较高；在城市地质环境较差的区域浅埋暗挖法也很难开展工作，需要采取更多的其他辅助措施。

与浅埋暗挖法相比，盾构法在城市地下工程施工中的优越性更为突显。盾构法特别适合在第四纪洪冲积黏土地层中推进，并且不需要降水，在地下水丰富、地层环境较差的区域有极强的适应性；施工速度快；机械化程度高，并且施工安全，管片工厂化制作，现场机械化、自动化精细安装，质量可以得到严格控制；对环境的影响优于浅埋暗挖法，可以通过盾构机与土层土压力的平衡严格控制地层沉降。

目前，北京在建的地铁线埋深一般在20～30m，随着埋深的加大，地质情况更加复杂，根据北京地质情况，深度达到30～50m时会遇到大卵漂石、强风化岩石、多层高承压水，因此对施工工艺及设计理念提出更高要求，相较于浅埋暗挖法，盾构法更适合在地下水丰富、地层环境较差的区域进行施工，尤其在北京地层条件下能够以较快的施工速度推进，机械化、自动化程度高，并且盾构施工不受气候、天气的影响[12,13]。盾构法在国内外的地铁、市政管道中已经得到了广泛的应用，但是在热力隧道中应用较少，在国内还没有可以借鉴的工程案例，更缺乏与热力隧道相关的盾构修建资料。未来若干年北京热力还将修建超过100km的热力隧道为城市提供集中供热。如果能将盾构技术应用于热力隧道的修建中，必将在很大程度上提高施工安全和施工质量，加快施工速度，减少对城市交通及环境的影响，为北京热力的发展提供强有力的保障。

热力盾构隧道与地铁盾构施工不同，热力隧道检查井较多[14]，需要盾构机多次穿越竖井，热力盾构施工中盾构机的掘进隧道较长，刀盘磨损严重，对盾构机的维护保养和掘进技术提出了更高的要求；盾构施工时，热力隧道承受的内荷载是地铁的17倍。热力隧道是处在温度高、湿度大以及管道推力大的环境中，对混凝土结构有特殊的要求；连接螺栓和防水材料的耐久性能以及耐高温性能如何保证的问题需要解决；含有固定支架的管片环承受偏心的竖向和水平方向的作用力，并且和固定支架合理连接，需要特殊设计，目前这方面的设计尚缺乏可靠的参考资料。另外，由于热力隧道需要密集的检查井，对盾构掘进与检查井之间安全接驳的问题和隧道施工结束后拆除其位置处的管环，相关的力学机制也亟待进行研究。所以要发挥盾构技术的优点，必须研究相关的关键技术。

1.2 国内外热力隧道发展现状

1.2.1 国外热力隧道发展现状

在美国、日本和欧洲的一些发达国家，地下空间开发和利用较早，技术和理论相对成熟。欧洲部分国家由于天气寒冷等原因，集中供热事业发展快，拥有较完善的集中供暖方式。2000年，这些国家集中供暖房屋所占比例如表1-1所示[15]。

丹麦的哥本哈根使用集中供暖的比例高达99%。哥本哈根的供暖方式与国内不同，主要有热水热网和蒸汽热网两种方式，供热对象大多是中心的医院以及旅馆等大型企业客户。相较于热水方式，蒸汽方式资源消耗高，并且对环境影响较大，为了满足未来需求，越来越多的供热采用以热水方式。据报道，该市修建的第一条热力盾构隧道长度3.9km，最大埋深38m，衬砌为钢纤维混凝土管片，外径4.8m，内径4.2m，采用先井后盾的工法。隧道埋深处的地层条件为石灰岩，热力隧道使用德国海瑞克（Herrenknecht）土压平衡盾构机在地铁的延伸段进行开挖施工，盾构始发井直径达到15～25m[16]。

集中供暖房屋所占比例　　　　表1-1

国家	百分比(%)	主要城市
冰岛(Iceland)	95	雷克雅维克(Reykjavik)
丹麦(Denmark)	60	哥本哈根(Copenhagen)
爱沙尼亚(Estonia)	52	塔林(Tallinn)
波兰(Poland)	52	华沙(Warszawa)
瑞典(Sweden)	50	韦克舍(Vaxjo)
捷克共和国(Czech Republic)	49	布拉格(Prague)
芬兰(Finland)	49	赫尔辛基(Helsinki)
斯洛伐克(Slovakia)	40	科希策(Kosice)
匈牙利(Hungary)	16	布达佩斯(Budapest)
奥地利(Austria)	12.5	维也纳(Vienna)

提及传统区域供暖工程,大部分人会想到供暖工程施工及使用过程中对交通产生的各种不利影响。因此,哥本哈根能源部这条 4km 的热力隧道使用盾构法进行修建。此外,还需要采取一些额外措施,减少施工过程中的噪声和尘土等,例如为了减少噪声,使用钻孔灌注桩替代钢板桩。在整个施工期间实施噪声的监控,保证符合环境法规。哥本哈根能源部非常重视施工过程,盾构始发井附近地面在施工过程中可能因水头降低而发生沉降,甚至引起开裂破坏。施工过程中使用紧密相连的桩墙嵌入石灰岩中,保证进入盾构始发井内的少量水能够泵送到周围岩层,以维持地下水位,明显减少了渗水量,对于以木桩为基础的建筑物有一定的保护作用,地下水位降低时木桩在空气中暴露极易腐烂。除此之外,在施工过程中对饮用水也采取了处理措施。将水处理的设备安置在每个竖井的周围。泵送回地下的水都是符合要求的水,不符合要求的水不能泵送回地下。施工过程中,在隧道周围容易受到振动的建筑物处安装振动监控设备,保证振动程度在允许范围内。

从哥本哈根建设的热力隧道可以看出,欧美等发达国家在供暖热力工程方面发展规模较大,有许多值得借鉴的施工技术和工程经验,例如规划、细节、亲和环境以及以人为本等方面。

芬兰首都赫尔辛基修建的热力管线全长 1230km,覆盖了赫尔辛基整个城市,其中一条热力隧道全长 30km,是欧洲最长的一条。赫尔辛基的热力管线涂成绿色,可以方便地与自来水管区分开来,并且管网呈环状布置,每个用户对于热源都有两种选择。

1.2.2 国内热力隧道发展现状

随着城市经济的迅速发展,水、电、热、气等支撑城市化建设的基础设施的作用越来越重要。这些基础设施的建设也越来越受到相关部门的关注。因此,我国集中供热的方式将会更广泛地被应用[17,18]。

在集中供热方面,北京一直处于领先地位。近 10 年北京的集中供热事业发展迅速。考虑到城市市容和城市环境,不同于以往的架空敷设方式,北京的集中供热管线一直采取以地下敷设为主、地沟和直埋敷设为辅的方式。目前热力隧道主要为暗挖隧道,没有采用盾构法建造的热力隧道。北京的主要热力隧道工程有:

1)位于北京长安街南侧的长安复线工程,从东四环路至西二环路,热力隧道管线全长 13km。隧道分为两段,一段为东四环至东二环的隧道长为 4.5km,管径为 1.2m;其余一段为东二环至西二环,长为 8.5km,管径为 1m。主要为暗挖方式的隧道,隧道断面高度为 4.1~4.4m,宽度为 5.4~6m。

2)位于北京朝阳区燕莎桥东侧的第三使馆区热力工程,直径 1m,为了北京第三使馆区的供暖而修建。管线覆土埋深为 2.5~7m,中心与马路中心的距离为 25m。隧道结构形式为复合式衬砌结构。隧道断面为直墙三心拱马蹄形,断面尺寸为 4.05m×5.3m(高×宽)。

3)和平街北口至太阳宫西路的北三环路热力外线工程,施工形式为浅埋暗挖和顶管敷设,干线管径 0.8m,全长 1460.33m,沿北三环东路敷设,与北三环热力外线相接。

4)五棵松至玉泉路的公主坟西延热力外线工程。主干线长 2.01km,设计管径 1m,玉泉路北分支管径 0.5m,分支管线长 61m,管线全长 2.071km。

5)崇文门热力隧道工程。双洞布置,结构形式为平顶直墙箱形封闭结构,下穿北京地铁 2 号线，隧道顶板和地铁结构底板垫层之间不保留任何土体，二者直接连接，为刚性接触。隧道断面尺寸为 1.8m×2.5m。

目前，我国各种用途的地下隧道工程建设正处于高速发展和建设阶段，隧道设计、建设及养护技术也在不断发展，为保证隧道的正常施工和运营，对隧道密封防水材料的使用性能也提出了更高的要求。盾构法施工技术虽然在国内已有广泛的应用，但因为发展历史短等原因，为盾构隧道建筑配套密封防水材料的研究机构和生产企业数量还相当有限，此类材料的设计和生产主要以仿照国外发达国家的技术和工艺为主，部分材料还未建立相关的国家标准和行业标准。

盾构法隧道密封防水材料主要以管片接缝弹性密封垫、遇水膨胀橡胶垫、螺栓孔密封垫和内侧嵌缝腻子等材料组成。其中弹性密封垫被认为整个防水体系中的主体材料。隧道建筑一般为永久性建筑，国内设计使用寿命一般为 100 年，密封防水材料在长期使用过程中的性能稳定性是隧道长期正常使用的重要保证。针对热力隧道的工况和使用要求，选用在高温环境中稳定性较好的橡胶是十分关键的。

1.3　热力隧道施工技术关键问题

1.3.1　主要技术问题

本书主要研究在设计荷载下所提出的热力盾构隧道固定支架结构的刚度、强度和稳定性是否满足要求；管片结构在大推力、大偏心的受力情况下能否满足施工要求；热力管道辐射热量在管片结构内产生的附加应力对混凝土管片正常工作的影响；针对热力盾构隧道内部特殊环境对管片接缝防水材料的使用性能的影响，研究优化性能、结构优异的橡胶弹性密封垫及橡胶辅材等防水工艺；热力盾构隧道与竖井检查室之间不同接驳施工技术对地表、竖井结构以及盾构隧道受力变形的影响；管片保护性拆除技术中随着加固范围的不同，对地表、竖井结构以及盾构隧道受力变形的影响。依托两项热力盾构实际工程，进行对比和优化，具体研究内容如下：

1）热力盾构法隧道支架受力分析及施工技术

通过现场试验，研究在设计荷载下热力盾构隧道管道固定支架自身的刚度、强度和稳定性，混凝土管片-热力盾构隧道管道固定支架连接构造的可靠性及其固定件的刚度和强度；理论分析混凝土管片-热力盾构隧道管道固定支架组合结构的传力机制、各组成构件的简化力学模型及其构件间的支撑条件，进行模型计算。在试验和理论研究基础上，反馈施工，优化热力盾构法隧道支架现场施工技术。

2）热力盾构隧道温度场效应及管片力学性能分析

针对热力隧道处在温度高、湿度大以及管道推力大的环境中的特殊性，为了有效发挥盾构法的优越性，必须对热力盾构隧道混凝土管片结构力学性能分析研究。主要研究两部分：一是温度场附加应力对混凝土管片结构正常工作安全性的影响；二是热力支架的附加推力对热力盾构隧道管片力学性能的影响。在此基础上简述了热力盾构隧道特殊管片环的施工安装技术。

3）热力盾构隧道结构防水材料耐久性研究

主要分为三个方面：密封垫材料选择（高温高湿环境下材料基本力学性能、耐久性、衰减性、与管片沟槽的粘结性研究）；密封垫结构形式优化（防水材料结构断面形式、密封性能研究）；密封垫防水能力测试（对选定的防水材料断面结构进行工装模拟试验，得出不同错缝量、不同张开量情况下的抗水压值和装配应力。通过人工老化试验并结合水压试验及承载试验结果确定在施工中使用密实断面硅橡胶密封垫作为管片间防水结构，提高了热力盾构隧道防水耐久性。

4）热力检查井与盾构隧道接驳施工技术研究

根据相关设计标准，参照相近工程案例的基础上提出先井后隧施工方案分为方案 1（盾构隧道施工前完成二衬施工）和方案 2（盾构隧道施工前未完成二衬施工），先隧后井施工方案分为方案 3（盾构隧道施工前先完成完整围护桩）和方案 4（盾构隧道施工完，再进行围护桩施工，围护桩施工至隧道顶部）四种施工方案，并对四种方案进行调研比选；重点采用三维数值模拟的手段进行施工阶段数值分析，分别研究四种方案隧道拱顶沉降、水平收敛、管片受力、地表沉降、围护桩侧移，结合现场监测数据对计算结果进行对比分析，分析每种施工方案的适用性，反馈优化施工。

5）热力竖井段管片保护性拆除施工技术

在竖井段盾构管片保护性拆除过程中需要对管片周围相应区域进行加固，以避免应力松弛。根据施工实际情况提出四种不同加固区范围，分别为与负环相连接的 2 环正环管片、4 环正环管片、6 环正环管片以及 8 环正环管片，采用数值计算的手段对比分析四种加固方案的隧道拱顶沉降、水平收敛、管片受力、地表沉降、围护桩侧移情况，结合施工经济性，确定管片保护性拆除施工中最佳的加固范围。

1.3.2 主要研究方法和技术路线

主要采用理论分析、数值模拟、统计调研和现场试验等方法对热力隧道盾构法施工的核心科学和关键技术问题进行系统研究，拟提出适于我国热力盾构隧道工程建设的施工技术，指导我国该类隧道工程施工。采用的研究技术路线如图 1-1 所示。

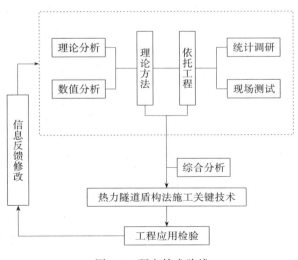

图 1-1 研究技术路线

第 2 章　工程概况和重难点分析

2.1　工程概况

本书研究内容依托两个热力盾构项目：东北热电中心配套热网北线工程（东坝中路—金榆路）及涿州—房山供热工程输热主干线项目第三标段。

东北热电中心配套热网北线工程全线设 3 处分支，管线全长 3636.2m，其中干线管径为 DN1400，长 3444m；供/回水温度 150℃/90℃；压力 1.6MPa；干线管线位于东坝南二街道路永中以南 6.2～10.9m 处，干线在 7 点设南北对开 DN500 分支，位于驹子房路道路永中以西 22m 处，长 89.9m，在 13 点设南北对开 DN1000 分支，位于北小河东路道路永中以西 24m 处，长 45m，在 22 点设南向 DN500 分支及北向 DN600 分支，位于北小河东路道路永中以西 24m 处，长 45m；通行地沟敷设，干线采用盾构方式实施，分支采用暗挖方式实施。29 点至 30 点为盾构始发井，1 号为盾构接收井，29 点至 30 点同时为东北热电中心配套热网北线（首都机场第二通道—温榆河大道）工程的盾构始发井；盾构隧道内径为 5.4m，管片厚 200mm，隧道外径为 6m，全线隧道净覆土厚度为 7.2～11.7m，沿线圆弧半径均为 300m；干线供水北供南回，支线供水东供西回；管道采用膨胀珍珠岩瓦保温，波纹管补偿器采用高温玻璃棉保温，管道均采用无机富锌底漆和聚氨酯面漆防腐。

东北热电中心配套热网北线电厂至青年路（首都机场第二通道—温榆河大道）工程为首都机场第二通道与东坝南二街交汇处，接自东北热电中心配套热网北线电厂至青年路（东坝中路—首都机场第二通道）30 号点，管线沿东坝南二街由西向东敷设，终点位于温榆河大道与东坝南二街交汇处，接东北热电中心配套热网北线电厂至青年路（坝河—东坝南二街）10 号点。管线全长 2786.9m，其中干线管径为 DN1400，长 2749.4m，DN800 分支长 37.5m；供/回水温度 150℃/90℃；压力 1.6MPa；干线 1～17 号位于东坝南二街永中以南 7.5m，17～20 号位于永中以南 7.5～143.2m，在 11 号设北向分支，管径 DN800，长 37.5m；通行地沟敷设，干线采用盾构方式实施，分支采用暗挖方式实施，盾构接收井为 20 号点，盾构隧道内径为 5.4m，管片厚 200mm，隧道外径为 6m，全线隧道净覆土厚度为 7.2～11.7m，沿线圆弧半径均为 300m；干线供水方向为北供南回，支线供水方向为东供西回；管道采用膨胀珍珠岩瓦保温，波纹管补偿器采用高温玻璃棉保温，管道均采用无机富锌底漆和聚氨酯面漆防腐。

涿州—房山供热工程输热主干线项目在焦庄热力盾构的工程经验指导下完成了盾构段作业。主热源为涿州热电厂，终点为良乡组团鸿顺园调峰锅炉房。由涿州热电厂东侧围墙外 DN1400 管道预留接口，敷设 DN1400 管道沿向仙路西侧延长线向东敷设至京港澳东侧绿化带内，再向北以 DN1200 管道沿京港澳高速敷设至规划一路，经规划一街、石厦路进入高端制造业基地调峰锅炉房后，继续以 DN1200 供热管道沿石厦路、良常路、良官路、白杨东路、揽秀南大街敷设至鸿顺园锅炉房，沿途向北京市房山区琉璃河镇、窦店镇、高端制造业（房山）基地、良乡组团供热。该项目总热负荷为590MW。该项目建设供热管网29.12km，设置回水加压泵站及热网监控中1座，最大管径DN1400。施工工艺采用明挖直埋、地沟、顶管、暗挖及盾构隧道，全线划分为四个标段。

涿州—房山供热工程输热主干线项目第三标段分为五个支线。涿州—房山供热工程输热主干线项目（规划沙岗街：琉陶路—大石河南堤）段，起点接自131058HC-9H设计末点，终点为大石河南堤，沿规划沙岗街东红线东8m处敷设；管线管径DN1200，管线全长为367.794m；检查室1座；设计供/回水温度130℃/90℃，设计压力2.5MPa；管线位于沙岗街东红线东8m；直埋敷设；自然补偿。涿州—房山供热工程输热主干线项目（京港澳高速公路：穿越大石河）段，起点接自131058HC-10H设计末点，末点接至131058HC-12H设计起点，管线管径DN1200，管线全长1176.597m，全线设热力小室2座，其中盾构始发井1座，盾构接收井1座；设计供/回水温度130℃/90℃，设计压力2.5MPa；管线位于京港澳高速东侧；3～10点采用盾构敷设，其余位置采用直埋敷设；采用轴向外压型波纹管补偿器和复式拉杆型波纹管补偿器。涿州—房山供热工程输热主干线项目（京港澳高速公路：大石河北堤—立西路）段，起点接自131058HC-11H设计末点。管线管径DN1200，管线全长为1576.825m。检查室3座；设计供/回水温度130℃/90℃，设计压力2.5MPa；管线京港澳高速公路东红线以东35～40.5m处；直埋敷设；自然补偿。涿州—房山供热工程输热主干线项目（京港澳高速公路：立西路—丁各庄村）段，起点接自131058HC-12H设计末点，沿京港澳高速公路东侧35～37m敷设，末点接至131058HC-14H设计起点，管线管径DN1200，管线全长1636.648m，全线设热力小室4座，架空398m，直埋地沟段24m，直埋管道段1214.6m；设计供/回水温度130℃/90℃，设计压力2.5MPa；1～4点、9～21点采用直埋敷设，4-1～8-2点采用架空敷设，8-2～9点采用不通行地沟敷设；自然补偿和外压直管压力平衡性波纹管补偿器补偿。涿州—房山供热工程输热主干线项目（京港澳高速公路：丁各庄村—房窑路）段，起点接自131058HC-13H设计末点，管线管径DN1200，管线全长1802.429m，设有一处分支，分支管径DN400，分支管线全长30m。全线设热力小室5座，其中盾构始发井1座，盾构接收井1座；设计供/回水温度130℃/70℃，设计压力1.6MPa；管线位于京港澳高速东侧；主干线管径DN1200，长度1802.429m，30点设置DN400分支，长度30m；1～28点采用盾构敷设，28～34点直埋敷设；采用轴向外压型波纹管补偿器和复式拉杆型波纹管补偿器。

2.1.1 工程地理位置

依托工程为东北热电中心配套热网北线工程（东坝中路—首都机场第二通道，首都机场第二通道—温榆河大道），西线管线全长3.444km，东线管线全长2.749km，管径均为DN1400，采用盾构法施工。管线方向为东西走向，经东坝中路、驹子房路、管庄路、首都机场第二通道、东高路，至温榆河大道。盾构始发井位于机场二高速东侧绿化地内，西侧接收井位于东坝中路东侧（东五环市场），东侧接收井位于坝河与金榆路之间的绿化地内，其间设置若干座检查室。

由于东北热电中心配套热网北线工程管线线位与东坝南二街的路由相同，沿线的地上障碍物基本已经拆迁完成，东坝南二街的随路管线还在规划设计中，目前，热力工程是第一个随路施工的专业管线工程，所以，竖井及暗挖隧道施工过程中无视地下管线的影响。

依托工程盾构隧道内径为5.4m，管片厚300mm，隧道外径为6m。全线隧道净覆土厚度为7.2~11.7m，沿线圆弧半径均为300m。竖井工程地理位置如图2-1所示。

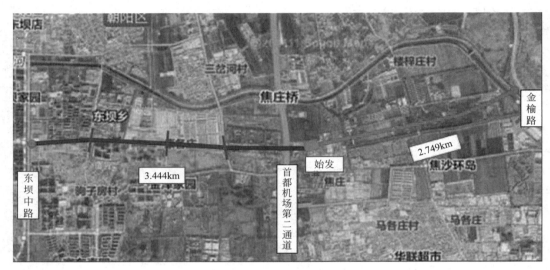

图2-1　工程地理位置示意图

拟建涿州—房山供热工程输热主干线（北京段）三标段管线沿琉陶路（起点为琉璃河环岛东约200m）、规划沙岗街、穿越大石河后沿京港澳高速东侧绿化带（终点为房窑路北约100m）敷设，具体位置如图2-2所示。

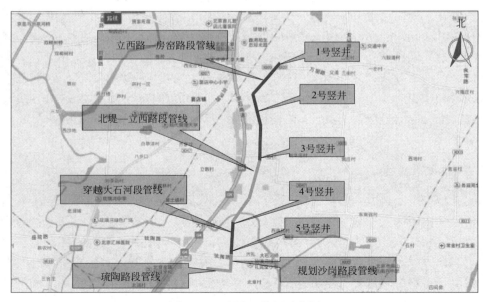

图2-2　工程地理位置示意图

2.1.2 工程地质条件

拟建场地表层为人工堆积的素填土①层、杂填土①$_1$层，最大厚度约12.50m；标高23.58~24.12m以下为第四纪沉积的粉细砂②层、黏质粉土②$_1$层；标高20.27~20.39m以下为细中砂③层、粉质黏土③$_1$层；标高14.39~16.65m以下为黏土④层、黏质粉土④$_1$层；标高7.01~8.34m以下为细中砂⑤层、重粉质黏土⑤$_1$层、黏质粉土⑤$_2$层；标高2.63~3.22m以下为黏土⑥层、粉质黏土⑥$_1$层；标高-8.53~-1.87m以下为细中砂⑦层；标高-8.51~-7.91m以下为粉质黏土⑧层；标高-11.94~-11.88m以下为细中砂⑨层。本次勘探最深钻至标高-14.64m，止于⑨大层。详见图2-3工程地质剖面图。

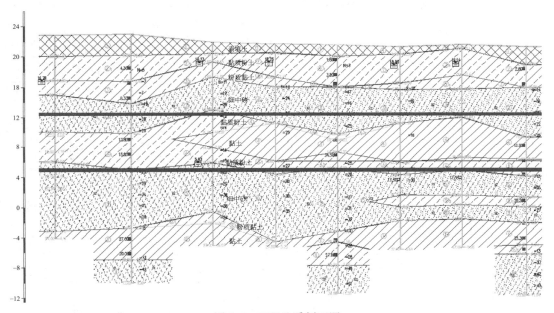

图2-3 工程地质剖面图

经北京中机勘岩工程技术有限公司对现场勘探，原位测试与室内土工试验成果的综合分析，在本次岩土工程勘察的勘探深度范围内（最深40m）的地层，按成因类型、沉积年代划分为人工填土层、一般第四纪沉积层两大类，按其工程性质，将钻探深度内的地层分为8个大层及5个亚层，其中①层为人工填土层，②~⑧层为一般第四纪沉积层，现自上而下分述如下：黏质粉土填土①层、粉细砂②层、中细砂③层、重粉质黏土、粉质黏土④层、细中砂⑤层、重粉质黏土、粉质黏土⑥层、中细砂⑦层、粉质黏土⑧层。

人工填土层：黏质粉土素填土①层：黄褐色，稍密，湿，以黏质粉土为主，含少量砖渣，土质不均。该层上部分布有房渣土①$_1$层。房渣土①$_1$层：杂色，稍密，稍湿—湿，以碎石、砖块、灰渣为主，土质不均匀。层底深度1.30~2.20m，层底标高22.99~24.12m。

一般第四纪沉积层：粉细砂②层：褐黄色，中密—密实，稍湿—湿，颗粒成分主要为长石、石英，含云母碎片。实测标准贯入试验锤击数平均值为32击。该层上部分布黏质粉土②$_1$亚层。

黏质粉土②$_1$层：褐黄色，中密，稍湿—湿，含少量云母碎片及氧化铁条纹。压缩模

量平均值 $E_{s100}=5.0$MPa，属中高压缩性土。层厚 2.60～3.80m，层底深度 4.80～5.20m，层底标高 20.19～20.39m。

中细砂③层：褐黄色，密实，湿—饱和，颗粒成分主要为长石、石英，含云母碎片。实测标准贯入试验锤击数平均值为 39 击。该层中部部分夹厚约 30cm 的黏质粉土。层厚 6.00～8.40m，层底深度 10.80～13.50m，层底标高 11.92～14.39m。重粉质黏土、粉质黏土④层：黄灰—灰色，可塑—硬塑，很湿—饱和，含云母碎片、氧化铁条纹及有机质等。压缩模量平均值 $E_{s100}=7.5$MPa，属中高—中压缩性土，实测标准贯入试验锤击数平均值为 16 击。该层分布黏质粉土$④_1$亚层。

黏质粉土$④_1$层：黄灰—灰色，密实，湿—饱和，含云母碎片、氧化铁条纹及有机质等，局部相变为砂质粉土。压缩模量平均值 $E_{s100}=12.5$MPa，属中低压缩性土，实测标准贯入试验锤击数平均值为 19 击。层厚 4.90～8.80m，层底深度 17.50～19.60m，层底标高 5.59～7.86m。

细中砂⑤层：黄灰—灰色，密实，饱和，颗粒成分主要为长石、石英，含云母碎片。实测标准贯入试验锤击数平均值为 53 击。该层中部部分夹厚 30～40cm 的黏质粉土。层厚 6.20～7.60m，层底深度 24.90～25.80m，层底标高 -0.61～0.48m。

重粉质黏土、粉质黏土⑥层：黄灰—灰色，可塑—硬塑，很湿—饱和，含云母碎片、氧化铁条纹及有机质等。压缩模量平均值 $E_{s100}=11.0$MPa，属中—中低压缩性土。该层分布有黏质粉土$⑥_1$亚层。

黏质粉土$⑥_1$层：黄灰—灰色，密实，湿—饱和，含云母碎片、氧化铁条纹及有机质等。压缩模量单值 $E_{s100}=17.9$MPa，属低压缩性土。层厚 4.90～5.50m，层底深度 30.30～30.70m，层底标高 -5.51～-4.94m。

中细砂⑦层：黄灰—灰色，密实，饱和，颗粒成分主要为长石、石英，含云母碎片。实测标准贯入试验锤击数平均值为 64 击。层厚 2.70～3.30m，层底深度 33.10～33.70m，层底标高 -8.51～-7.91m。

粉质黏土⑧层：黄灰—灰色，可塑—硬塑，很湿—饱和，含云母碎片、氧化铁条纹。压缩模量平均值 $E_{s100}=12.3$MPa，属中低压缩性土。该层分布有中细砂$⑧_1$亚层。

中细砂$⑧_1$层：黄灰—灰色，密实，饱和，颗粒成分主要为长石、石英，含云母碎片。实测标准贯入试验锤击数平均值为 77 击。该层未钻穿，最大揭露厚度 6.50m，最大揭露深度 40.00m，最低揭露标高 -14.64m。

北京市区位于华北大平原的西北缘，西、北及东北方向三面环山，东、南及东南面为广阔的平原区（北京平原）。拟建场地位于北京市西部的山前冲洪积平原及大石河—拒马河冲洪积平原，其第四纪沉积物主要为山区及河流冲洪积物。

拟建管线三标段沿规划沙岗街、穿越大石河、沿京港澳高速公路东侧绿化带至房窑路敷设，沿线周边主要有京港澳高速公路、高速公路窦店服务区、大石河、树林、企业厂房、水塘、铁路、公路、乡村道路、民房及大坑、水池等。

拟建场地地势总体为北高、南低，起伏较大，勘探期间钻孔孔口处地面标高为 25.95～36.73m。根据《北京地区建筑地基基础勘察设计规范》DBJ 11—501—2009 条文说明之北京平原地区第四系覆盖层等厚线示意图，拟建场地的覆盖层厚度约 50m。拟建场地浅层岩土为人工填土以及新近沉积和第四纪沉积的粉土、黏性土、砂土及碎石土等。

根据野外勘探、原位测试和室内土工试验成果，依据国家及北京市相关规范对本次所勘探最大孔深42.0m内地层进行合理的划分，按成因年代将本场地土层分为人工堆积层、新近沉积层和一般第四纪沉积层，按地层岩性进一步分为7个大层，主要地层情况如下：

人工堆积层：分布于地表，厚度一般在0.40~4.00m，局部区域厚度可达6.8~9.8m，主要地层情况为：

黏质粉土素填土①层：黄褐—褐黄色，松散—稍密，稍湿—湿，以黏质粉土为主，含砖渣、砖块、植物根茎等，局部为耕植土、局部地表为水泥路面。杂填土$①_1$层：杂色，松散—稍密，稍湿—湿，含砖渣、砖块、灰渣、碎石块等，局部为房渣土、局部地表为水泥路面。

新近沉积层：自绝对标高22.48~35.99m以下为新近沉积层，其中各层概述如下：

黏质粉土②层：褐黄色，局部灰黄色，稍密—中密，湿—饱和，含云母、氧化铁，含少量粗颗粒，偶见礓石及螺壳，多夹粉质黏土薄层，局部夹砂质粉土薄层，局部近似砂质粉土。粉质黏土—重粉质黏土$②_1$层：褐黄色，局部灰黄色，可塑，很湿，含云母、氧化铁，含少量粗颗粒，偶见礓石及螺壳，局部夹黏质粉土薄层。粉砂—细砂$②_2$层：灰黄—浅灰色，稍密—中密，湿—饱和，含云母、石英、长石，局部混黏性土，局部近似砂质粉土。

一般第四纪沉积层：自绝对标高14.38~27.46m以下为一般第四纪沉积层，概述如下：

粉质黏土—重粉质黏土③层：褐黄—灰黄色，很湿，可塑，含云母、氧化铁，局部含有机质、少量礓石及少量粗颗粒，偶见螺壳，局部夹黏质粉土、粉细砂薄层（夹层部位地下水具有承压性）。黏质粉土$③_1$层：褐黄—灰黄色，稍密—中密，湿—饱和，含云母、氧化铁，局部含有机质、少量粗颗粒，局部夹粉质黏土、砂质粉土薄层，局部近似砂质粉土。粉砂—细砂$③_2$层：褐黄—灰黄色，稍密—中密，饱和，含云母、石英、长石，局部夹粉质黏土薄层，偶见砾石。

粉质黏土—重粉质黏土④层：褐黄—灰黄色，很湿，可塑—硬塑，含云母、氧化铁，局部含有机质及少量礓石，个别礓石粒径可达3cm，偶见螺壳，局部夹黏质粉土、粉细砂薄层（夹层部位地下水具有承压性），C138钻孔一带17m左右存在砾石，粒径可达7cm。黏质粉土$④_1$：褐黄—灰黄色，中密，湿—饱和，含云母、氧化铁，局部含有机质及少量礓石，偶见螺壳，局部夹粉质黏土、砂质粉土薄层，局部近似砂质粉土。粉砂—细砂$④_2$层：褐黄—灰黄色，中密—密实，饱和，含云母、石英、长石，偶夹粉质黏土薄层，局部含少量砾石，局部砾石含量可达10%，C204钻孔一带17~19m存在胶结及板结团块。黏土$④_3$层：褐黄—灰黄色，很湿，可塑，含云母、氧化铁，局部含有机质及少量礓石，偶见螺壳。细砂—中砂$④_4$层：褐黄—灰黄色，密实，饱和，含云母、石英、长石，局部含少量砾石，局部砾石含量可达10%，局部近似砾砂。圆砾$④_5$层：杂色，密实，饱和，平均粒径为1.0~2.0cm，亚圆形，级配较好，细中砂充填，含量为35%~45%。

粉质黏土—重粉质黏土⑤层：褐黄色，很湿，可塑，含云母、氧化铁，含少量礓石，局部夹黏质粉土、粉细砂薄层（夹层部位地下水具有承压性），偶见砾石，个别钻孔砾石含量稍多。黏质粉土$⑤_1$层：褐黄色，密实，湿—饱和，含云母、氧化铁，含少量礓石，局部夹粉质黏土薄层，偶见砾石。细砂$⑤_2$层：褐黄色，密实，饱和，含云母、石英、长石，偶夹粉质黏土薄层，局部含少量砾石，局部砾石含量可达10%。

卵石⑥层：杂色，密实，饱和，平均粒径为4.0～8.0cm，亚圆形，级配较好，细中砂充填，含量为30%～40%，局部含漂石。粉质黏土—黏质粉土⑥$_1$层：褐黄色，密实，很湿，可塑，含云母、氧化铁，偶见砾石，局部砾石含量稍多。细砂—中砂⑥$_2$层：褐黄色，密实，饱和，含云母、石英、长石，含少量砾石，局部近似砾砂。圆砾⑥$_3$层：杂色，密实，饱和，平均粒径为1.0～2.0cm，亚圆形，级配较好，细中砂充填，含量为35%～45%。

卵石⑦层：杂色，密实，饱和，平均粒径为3.0～6.0cm，亚圆形，级配较好，细中砂充填，含量为25%～35%，局部含漂石。

2.1.3 水文地质条件

勘探时实测水位：于钻孔中观测到二层地下水。第一层地下水类型为潜水，埋深2.50～13.10m，标高13.20～20.33m，含水层主要为粉细砂②层、细中砂③层。第二层地下水类型为层间水，局部具承压性，埋深15.60～17.90m，标高4.18～8.19m，含水层主要为细中砂⑤层、⑦层和⑨层。地下水补给来源主要为大气降水及地下径流补给，以地下径流方式排泄。

历年最高水位及近3～5年最高水位：根据有关水文地质资料，拟建场区历年（1959年以来）最高地下水位接近自然地表。近3～5年最高水位标高首都机场第二通道—温榆河大道西段（勘探点号C02～C17）为23.00m左右，首都机场第二通道—温榆河大道东段（勘探点号C18～ZK70），年变化幅度1～2m。

勘察在30m深度范围内，发现两层地下水，地下水类型分别为台地潜水和层间水（具有弱承压性质）。台地潜水稳定水位埋深为5.10～5.30m，相应标高为20.08～20.09m。层间水埋深为19.30～19.80m，相应标高为5.39～6.08m；稳定水位埋深为17.00～17.90m，相应标高为7.48～8.19m，地下水特征如表2-1所示。

地下水特征表　　　　　　　　　　　　　　　　　表2-1

地下水性质		水位埋深(m)	水位标高(m)	主要含水层
台地潜水勘察期间(2013年10月2日～2013年10月4日)		5.10～5.30	20.08～20.09	中细砂③层
层间水	初见	19.30～19.80	5.39～6.08	细中砂⑤层
	稳定	17.00～17.90	7.48～8.19	

勘察期间（2017年3月上旬）拟建输热管线沿线30m深度范围内共揭露4层地下水，各层地下水水位埋深、标高及含水层等如表2-2所示。

地下水特征表　　　　　　　　　　　　　　　　　表2-2

序号	地下水类型	地下水稳定水位(承压水测压水头)		主要含水层
		埋深(m)	标高(m)	
1	上层滞水(一)	1.10～3.40	22.83～26.20	黏质粉土素填土①层及粉质黏土—重粉质黏土②$_1$层
2	潜水(二)	2.90～11.00	16.23～28.05	黏质粉土②层、粉砂—细砂②$_2$层

续表

序号	地下水类型	地下水稳定水位（承压水测压水头）		主要含水层
		埋深(m)	标高(m)	
3	层间潜水（三）（具有承压性）	5.80～11.80	15.11～26.26	粉砂—细砂③$_2$层、粉砂—细砂④$_2$层、细砂—中砂④$_4$层、圆砾④$_5$层
4	承压水（四）	11.70～18.70	8.41～23.14	黏质粉土⑤$_1$层、细砂⑤$_2$层、卵石⑥层、细砂—中砂⑥$_2$层、圆砾⑥$_3$层

拟建场地上层滞水（一）天然动态类型属渗入-蒸发、径流型，主要接受绿化浇灌及大气降水入渗等方式补给，以蒸发、侧向径流和向下入渗为主要排泄方式，仅有少数钻孔揭露，该层地下水水位变化无明显规律，水量分布不均。

拟建场地潜水（二）天然动态类型属渗入-径流型，主要接受大气降水入渗及地下水侧向径流、越流等方式补给，以地下水侧向径流、越流为主要排泄方式。该层地下水水位年动态变化规律一般为：6～9月份水位较高，其他月份水位相对较低，水位年变幅一般为2～3m。琉陶路一线受周边工地降水影响，水位相对较低。

拟建场地层间潜水（三）及承压水（四）天然动态类型属渗入-径流型，主要接受大气降水入渗及地下水侧向径流、越流等方式补给，以地下水侧向径流、越流为主要排泄方式。该层地下水水位年动态变化规律一般为：6～9月份水位较高，其他月份水位相对较低，水位年变幅一般为1～3m。

历年最高水位及近3～5年最高水位：根据有关水文地质资料，拟建场区历年（1959年以来）最高地下水位接近自然地表。近3～5年最高水位标高京港澳高速公路（立西路—房窑路）为31.00m左右，年变化幅度为1～2m。

2.1.4 地质评价

根据本次地下水水质分析结果，依据《岩土工程勘察规范》GB 50021—2001（2009年版）中有关标准按不利原则综合评价：拟建场地地下水对混凝土结构具微腐蚀性，在干湿交替作用下地下水对钢筋混凝土结构中的钢筋具弱腐蚀性。

场地浅层土对混凝土结构的腐蚀性评价，拟建场地环境类别为Ⅱ类、地层的渗透性为B类，根据《岩土工程勘察规范》GB 50021—2001（2009年版）及试验分析成果，拟建场地浅层土对混凝土结构的腐蚀性综合评价为微腐蚀；场地浅层土对钢筋混凝土结构中钢筋的腐蚀性评价，拟建场地浅层土对钢筋混凝土结构中钢筋的腐蚀性评价按B类考虑，根据《岩土工程勘察规范》GB 50021—2001（2009年版）及试验分析成果，本场地浅层土对钢筋混凝土结构中钢筋的腐蚀性评价为微腐蚀；场地浅层土对钢结构的腐蚀性评价，根据《岩土工程勘察规范》GB 50021—2001（2009年版）及本场地视电阻率实测值，本场地浅层土（黏质粉土②层、粉质黏土—重粉质黏土②$_1$层）对钢结构的腐蚀性评价为强腐蚀。

2.1.5 盾构机选型

盾构机选型与配置应适用、可靠、先进、经济，配置应包括刀盘、推进液压缸、管片拼装机、螺旋输送机、泥水循环系统、铰接装置、渣土改良系统和注浆系统等。盾构机选型依据应包括下列内容：

1）工程地质和水文地质勘察报告；
2）隧道线路及结构设计文件；
3）施工安全；
4）施工环境及其保护要求；
5）工期条件；
6）辅助施工方法；
7）类似工程施工经验。

盾构的壳体结构应能保证在其所承受的正常施工荷载作用下，各构件均应处于安全可靠状态。刀盘应符合下列规定：

1. 刀盘结构的强度和刚度应满足工程要求；
2. 刀盘结构形式应适应地质条件，刀盘面板应采取耐磨措施，刀盘开口率应能满足盾构掘进和出渣要求；
3. 刀具的选型和配置应根据地质条件、开挖直径、切削速度、掘进里程、最小曲线半径及地下障碍物情况等确定；
4. 刀盘添加剂喷口的数量及位置应根据地质条件、刀盘结构、刀盘开挖直径等确定。

刀盘主驱动应符合下列规定：

1）刀盘主驱动形式应根据地质和环境要求确定，最大设计扭矩应满足地质条件和脱困要求；
2）刀盘转速应根据地质条件和施工要求确定，转速应可调；
3）刀盘驱动主轴承密封应根据覆土厚度、地下水位、添加剂注入压力、掘进里程等确定。

推进液压缸应采取分区控制，每个分区液压缸应具备行程监测功能。总推力应根据推进阻力的总和及所需的安全系数确定。管片拼装机的自由度应满足拼装要求，各动作应准确可靠，操作应安全方便。螺旋输送机的结构和尺寸应根据工程地质和水文地质条件、盾构直径和掘进速度等确定。后闸门应具有紧急关闭功能。泥水循环系统应根据地质和施工条件等确定，并应具备掘进模式和旁通模式，流量应连续可调，可配置渣石处理装置。铰接装置应满足隧道轴线曲率半径的要求，最大推力应大于前后壳体姿态变化引起的阻力，每组铰接液压缸应具备行程监测功能。渣土改良系统和注浆系统应与地质条件相适应。注浆系统应具备物料注入速度和注入压力调节功能。人舱和保压系统应满足作业人员开仓作业要求，人舱宜采用并联双舱式。盾构主机和后配套设备结构应满足导向系统的安装和通视要求，盾构掘进管理系统应与导向系统实现数据交互。

本段热力盾构隧道由盾构始发井两台盾构机分别向东西方向掘进，盾构区间隧洞多为直线，最小曲线半径为300m。

热力盾构始发井净空长67.5m，深15.7m，标准段宽6.7m，两端为扩大段宽10.3m。

热力隧洞采用盾构法施工，盾构机采用加泥式土压平衡盾构机。隧道采用单圆断面形式，错缝拼装预制钢筋混凝土管片衬砌。热力盾构隧道断面及地层位置如图2-4所示，盾构始发井平面图如图2-5所示。

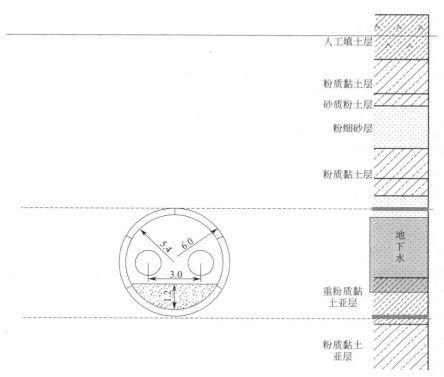

图 2-4 热力盾构隧洞断面及地层位置图

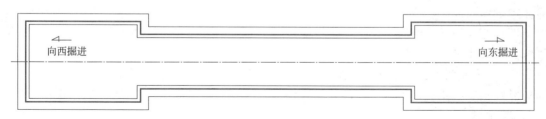

图 2-5 热力盾构始发井平面图

东坝中路—首都机场第二通道热力盾构区间，投入盾构机为 $\phi 6.14m$ 加泥式土压平衡盾构机，盾构机穿越主要为粉土、细中砂、粉质黏土等。$\phi 6.14m$ 铰接式土压平衡隧道盾构机主要参数为外径 6.14m，壳体长度 8.78m，盾体总长 14.085m，电动变频驱动功率 550kW，总推进力 40000kN，扭矩 5235kN·m，推进千斤顶 2500kN×16 根，铰接千斤顶 2500kN×12 根，最大掘进速度 60mm/min。

首都机场第二通道—温榆河大道热力隧道盾构区间，投入的盾构机机型为 $\phi 6.25m$ 加泥式土压平衡盾构机，盾构机穿越主要为粉土、细中砂、粉质黏土等。$\phi 6.25m$ 土压平衡隧道盾构机主要参数为外径 6.25m，盾体总长 12.5m，驱动形式为液压驱动，主驱动装机功率 3×15kN，总推进力 36493kN，额定扭矩 5000kN·m，推进油缸 16 组/32 根，行程 2.1m，铰接油缸 14 根，最大推进速度 80mm/min。

大石河北堤—大石河南堤区间，投入盾构机为中铁重工 $\phi 6.25m$ 加泥式土压平衡盾构机；丁各庄村—房窑路区间，投入盾构机为奥村 $\phi 6.14m$ 加泥式土压平衡盾构机。根据本工程的地质情况，两台盾构机均采用辐条式刀盘。

丁各庄村—房窑路区间投入奥村盾构机机型为ϕ6.14m加泥式土压平衡盾构机，主要参数为外径6.14m，盾体总长9.25m，推进千斤顶2500kN×16根，最大推进速度100mm/min，总推力为40000kN，最小转弯半径为350m。

大石河北堤—大石河南堤区间投入中铁重工盾构机机型为ϕ6.25m加泥式土压平衡盾构机，主要参数为外径6.25m，盾体总长12.5m，驱动形式为液压驱动，主驱动装机功率3315kN，总推进力36493kN，额定扭矩5000kN·m，推进油缸16组/32根，行程2.1m，铰接油缸14根，最大推进速度80mm/min。

2.2 工程重难点分析

依托工程热力管网线路长、工程量大、工期要求紧；管道全长6.2km，全线主干线采用盾构法施工。为了保证工期要求，全线分段同时施工，不能形成最为合理的流水作业；东坝中路—首都机场第二通道段盾构隧道施工侧穿机场二高速高架桥，机场二高速高架桥为桩基础，简支梁结构，盾构隧道与桥桩最近距离为6m，盾构施工时保证桥梁结构的安全至关重要；无论先井后隧施工方案，还是先隧后井施工方案，只要是提前施作完围护桩的情况下，均会遇到围护桩被切断的现象，围护桩断桩处的处理较复杂，未提前施作围护桩结构的施工方案，部分围护桩施工至盾构隧道管片顶部，桩底高程控制难度大，盾构隧道正下部围岩加固施工工艺复杂，施工难度较大。

地面沉降控制是本工程盾构施工关键，只有把地面沉降控制在一定范围内，才不会对地面建筑物和地下管线构成危害，才能保证施工的顺利进行。鉴于隧洞上方地面现况交通以及地面建（构）筑物、地下管线的重要性，控制地面沉降是工程的重点。主要对策如下：

1）施工前调查：对影响范围内的各种市政管线进行详尽的调查，包括位置、埋深、结构形式、直径及管内流量等。防止施工破坏管线或产生过大沉降出现裂缝而漏水，影响隧洞施工的安全。

2）盾构通过时可以采取控制掘进速度和出土量，调整土仓压力，控制同步注浆的压力及注浆量，从而达到有效控制地层的弹塑性变形。

3）避免停机过长。盾构施工过程中，掘进、注浆、管片拼装、运输等环节要求协调一致，合理安排各部分的运作时间，保证连续均衡施工，避免停机时间过长，才能有效控制土仓压力，才能有效控制地面沉降。

4）加强监控量测工作，切实做到信息化施工。

对重要施工地段，应在设计的基础上，增加监测项目，加密测点布置和加大监测频率。对所穿越建（构）筑物，应根据权威鉴定部门所出具的报告确定监测警戒值，并制定相应保护方案。通过加强施工过程的监控量测，把对地面沉降的控制落实到每一个关键工序。对所有观测数据，均实行信息化管理，并由富有经验的专职人员根据不同的观测要求，绘制不同的数据曲线，并记录相应表格，预测变形发展趋向，及时反馈并进行施工调整，确保安全施工。

本工程盾构隧道下穿大石河、厂房、房窑路、水塔等构筑物，这是盾构掘进的重要控制点：涿州至房山供热工程输热主干线项目第三标段（京港澳高速公路：穿越大石河）盾构下穿大石河，盾构隧道覆土 9m。涿州至房山供热工程输热主干线项目第三标段（京港澳高速公路：丁各庄村—房窑路）盾构下穿房窑路、深港药业厂区，与京广铁路顺行，水平距离 25m。风险源等级为二级。应对措施如下：

1) 强化施工人员的质量意识，并对盾构穿越的有关施工人员进行培训；
2) 与管理部门配合，做好穿越前的准备工作；
3) 根据设计专项设计方案采取相应的加固措施；
4) 严格保证施工的连续性，做好各种保障；
5) 施工过程中严格控制掘进土压力；
6) 控制掘进速度；
7) 严格控制出土量；
8) 严格控制盾尾同步注浆；
9) 严格控制二次补注浆。

本工程盾构始发及接收井深度超过 15m，属于一级基坑，因此，基坑安全是施工控制的重点；两座盾构始发井及两座盾构接收井，基坑深度均超过 15m，地下水丰富，而且存在承压水，水头很高。应对措施如下：

1) 按照北京市危险性较大的分部分项工程安全专项施工方案论证的要求，组织专家论证，并按照专家论证的方案进行施工。
2) 针对基坑开挖范围内的承压水，通过降水井和疏干井进行减压，降低承压水水头，保证基坑安全性。
3) 基坑开挖过程中按照监测方案进行施工监测，按照预警机制及时进行响应，用监测数据指导施工作业。
4) 按照有限空间作业的要求，保证基坑人员施工作业的安全。

第 3 章 热力盾构隧道支架受力分析及施工技术

3.1 概述

热力盾构隧道与地铁盾构隧道相比,有其特殊性。最本质的区别即热力盾构隧道运营的是热力管线,热力管线在运营过程中产生的温度附加应力及变形需通过设置管道固定传力支架以及隔一定距离设置热力检查井来释放、吸收。在热力管线工程中,固定支架是保证管线安全运行的重要结构物。固定支架起着限制管道热胀位移、保护弯头及其三通管件安全的作用。为保证热力管线正常使用下的安全运行,设计需解决两个问题:一是保证热力支架在热力管线作用下的强度、刚度和稳定性;二是含有固定支架的管片环承受偏心的竖向和水平方向的作用力,需保证管片环的稳定性,并且和固定支架合理连接。目前,国内外与本项目研究的热力盾构法隧道支架密切相关的文献较少,对这方面的设计还缺乏可靠的参考资料。通过现场试验研究、理论分析、设计研究来对热力盾构管道固定传力支架结构进行受力分析,以确保施工及运营的安全,并优化施工技术,为编制施工技术规程奠定基础。

3.2 热力管道固定传力支架成型装置

设计中首先充分利用了现行地铁隧道盾构技术,同时考虑了混凝土管片的设计与施工特点,在目前相关规范标准的框架下,结合热力管道支架系统功能和受力特点要求,经理论分析和设计研究,所得的固定支架系统由支架、环梁、固定件、锚栓和管片组成,如图 3-1、图 3-2 所示[14,19-22]。

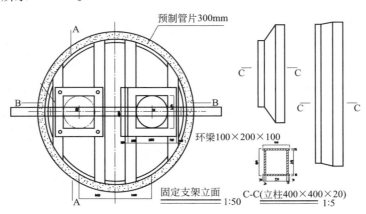

图 3-1 热力支架结构系统(一)

第 3 章 热力盾构隧道支架受力分析及施工技术

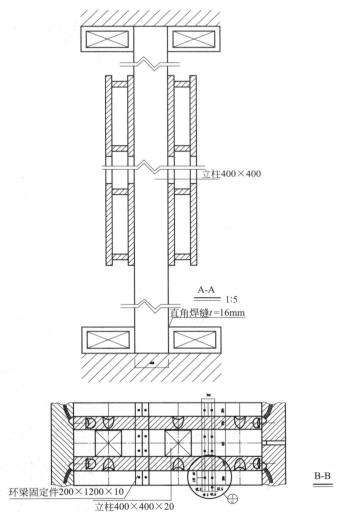

图 3-1 热力支架结构系统（二）

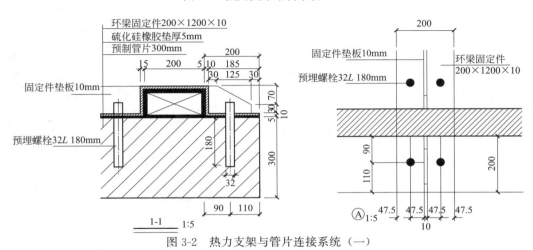

图 3-2 热力支架与管片连接系统（一）

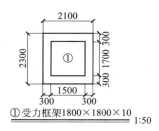 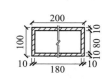

设计说明:
1.本图尺寸均以"mm"计,标高以"m"计。
2.在混凝土管片与环梁间设置硫化硅橡胶垫层5mm。

① 受力框架1800×1800×10   1:50
① 铸钢环梁200×100×10   1:5

图 3-2　热力支架与管片连接系统(二)

3.3　热力支架结构现场试验

3.3.1　现场试验设计

1. 试验目的及主要内容

试验目的是,通过现场试验研究所设计的热力支架结构系统是安全可靠,并为理论分析和优化设计提供试验依据。试验内容涵盖三个方面:

1)"热力管道钢结构支架"各组成构件的挠度和应变;
2)"混凝土管道"和"热力管道支架"通过固定件传力,二者之间的相对滑移。
3)"混凝土管道"两管片间连接部分的压缩位移。主要测试参数:荷载,位移,应变。

2. 试验加载设计

1)混凝土管道边界支撑方案的确定。根据现场条件和所提供的设计图纸,依照试验加载要求,研究了混凝土管道在受力后的稳定性,确定了利用混凝土管道与盾构反力支架钢结构加强连接的方式,保持在竖向荷载作用下抗扭转平衡。

2)竖向荷载施加方案的确定。在现场没有热力管道重力荷载的条件下,采用竖向千斤顶施加竖向荷载对其进行模拟,在支撑混凝土管道的底座系统竖向拉杆,拉杆通过在混凝土管片的钻孔,与竖向千斤顶加载系统的顶部反力钢板拉结,实现了通过竖向千斤顶向支架结构施加竖向荷载的加载要求。

3)水平荷载施加方案的确定。在现场没有由热力管道及其流体导致的水平荷载条件下,采用水平千斤顶施加水平荷载对其进行模拟,利用现场盾构系统的反力支架,在两端6.2m跨度的三角形反力支架竖杆之间架设一根水平反力梁,并在该水平反力梁上设置与水平千斤顶的连接部件,将水平千斤顶与该水平梁连接后,向热力固定支架结构施加水平荷载。为使所施加的水平荷载与实际情况较为接近,在水平千斤顶加载端部与固定支架之间设计了十字交叉梁系统。

3. 现场试验及数据采集

竖向和水平荷载均采用单向分级加载方式。

1)竖向荷载的施加。首先分级施加竖向荷载,设计的最大竖向荷载为500kN,开始阶段每100kN为一级荷载增量,直到300kN;后阶段为50kN为一级荷载增量,直到竖向加载终止,此后一直稳定该竖向荷载值不变。利用自动计算机数据系统采集每一级荷载下结构的各关键部位的位移与应变。

2)水平荷载的施加。在竖向荷载施加完毕并完成数据采集后,稳定该竖向荷载值保持不变，并开始施加水平荷载。设计的最大水平荷载为 800kN，实际施加的最大水平荷载为 960kN，超过设计水平荷载的 20%。水平荷载分级加载，开始阶段每 100kN 为一级荷载增量，直到 700kN；后阶段为 50kN 为一级荷载增量，直到水平荷载加载终止。利用自动计算机数据采集系统采集每一级荷载下结构的各关键部位的位移与应变。

3）数据采集的实现。位移用精度为 0.01mm 的电子百分表采集，竖向及水平荷载用 1000kN 荷载传感器采集，应变用高精度的电阻应变片采集，各种电测数均由计算机控制的 IMP 数据采集系统实现。

3.3.2 试验结果及分析

1. 竖向荷载下热力支架力学性能试验

1）钢框架梁竖向位移及应变

钢框架梁的竖向位移及应变布置测点如图 3-3 所示。图中 KJB01 表示钢框架下梁跨中底面的应变片；KJB02 表示钢框架下梁左端上部的应变片；KJB03 表示钢框架下梁右端上部的应变片；KJT01 表示钢框架上梁跨中底面的应变片；KJT02 表示钢框架上梁左端上部的应变片；KJT03 表示钢框架上梁右端上部的应变片；DLZN01 表示长柱上部四分之一点处的应变片；DLZN03 表示长柱下部四分之一点处的应变片；位移计布置在梁跨中底面。

这里需说明的是，竖向荷载有前后两个框架梁共同承担，由于框架结构的对称性，两个框架梁所承担的竖向荷载相等，并且两个框架梁跨中的位移也相等，以下所述的荷载指的是整个竖向荷载，其框架梁跨中的位移指整个竖向荷载作用情况下每个框架梁跨中的位移。

试验所得钢框架梁竖向位移如表 3-1 所示。表中 N 表示竖向荷载，U_y 表示梁跨中竖向位移。

各级竖向荷载下钢框架下部梁跨中竖向位移实测值　　　表 3-1

竖向荷载 N(kN)	100	200	300	350	400	450	600
梁跨中位移 U_y(mm)	0.11	0.22	0.33	0.39	0.44	0.49	0.55

实测所得竖向荷载 N 与梁跨中位移 U_y 关系曲线如图 3-4 所示。

实测所得各级竖向荷载作用下框架下梁应变值如表 3-2 所示。实测所得框架上梁 3 个测点 KJT01、KJT02、KJT03 的最大应变值仅为 26με，约为屈服应变的 1/58。因此，在竖向荷载作用下，若管道不与上梁连接而直接搭在下梁时，上梁的应变很小可忽略不计，故未将其列于表 3-2 中。

各级竖向荷载作用下框架下梁实测应变值（με）　　　表 3-2

竖向荷载 F(kN)	100	200	300	350	400	450	500
下梁中部下 KJB01	75	156	235	278	317	350	396
下梁左端上 KJB02	6	10	15	19	23	27	31
下梁右端上 KJB03	5	9	13	16	20	23	26

实测所得竖向荷载 F 与梁跨中应变 ε 关系曲线如图 3-5 所示。

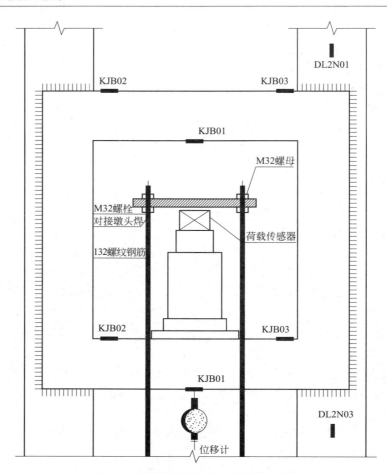

图 3-3 钢框架梁的位移、应变测点布置

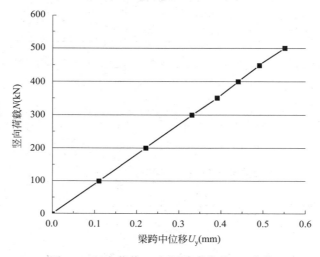

图 3-4 竖向荷载 N 与梁跨中位移 U_y 曲线

2）热力支架整体变形分析

由表 3-1、表 3-2 可见，在设计竖向荷载作用下，框架梁的变形处于弹性状态，其最大

第3章 热力盾构隧道支架受力分析及施工技术

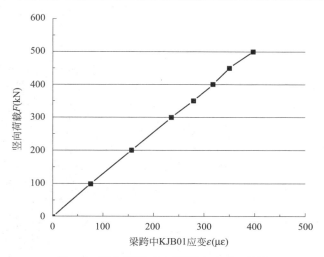

图 3-5 竖向荷载 F 与梁跨中应变 ε 曲线

跨中位移为 0.55mm，与梁净跨 1200mm 相比较，其挠度为 0.55/1200＝1/2182，该值远小于《钢结构设计规范》GB 50017—2003 所规定的受弯构件允许挠度的限值（l 为梁的净跨）。

在设计竖向荷载作用下，热力支架结构的其他部件变形极小，可忽略不计。比如长柱上部四分之一处测点 DLZN01 的应变为 $15\mu\varepsilon$；长柱下部四分之一处测点 DLZN02 的应变为 $-18\mu\varepsilon$。这些应变仅为屈服应变的百分之一左右，所以在竖向荷载作用下，框架梁的变形是关键因素。

3）试验研究结论

（1）在设计竖向荷载作用下，热力管道支架梁的最大应变为 $396\mu\varepsilon$，为屈服应变的 26.4%。热力管道支架梁的强度有足够安全储备。

（2）在设计竖向荷载作用下，热力管道支架梁的最大位移为 0.55mm，为梁净跨的 1200mm 的 1/2182。完全满足《钢结构设计规范》GB 50017—2003 对受弯构件变形的要求。热力管道支架梁具有足够的刚度。

（3）在设计竖向荷载作用下，除梁以外其他构件变形很小。

2. 水平荷载下热力支架力学性能试验

当竖向荷载施加完成后，保持其值不变，继续分级施加水平荷载，进行了竖向荷载和水平荷载共同作用下的热力支架力学性能的试验。

1）钢框架梁水平位移及应变

钢框架梁水平位移及应变测点布置见图 3-6。试验所得钢框架梁水平位移见表 3-3 和图 3-7。

各级水平荷载下钢框架下梁跨中水平位移实测值 表 3-3

水平荷载 F(kN)	100	200	300	400	500	600	700
梁水平位移 U_x(mm)	0.79	1.59	1.86	2.33	2.89	3.32	3.64
水平荷载 F(kN)	750	800	850	900	960		
梁水平位移 U_x(mm)	3.92	3.43	3.64	3.86	4.12		

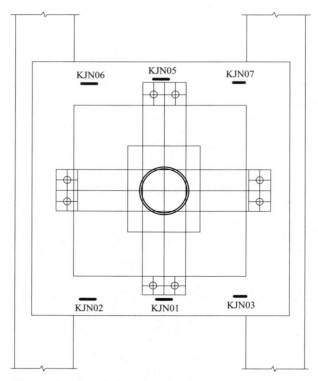

图 3-6　钢框架梁水平位移及应变测点布置

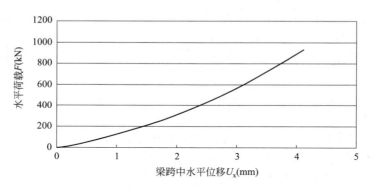

图 3-7　水平荷载 F 与梁跨中水平位移 U_x 曲线

实测所得部分级别水平荷载作用下框架梁应变值见表 3-4。

部分级别水平荷载作用下框架梁实测应变值（$\mu\varepsilon$）　　　表 3-4

水平荷载 F(kN)	150	300	450	600	750	900	960
上梁中部 KJN05	113	225	338	445	562	677	718
上梁左端 KJN06	43	65	91	129	155	178	185
上梁右端 KJN07	6	24	47	66	85	101	135
下梁中部 KJN01	105	208	304	407	503	605	640
下梁左端 KJN02	37	59	85	122	153	189	196
下梁右端 KJN03	22	43	57	78	92	109	124

部分实测水平荷载 F 与梁端应变 ε 关系曲线见图 3-8。

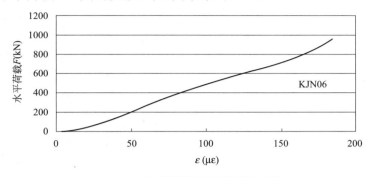

(a) 水平荷载 F 与上梁左端 ε 曲线

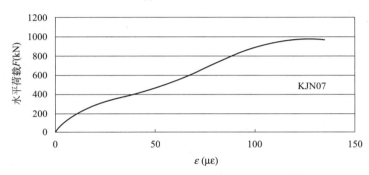

(b) 水平荷载 F 与上梁右端 ε 曲线

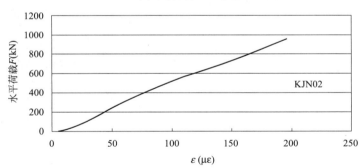

(c) 水平荷载 F 与下梁左端 ε 曲线

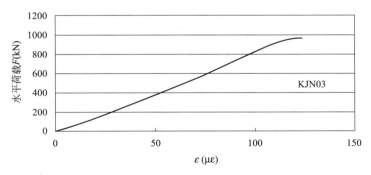

(d) 水平荷载 F 与下梁右端 ε 曲线

图 3-8　水平荷载 F 与梁端应变 ε 曲线

试验研究结论：

（1）梁的强度：水平荷载作用下，钢框架梁基本处于弹性，最大应变发生在跨中，最大应变值为718με，约为屈服应变的50%，梁的强度满足要求，并有足够的安全储备。

（2）梁的刚度：水平荷载作用下，梁跨中水平位移最大值为4.12mm，该水平位移值包含了梁随两端柱的刚体位移，经分析该刚体位移值为（0.77+3.37）/2=2.07mm，故梁跨中相对梁端水平位移为4.12-2.07=2.05mm。因此梁的相对挠度为梁净跨L=1200mm 的 1/585，完全满足《钢结构设计规范》GB 50017—2003对受弯构件变形的要求。

（3）梁的端部约束：水平荷载作用下，梁左端应变明显大于右端应变，这种梁端应变的不对称性，是由于左端与短柱相接、右端与长柱相接，而短柱的抗扭刚度大于长柱的抗扭刚度，也就是说短柱一侧对梁端弯曲变形约束较强。

2）钢柱水平挠度及应变

钢柱分为左侧一根短柱和右侧一根长柱。在水平荷载作用下，钢柱的水平位移及应变测点布置见图3-9。

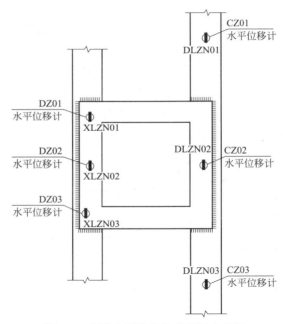

图3-9 钢柱水平位移及应变测点布置

在水平荷载作用下，由于长柱的水平变形大于短柱，故控制长柱的水平变形为设计的关键。

各级水平荷载下长柱中部水平位移实测值　　　　表3-5

水平荷载 F(kN)	100	200	300	400	500	600	700
梁水平位移U_x(mm)	0.41	1.02	1.77	2.46	3.19	3.74	4.09
水平荷载 F(kN)	750	800	850	900	960		
梁水平位移U_x(mm)	4.16	4.23	4.41	4.48	4.63		

各级水平荷载下，实测所得长柱中部（指的是长柱1/2高度处，下同）水平位移见表3-5。实测所得长柱水平荷载F与中部水平位移U_x关系曲线见图3-10。

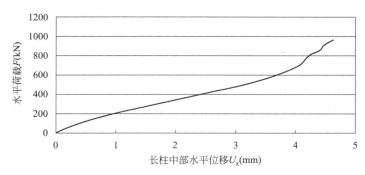

图 3-10　水平荷载 F 与长柱中部水平位移 U_x 曲线

水平荷载作用下，实测所得部分级别荷载下长柱应变值见表 3-6。

部分级别水平荷载作用下长柱实测应变值　　　　　　　　　　　　　　表 3-6

水平荷载 F(kN)	150	300	450	600	750	900	960
长柱上部 DLZN01	29	65	105	142	183	221	234
长柱中部 DLZN02	107	218	320	437	540	650	695
长柱下部 DLZN03	25	48	85	123	155	194	256

部分实测水平荷载 F 与长柱应变 ε 关系曲线见图 3-11。

各级水平荷载下，实测所得短柱中部（指的是短柱 1/2 高度处，下同）水平位移见表 3-7。

各级水平荷载下短柱中部水平位移实测值　　　　　　　　　　　　　　表 3-7

水平荷载 F(kN)	100	200	300	400	500	600	700
梁水平位移 U_x(mm)	0.1	0.18	0.29	0.37	0.49	0.73	0.87
水平荷载 F(kN)	750	800	850	900	960		
梁水平位移 U_x(mm)	0.88	0.94	1.01	1.06	1.21		

实测所得短柱水平荷载 F 与中部水平位移 U_x 关系曲线见图 3-12。

水平荷载作用下，实测所得部分级别短柱应变值见表 3-8。实测水平荷载 F 与短柱中应变 ε 关系曲线见图 3-13。

部分级别水平荷载作用下短柱中部实测应变值（$\mu\varepsilon$）　　　　　　　表 3-8

水平荷载 F(kN)	150	300	450	600	750	900	960
短柱中部 DLZN02	24	46	81	97	103	137	153

试验研究结论：

(1) 长柱的强度、刚度和稳定性

①长柱的强度：长柱的变形基本处于弹性，最大应变发生在跨中，最大应变值为 $695\mu\varepsilon$，约为屈服应变的 46%。长柱的强度有足够安全储备。

②长柱的刚度：长柱的中部水平位移最大值为 4.63mm，为长柱计算高度 $h=5200$mm 的 1/1123，完全满足《钢结构设计规范》GB 50017—2003 对受弯构件变形的要求。长柱具有足够的刚度。

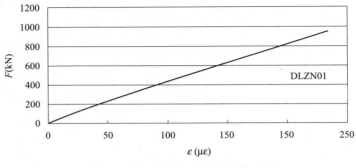

(a) 水平荷载F与长柱上部测点ε曲线

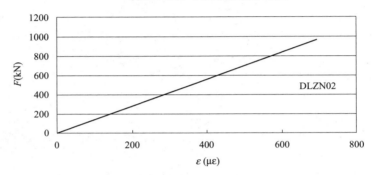

(b) 水平荷载F与长柱中部测点ε曲线

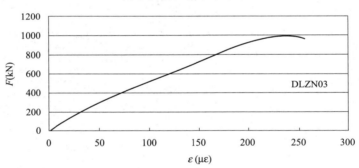

(c) 水平荷载F与长柱下部测点ε曲线

图 3-11　水平荷载 F 与长柱应变 ε 关系曲线

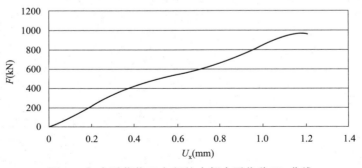

图 3-12　水平荷载 F 与短柱中部水平位移 U_x 曲线

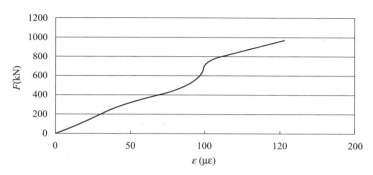

图 3-13　水平荷载 F 与短柱中部应变 ε 曲线

③长柱的稳定性：长柱的长细比为 5200mm/400mm＝13。由于热力支架结构中长柱的轴向应变很小（实测轴向应变仅为 15με），故长柱不会出现失稳的问题。

（2）短柱的强度、刚度和稳定性

①短柱的强度：短柱的变形处于弹性，最大应变发生在跨中，最大应变值为 153με，约为屈服应变的 10%。短柱有足够的强度。

②短柱的刚度：短柱的中部水平位移最大值为 1.21mm，为短柱计算高度 $h=$ 3488mm 的 1/2882，完全满足《钢结构设计规范》GB 50017—2003 对受弯构件变形的要求。短柱具有足够的刚度。

③短柱的稳定性：短柱的长细比为 3120mm/400mm＝7.8。由于热力支架结构中短柱的轴向应变很小，长细比也较小，故短柱不会出现失稳的问题。

3）钢环梁及固定件水平位移及应变

钢环梁、固定件水平位移及应变测点布置见图 3-14。

（1）试验研究内容

①长柱上、下两端环梁相对于混凝土管片的水平滑移；

②短柱上、下两端环梁相对于混凝土管片的水平滑移；

③长柱与短柱之间上、下两端环梁固定件相对于混凝土管片的水平滑移；

④环梁关键部位的应变；

⑤水平荷载下热力管道混凝土管片间相对位移；

⑥长柱上、下两端环梁相对于混凝土管片的水平滑移。

实测所得的与长柱上、下两端环梁相对于混凝土管片的水平滑移实测值分别见表 3-9、表 3-10。表中：F 表示水平荷载；U_{xs} 表示长柱上部环梁相对于混凝土管片的水平滑移，由位移计 CZ04 测得；U_{xx} 表示长柱下部环梁相对于混凝土管片的水平滑移，由位移计 CZ05 测得。

各级水平荷载下长柱上部环梁水平滑移实测值　表 3-9

水平荷载 F(kN)	100	200	300	400	500	600	700
上部环梁及固定件水平滑移 U_{xs}(mm)	5.41	6.78	7.98	8.67	9.21	9.69	10.17
水平荷载 F(kN)	750	800	850	900	960		
上部环梁及固定件水平滑移 U_{xs}(mm)	10.28	10.38	10.53	10.97	11.34		

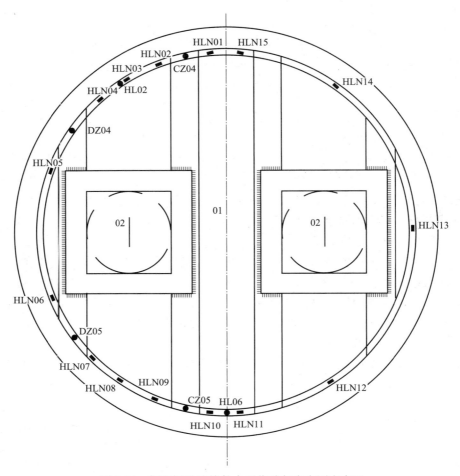

图 3-14 钢环梁及连接件水平位移与应变测点布置

部分级别水平荷载作用下长柱下部环梁水平滑移实测值 表 3-10

水平荷载 F(kN)	100	200	300	400	500	600	700
下部环梁及固定件水平滑移 U_{xx}(mm)	0.17	0.21	0.25	0.32	0.85	2.36	3.58
水平荷载 F(kN)	750	800	850	900	960		
下部环梁及固定件水平滑移 U_{xx}(mm)	4.23	4.90	5.35	5.87	6.49		

实测所得水平荷载 F 与长柱上部环梁水平滑移 U_{xs} 关系曲线见图 3-15，实测所得水平荷载 F 与长柱下部环梁水平滑移 U_{xx} 关系曲线见图 3-16。

①短柱上、下两端环梁相对于混凝土管片的水平滑移

实测所得的与短柱上、下两端环梁相对于混凝土管片的水平滑移实测值分别见表 3-11、表 3-12。表中：F 表示水平荷载；U_{xs} 表示短柱上部环梁相对于混凝土管片的水平滑移，由位移计 DZ04 测得；U_{xx} 表示短柱下部环梁相对于混凝土管片的水平滑移，由位移计 DZ05 测得。

第 3 章 热力盾构隧道支架受力分析及施工技术

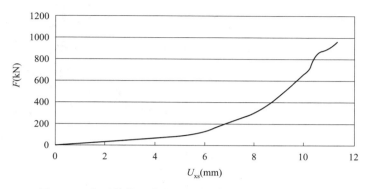

图 3-15 水平荷载 F 与长柱上部环梁水平滑移 U_{xs} 曲线

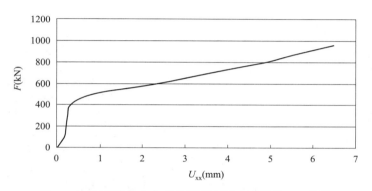

图 3-16 水平荷载 F 与长柱下部环梁水平滑移 U_{xx} 曲线

短柱上部环梁水平滑移实测值　　　　表 3-11

水平荷载 F(kN)	100	200	300	400	500	600	700
上部环梁及固定件水平滑移 U_{xs}(mm)	10.51	11.61	12.65	13.21	13.66	14.05	14.44
水平荷载 F(kN)	750	800	850	900	960		
上部环梁及固定件水平滑移 U_{xs}(mm)	14.62	14.78	14.98	15.17	15.68		

短柱下部环梁水平滑移实测值　　　　表 3-12

水平荷载 F(kN)	100	200	300	400	500	600	700
下部环梁及固定件水平滑移 U_{xx}(mm)	8.12	8.58	8.93	9.21	9.46	9.68	9.89
水平荷载 F(kN)	750	800	850	900	960		
下部环梁及固定件水平滑移 U_{xx}(mm)	9.96	10.06	10.15	10.31	10.71		

实测所得水平荷载 F 与短柱上部环梁水平滑移 U_{xs} 关系曲线见图 3-17，实测所得水平荷载 F 与短柱下部环梁水平滑移 U_{xx} 关系曲线见图 3-18。

②长柱和短柱之间上下端环梁固定件相对于混凝土管片的水平滑移

试验所得长柱与短柱之间上部环梁固定件相对于混凝土管片的水平滑移实测值见表 3-13。表中 F 表示水平荷载，U_{xs} 表示长柱与短柱之间上部钢环梁固定件水平滑移。

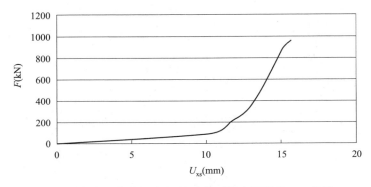

图 3-17 水平荷载 F 与短柱上部环梁水平滑移 U_{xs} 曲线

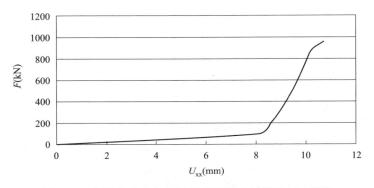

图 3-18 水平荷载 F 与短柱下部环梁水平滑移 U_{xx} 曲线

长柱与短柱之间上部环梁固定件水平滑移实测值　　　　表 3-13

水平荷载 F(kN)	100	200	300	400	500	600	700
固定件水平滑移 U_{xs}(mm)	7.83	8.93	9.88	10.46	10.95	11.37	11.79
水平荷载 F(kN)	750	800	850	900	960		
固定件水平滑移 U_{xs}(mm)	11.99	12.18	12.35	12.59	13.14		

实测所得水平荷载 F 与长柱和短柱之间上部环梁固定件水平滑移 U_{xs} 曲线见图 3-19。

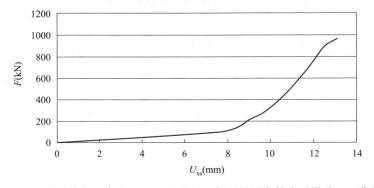

图 3-19 水平荷载 F 与长柱和短柱之间上部环梁固定件水平滑移 U_{xs} 曲线

试验所得长柱和短柱之间下部环梁固定件相对于混凝土管片的水平滑移实测值见表 3-14。表中 F 表示水平荷载，U_{xx} 表示长柱和短柱之间下部钢环梁固定件水平滑移。

长柱和短柱之间下部环梁固定件水平滑移实测值　　　表 3-14

水平荷载 F(kN)	100	200	300	400	500	600	700
固定件水平滑移 U_{xs}(mm)	7.14	7.15	7.22	7.27	7.39	7.52	7.65
水平荷载 F(kN)	750	800	850	900	960		
固定件水平滑移 U_{xs}(mm)	7.70	7.78	7.87	8.01	8.48		

实测所得水平荷载 F 与长柱和短柱之间下部环梁固定件水平滑移 U_{xx} 曲线见图 3-20。

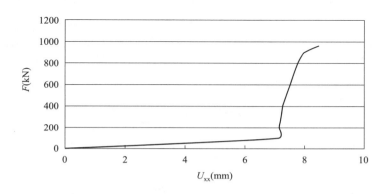

图 3-20　水平荷载 F 与长柱和短柱之间下部环梁水平滑移 U_{xx} 曲线

③环梁关键部位的应变

分析热力支架受力特点，靠近柱上下端部环梁处受力较大，故其应变值也相应较大，实测所得部分靠近长柱和短柱上下端部环梁处的应变值列于表 3-15。

钢环梁部分实测应变值（με）　　　表 3-15

水平荷载 F(kN)	150	300	450	600	750	900	960
长短柱之间左侧下部环梁中轴线 HLN07	13	40	51	75	85	92	97
长短柱之间左侧上部环梁中轴线 HLN04	7	20	44	68	96	121	132
长短柱之间右侧下部环梁中轴线 HLN09	35	50	66	119	164	214	229

由表 3-15 可见，环梁上最大应变为 229με，仅为屈服应变的 15.27%。

实测所得水平荷载 F 与钢环梁测点 HLN04 应变 ε 曲线见图 3-21；实测所得水平荷载 F 与钢环梁测点 HLN07 应变 ε 曲线见图 3-22；实测所得水平荷载 F 与钢环梁测点 HLN09 应变 ε 曲线见图 3-23。

④水平荷载下热力管道混凝土管片间相对位移

试验实测所得，在各级水平荷载作用下热力管道混凝土管片之间变形较大的上部混凝土管片之间的相对位移见表 3-16。

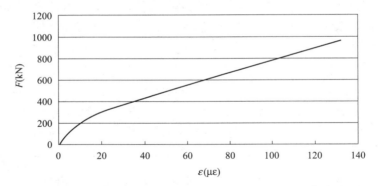

图 3-21　水平荷载 F 与钢环梁测点 HLN04 应变 ε 曲线

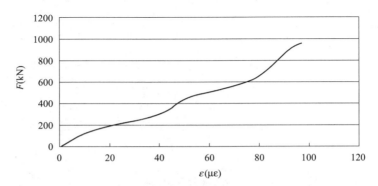

图 3-22　水平荷载 F 与钢环梁测点 HLN07 应变 ε 曲线

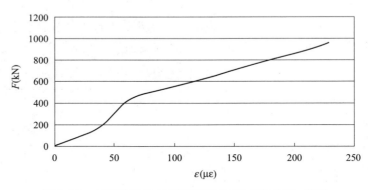

图 3-23　水平荷载 F 与钢环梁测点 HLN09 应变 ε 曲线

各级水平荷载下顶部混凝土管片水平位移实测值　　表 3-16

水平荷载 F(kN)	100	200	300	400	500	600	700
混凝土管片水平位移 U_x(mm)	5.55	7.01	8.18	8.84	9.36	9.87	10.36
水平荷载 F(kN)	750	800	850	900	960		
混凝土管片水平位移 U_x(mm)	10.56	10.72	10.81	10.95	11.34		

实测所得水平荷载 F 与顶部混凝土管片间相对位移 U_x 滞回曲线见图 3-24。

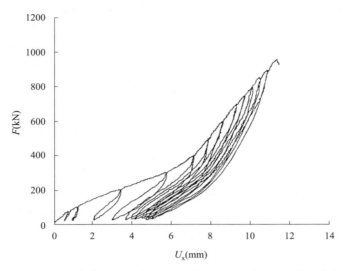

图 3-24　水平荷载 F 与顶部混凝土管片间相对位移 U_x 滞回曲线

(2) 试验研究结论

① 长柱上、下两端环梁相对于混凝土管片的水平滑移

由实测长柱上下两端环梁相对于混凝土管片的水平滑移可见：

上端环梁滑移相对大，下端环梁滑移相对小。上端环梁最大滑移为 11.34mm，下端环梁最大滑移为 6.49mm，上端环梁最大滑移与下端环梁最大滑移的比值为 1.75。这主要是由于在竖向荷载作用下，下端环梁与混凝土管片间的压力较大，因而摩擦力较大，减小了两者间的相对滑移。

长柱端部环梁相对混凝土管片的滑移，主要取决于固定件相对混凝土管片的滑移，同时与环梁和固定件之间连接的紧固度有关。由图 3-15 可见：初始阶段水平滑移发展速度较快，当水平荷载 $F=400$kN 时，其滑移值为 8.67mm，此时荷载为极限荷载的 42%，而滑移值却达到了最大滑移的 76%；显然，滑移曲线的走势与混凝土管片之间的正压力有关，与固定件螺栓的紧固度有关，与固定件螺栓孔的大小有关；当环梁滑移到一定程度时，固定件的螺栓与螺栓孔压紧，之后的滑移受到新的除摩擦力以外的作用，故而滑移速度减慢；也有另外一种情况，开始阶段由于环梁和管片之间的正压力，起到了控制二者之间相对滑移的作用，但是当突破了临界点之后，其滑移量发展速度变快，这种情况可见图 3-16，图 3-16 中当 $F=400$kN 时，其滑移量仅为 0.32mm，图 3-18 中当 $F=960$kN 时，其滑移量为 6.49mm，该滑移量也只有上部相应级别荷载下滑移量 (11.34mm) 的 57.2%。

② 短柱上、下两端环梁相对于混凝土管片的水平滑移

由实测短柱上下两端环梁相对于混凝土管片的水平滑移可见：

短柱上端环梁滑移较大，下端环梁滑移较小。上端环梁最大滑移为 15.68mm，下端环梁最大滑移为 10.71mm，上端环梁最大滑移与下端环梁最大滑移的比值为 1.46。这同样是由于在竖向荷载作用下，下端环梁与混凝土管片间的压力较大，因而摩擦力较大，减小了两者间的相对滑移。

短柱端部环梁相对混凝土管片的滑移,主要取决于固定件相对混凝土管片的滑移,同时与环梁和固定件之间连接的紧固度有关。这与上述对长柱上下两端环梁滑移的分析类似,此不赘述。

③长短柱之间上下两端环梁固定件相对于混凝土管片的水平滑移

由实测长柱与短柱之间上、下两端环梁固定件相对于混凝土管片的水平滑移数据表格和图形可见:

上部环梁固定件的滑移和下部环梁固定件的滑移规律非常近,这说明环梁固定件的滑移受竖向荷载的影响不大,主要是因为固定件在压扣环梁安装时二者之间有一定的间隙。由图 3-18 可见,其上部固定件当 $F=100\text{kN}$ 时,滑移已达 7.83mm,当 $F=960\text{kN}$ 时,滑移量为 13.14mm,也就是说荷载仅为最大荷载的 10.4% 时,其上部滑移就已达到最大滑移的 59.6%;由图 3-20 可见,其下部固定件当 $F=100\text{kN}$ 时,滑移已达 7.14mm,当 $F=960\text{kN}$ 时,滑移量为 8.48mm,也就是说荷载仅为最大荷载的 10.4% 时,其下部滑移就已达到最大滑移的 84.2%。

试验表明,上端环梁固定件滑移较大,下端环梁固定件滑移较小。上端环梁固定件最大滑移为 13.14mm,下端环梁固定件最大滑移为 8.48mm,上端环梁固定件最大滑移与下端环梁固定件最大滑移的比值为 1.55。这主要是由于当滑移到一定值后,环梁与固定件水平向的间隙逐步消失,而在竖向荷载作用下,其下端环梁与混凝土管片间的压力较大,因而摩擦力较大,环梁与混凝土管片间的相对滑移受到限制,这必然通过环梁对固定件的滑移产生了新的约束。

④环梁关键部位的应变

由实测环梁关键部位的应变值和应变曲线可见:

环梁上最大应变为 229με,仅为屈服应变的 15.27%。由环梁应变曲线图 3-21～图 3-23 可见,环梁应变与荷载之间基本呈线性关系,也就是说在设计荷载作用下环梁的强度有足够的安全储备。

⑤水平荷载下热力管道混凝土管片间相对位移

由表 3-16 和图 3-24 可见,在水平荷载作用下,热力管道混凝土管片相对位移较大的顶部管片间的相对位移变化规律描述如下:初始阶段发展速度较快,后期发展速度变慢,这主要是由于后期管片之间逐步被压紧,故而越往后位移发展越慢;假若荷载一直施加下去,那么只能致使管片之间侵入性的混凝土压碎,当然在实际工程中由于土体的约束,这种情况是不可能发生的。当水平荷载 $F=400\text{kN}$ 时,相对滑移为 8.84mm;当水平荷载 $F=960\text{kN}$ 时,相对滑移为 11.34mm。也就是说荷载为最大荷载的 41.7% 时,其相对滑移就已达到最大滑移的 77.9%。

3.4 热力支架结构数值计算

3.4.1 数值模拟前处理

1. 数值模型建立

供热管道支架由竖向立柱、矩形横梁及钢环梁组成,三者之间均是焊接,可近似为刚接。钢环梁与混凝土管片之间，通过连接扣件和螺栓连接，可近似为铰接。根据热力管道支架结构（图3-25）及其连接情况，建立数值模型。

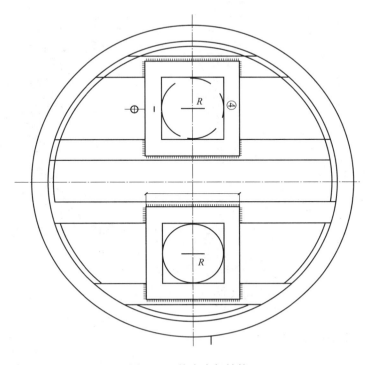

图 3-25 热力支架结构

2. 数值模型参数选取

根据实际所采用的材料特性，对混凝土管片、热力管道支架、钢环梁及固定件分别赋予相应的材料特性。混凝土管片材料特性见表3-17，热力管道支架、钢环梁及固定件材料特性见表3-18。

混凝土管片材料特性 表3-17

材料特性参数	弹性模量 $E(N/mm^2)$	泊松比	强度设计值(N/mm^2)	密度 $\rho(kg/m^3)$
混凝土管片	3.25×10^4	0.2	23.1	2.5×10^3
混凝土管片配筋	2.0×10^5	0.3	300	7.85×10^3

热力管道支架、环梁及固定件材料特性表 表3-18

材料特性参数	弹性模量 $E(N/mm^2)$	泊松比	强度设计值(N/mm^2)	密度 $\rho(kg/m^3)$
Q235	2.06×10^5	0.3	215	7.85×10^3

3. 网格的划分

网格单元采取自由网格的方式划分，热力管道固定支架、钢环梁及固定件采用solid45单元模拟；混凝土管片采用混凝土的专用单元Solid65单元整体式模拟。划分后的单元网格见图3-26。

图 3-26　模型网络示意图

3.4.2　数值计算结果及分析

根据工程实际情况，综合分析热力管道固定支架与混凝土管片间的连接情况，特别是各部件之间的实际约束情况，建立了边界条件。

根据工程设计所给定的竖向荷载和水平荷载，计算中将最大竖向荷载和最大水平荷载作用在结构上，并进行数值模拟计算分析。下面分别介绍数值模拟结果。

1. 钢框架梁位移及应变

1）钢框架梁的竖向位移

在水平与竖向荷载共同作用下，钢框架下横梁跨中竖向位移数值计算结果为 0.358mm，为梁净跨 $L=1200$mm 的 1/3400，满足钢结构设计规范规定的最大挠度限制要求。这一计算结果与相应竖向荷载下实测结果的 0.55mm 相差 0.192mm，相差约 34%。这主要是由于在计算模型中，钢框架横梁左右两端采用与柱固接的方案，而实际情况是钢框架横梁两端与柱的连接达不到完全固接，处于固接与铰接的中间状态。

2）钢框架梁的水平位移

在竖向和水平荷载共同作用下，钢框架下横梁跨中最大水平位移为 1.76mm，这与模拟时钢框架横梁左右两端采用固接，而实际情况是钢框架横梁两端处于固接与铰接的中间状态相关。

3）钢框架梁的应变

在竖向和水平荷载共同作用下，热力支架水平横梁跨中应力 σ_x 约为 110MPa，相应的应变 ε_x 为 523με，而实测梁应变 640με，两者相对误差为 18.3%。该应变值约为屈服应变的 35%，说明梁构件自身的强度是满足要求的。

2. 钢框架柱位移及应变计算结果及分析

1) 钢框架柱位移的计算结果

在水平与竖向荷载共同作用下，钢框架长柱中点处的水平位移最大值为2.27mm，为长柱高度$h=5200$mm的1/2290，具有足够的刚度，完全满足《钢结构设计规范》GB 50017—2003对受弯构件变形的要求。该计算结果小于相应荷载作用下，试验实测的钢框架长柱中点处的水平位移。

2) 钢框架柱的应变

在水平与竖向荷载共同作用下，钢框架长柱中点处的最大应力为132MPa，相应的应变为640με，实测值为695με，二者相对误差为7.9%。该应变值约为其屈服应变的43%，说明长柱在设计荷载下是满足强度要求的。

3.5 热力支架结构简化力学模型及分析

3.5.1 热力支架结构框架梁变形计算分析

1. 竖向荷载作用下框架梁变形分析

1) 按固结计算梁的变形

框架梁端按固结计算时的简化模型及截面尺寸见图3-27，其中200kN为竖向所加荷载达到400kN时平均分配到一根梁上的荷载。梁两端按固接计算时的弯矩见图3-28，箱形梁在竖向荷载作用下的挠度计算和应变值计算如下：

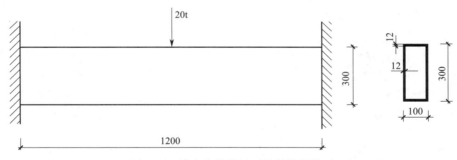

图3-27 竖向荷载作用下梁的简化模型

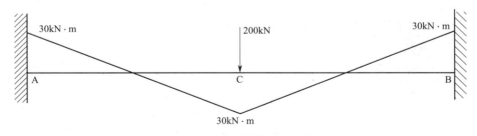

图3-28 梁两端固结作用下的弯矩图

梁的端部和跨中的弯矩值为：

$$M_A = M_B = \frac{ql}{8} = \frac{200 \times 1.2}{8} = 30 \text{kN} \cdot \text{m}$$

$$M_C = \frac{ql}{8} = \frac{200 \times 1.2}{8} = 30 \text{kN} \cdot \text{m}$$

假设：箱形梁截面受力符合平截面假定。箱形梁截面应力分析见图 3-29。

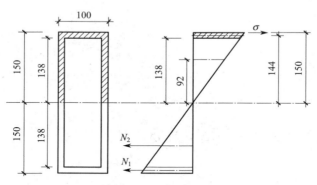

图 3-29 箱形梁截面应力分析

设箱型梁 B 截面边缘处的应力为 σ，计算梁的截面力可分为两部分，计算如下：

$$N_1 = 100 \times 12 \times \frac{144}{150} \sigma$$

$$N_2 = \frac{1}{2} \times \left(138 \times \frac{138}{150} \times \sigma\right) \times 12 \times 2$$

B 截面的弯矩值可表示为：

$$M = (N_1 \times 144 + N_2 \times 92) \times 2$$
$$= \left[100 \times 12 \times \frac{144}{150} \times 6 \times 144 + \frac{1}{2} \times \left(138 \times \frac{138}{150} \times 6\right) \times 24 \times 92\right] \times 2$$
$$= 30 \text{kN} \cdot \text{m}$$

解得：$\sigma = 105.83 \text{ N/mm}^2$

弹性阶段 $\sigma = E\varepsilon$，$\varepsilon = \frac{\sigma}{E} = \frac{105.83}{2.1 \times 10^5} = 50.4 \times 10^{-6} = 50.4 \mu\varepsilon$

由上式可见，计算所得的应变值为 $50.4\mu\varepsilon$，与实测值 $317\mu\varepsilon$ 差距较大，这说明梁端按固接计算变形是不合乎实际情况的。

在梁两端固结的情况下，挠度变形计算如下：

梁的弯矩见图 3-30。

由图乘法解得，梁的跨中挠度为：

$$\Delta = \frac{1}{EI} \int M_P \bar{M} \mathrm{d}s$$

$$\Delta = \frac{1}{EI} \int M_P \bar{M} \mathrm{d}s = \frac{4 \times \frac{1}{2} \times 3 \times 10^7 \times 300 \times 100}{EI} = \frac{18 \times 10^{11}}{2.1 \times 10^5 \times \left(\frac{1}{12} \times bh^3 - \frac{1}{12} \times b_1 h_1^3\right)}$$

$$= \frac{18 \times 10^{11}}{2.1 \times 10^5 \times \left(\frac{1}{12} \times 100 \times 300^3 - \frac{1}{12} \times 76 \times 276^3\right)}$$

$= 0.0933 \text{mm}$

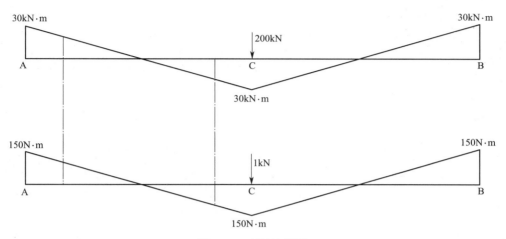

图 3-30 弯矩计算图

由上式可见,计算所得值 0.0933mm 与实测值 0.44mm 相差较大,这同样说明梁端按固接处理是不合理的。

2) 按铰接计算梁的变形

梁端按铰接情况下的计算简图和弯矩图见图 3-31。

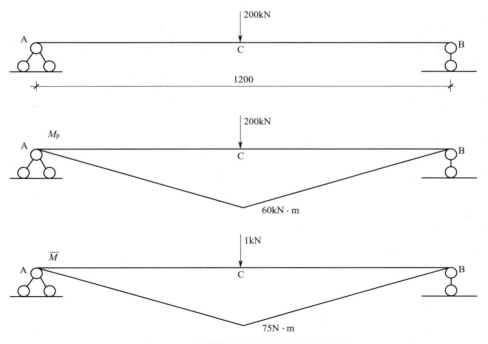

图 3-31 梁端铰接情况下的计算示意图

计算所得跨中挠度值为：

$$\Delta = \frac{1}{EI}\int M_P \overline{M} ds = \frac{50 \times 1.2}{12 \times EI} = 0.688 \text{mm}$$

该计算值 0.688mm 与实测所得梁的跨中挠度的 0.44mm 相比较，可以看出该计算值偏大，说明梁端按铰接处理也不符合实际情况。

结论：热力支架框架梁的梁端既不是完全固接，也不是完全铰接的，而是介于固接与铰接之间。

梁端可以看成是有弹簧作用的，根据实测挠度值 0.44mm 反算梁端的嵌固作用，计算弯矩图见图 3-32。

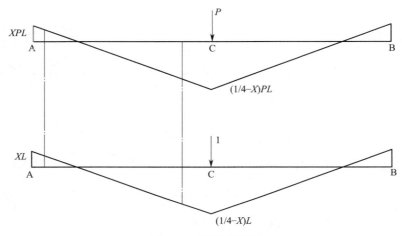

图 3-32 计算弯矩图

$$\frac{0.44}{0.688} \times \frac{50L^2}{12} = 2 \times \left[2LX \times XPL \times \frac{1}{2} \times \frac{2}{3}XL + \left(\frac{1}{4} - X\right) \times PL \times \left(\frac{1}{2} - 2LX\right) \times \frac{1}{2} \times \frac{2}{3} \times \left(\frac{1}{4} - X\right)L \right]$$

其中，$L = 1.2$m。

解得：$X = \frac{7}{200}$，这里 X 称为固端弯矩的系数。

2. 水平荷载作用下框架梁变形分析

梁在水平荷载作用下，其计算简图和截面尺寸见图 3-33，其中 120kN 为假设十字加载架分配到梁上和柱子上的荷载均等时的荷载值。

图 3-33 水平荷载作用下计算示意图

弯矩计算值见图 3-34。跨中水平挠度计算如下：

$$\Delta = \frac{1}{EI}\int M_P \overline{M} ds = \frac{4.32\text{kN}\cdot\text{m}^3}{EI} = \frac{4.32\times10^{12}}{2.1\times10^5\times\left(\frac{1}{12}\times300\times100^3 - \frac{1}{12}\times276\times76^3\right)} = 1.38\text{mm}$$

计算得到跨中水平位移为 1.38mm，需要说明的是该计算位移值不包括梁随柱的刚体位移。实测所得梁相对其端部的水平位移为 2.05mm，该实测位移值比计算位移值 1.38mm 大。这说明，假设作用在梁上的水平荷载为 120kN 偏大。根据实测值反算分配到梁上的荷载为 1.38/2.05×120kN=80.8kN。

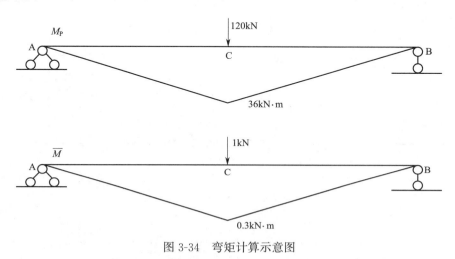

图 3-34 弯矩计算示意图

结论：十字分配梁的分配荷载并不是四点平均分配到梁和柱上，而是分到梁上的荷载偏小一些，这是因为水平十字分配梁加载范围内柱的刚度大于梁的刚度。

3.5.2 热力支架结构柱的变形计算分析

1. 水平荷载作用下长柱挠度计算

长柱在水平荷载作用下可以简化为两端铰接进行计算，计算简图和弯矩图见图 3-35。

$$M_1 = \frac{1}{4}PL = \frac{1}{4}\times480\times5200 = 624\text{kN}\cdot\text{m}$$

$$M_2 = \frac{1700}{2600}\times624 = 408\text{kN}\cdot\text{m}$$

$$I_1 = \frac{bh^3}{12} = \frac{1}{12}\times(400\times400^3 - 360\times360^3) = 7.34\times10^8\text{mm}^4$$

$$I_2 = 7.34\times10^8 + \frac{1}{12}\times300\times12^3\times2 + 2\times300\times12\times206^2 = 10.39\times10^8\text{mm}^4$$

单位力 1kN 作用下的弯矩图见图 3-36。

$$\overline{M_1} = \frac{1}{4}PL = \frac{1}{4}\times1\times5200 = 1300\text{N}\cdot\text{m}$$

$$\overline{M_2} = \frac{1700}{2600}\times1300 = 850\text{N}\cdot\text{m}$$

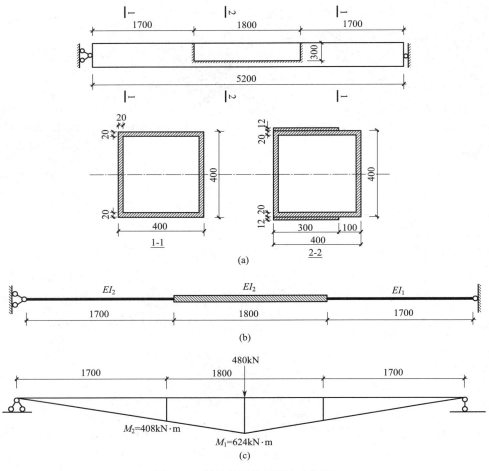

图 3-35 长柱的计算简图和弯矩图

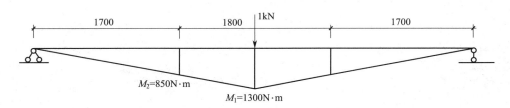

图 3-36 单位力 1 作用下弯矩图

利用图乘法求跨中位移：

$$\Delta = \frac{1}{EI_1} \cdot A_1 y_1 + \frac{1}{EI_2} \cdot (A_2 y_2 + A_3 y_3)$$

$$= \frac{1}{2.1 \times 10^5 \times 7.34 \times 10^8} \times 2 \times 1700 \times 4.2 \times 10^8 \times \frac{1}{2} \times \frac{2}{3} \times 850 +$$

$$\frac{1}{2.1 \times 10^5 \times 10.39 \times 10^8} \times \left(2 \times 900 \times 4.2 \times 10^8 \times 850 + 2 \times \frac{1}{2} \times 900 \times 450 \times \frac{2}{3} \times 2.16 \times 10^8\right)$$

$$= 5.82 \text{mm}$$

根据设计图给出的长柱计算长度为 5.2m，计算得到的跨中水平位移值为 5.82mm。现场实测的柱的计算高度为 4.94m，若利用现场实测的长柱实际计算长度计算，可得出其跨中水平位移为 4.99m，故按实测长柱长度计算的位移与实测位移相对误差为 7.8%。

2. 水平荷载作用下长柱应变计算

柱的截面也可以按照梁的截面应力的分析方法进行计算，平截面假定图如下图 3-37 所示。

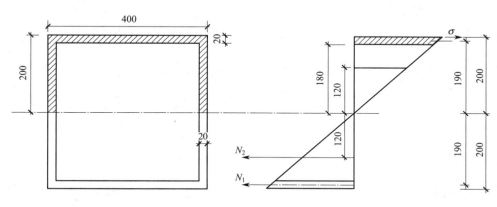

图 3-37　平截面假定图

计算如下：

$$N_1 = 400 \times 20 \times \frac{190}{200} \sigma$$

$$N_2 = \frac{1}{2} \times \left(180 \times \frac{120}{200} \cdot \sigma\right) \times 20 \times 2$$

B 截面的弯矩值可表示为：

$$M = (N_1 \times 190 + N_2 \times 120) \times 2 = (7600 \times 190\sigma + 4320 \times 120\sigma) \times 2 = 624 \text{kN} \cdot \text{m}$$

解得，弹性阶段应力为：$\sigma = 159 \text{ N/mm}^2$

弹性阶段应变为：$\varepsilon = \frac{\sigma}{E} = \frac{159}{2.1 \times 10^5} = 757 \times 10^{-6} = 757 \mu\varepsilon$

需要说明的是上面计算出的应变值是取计算长度为 5.2m，若按实测长柱计算长度 4.94m 进行计算，所得的跨中应变值为 719με，与实测应变值 695με 相比，二者相对误差为 3.5%。

结论：长柱两端简化为铰接是合理的。

3. 水平荷载作用下短柱挠度计算

短柱在水平荷载作用下同样可以简化为两端铰接进行计算，计算简图和弯矩图见图 3-38。同样取加到短柱上的荷载达到 480kN 时对跨中挠度进行计算。

$$M_1 = \frac{1}{4} PL = \frac{1}{4} \times 480 \times 3000 = 360 \text{kN} \cdot \text{m}$$

$$M_2 = \frac{600}{1500} \times 360 = 144 \text{kN} \cdot \text{m}$$

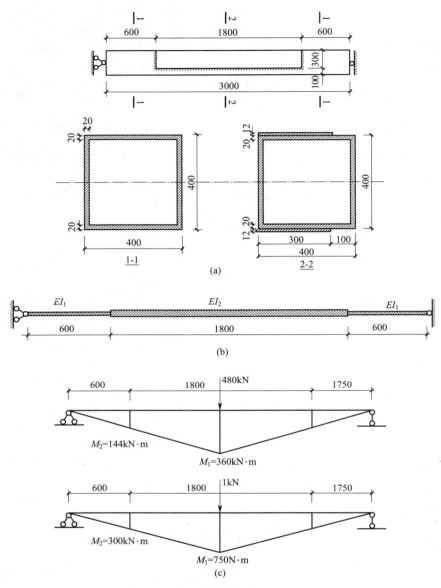

图 3-38 短柱的计算简图和弯矩图

$$I_1 = \frac{bh^3}{12} = \frac{1}{12}(400 \times 400^3 - 360 \times 360^3) = 7.34 \times 10^8 \text{mm}^4$$

$$I_2 = 3.957 \times 10^8 + \frac{1}{12} \times 300 \times 12^3 \times 2 + 2 \times 300 \times 12 \times 206^2 = 10.39 \times 10^8 \text{mm}^4$$

$$\Delta = \frac{1}{EI_1} \times A_1 y_1 + \frac{1}{EI_2} \times (A_2 y_2 + A_3 y_3) = \frac{1}{2.1 \times 10^5 \times 7.34 \times 10^8} \times$$

$$2 \times 600 \times 1.44 \times 10^8 \times \frac{1}{2} \times \frac{2}{3} \times 300 + \frac{1}{2.1 \times 10^5 \times 10.39 \times 10^8} \times$$

$$\left(2\times900\times1.44\times10^8\times300+2\times\frac{1}{2}\times900\times450\times\frac{2}{3}\times2.16\times10^8\right)$$
$$=1.17\text{mm}$$

计算得到短柱跨中的位移值为 1.17mm，与实测挠度值 1.21mm 进行对比，误差值为 3.3%。

结论：短柱两端简化为铰接是合理的。

3.6 热力支架结构施工技术

3.6.1 固定支架结构系统

1. 固定支架结构的构成

1) 一榀固定支架系统的构成：由一根长柱和一根短柱构成竖向构件；由两小框架与竖向构件柱两侧贴焊，形成管道通过的支撑系统；由两环梁在竖向构件柱两侧约束柱端，形成固定支架结构系统。

2) 由固定件将环梁与混凝土管片连接，形成固定支架与混凝土管片连接统一。

2. 固定支架结构布置原则

1) 一榀固定支架结构的梁柱系统，位于盾构管道竖向轴线的一侧，其尺寸在管道水平直径 1/2 范围内。

2) 两个钢框架梁宜设计成方形，框架梁的截面宜设计成箱型截面，框架整体的形心应与热力管线的形心同位。

3) 两个柱子截面宜设计成箱型，截面高度与宽度宜相等。

4) 固定支架结构钢环梁外径与混凝土管片内径一致，环梁截面宜为箱形截面，环梁截面高度与宽度可等同。

5) 固定支架结构与混凝土管片系统的连接，通过固定件固定环梁来实现。

3. 固定支架结构构件间连接构造

1) 框架柱与框架梁宜焊接，其焊缝强度应不小于构件材料的强度。

2) 柱端与钢环梁之间宜焊接，其焊缝强度应不小于构件材料的强度。对承受荷载较大，或荷载偏心距离较大的结构，可采用其他加强连接的构造措施。

3) 钢环梁与混凝土管片间通过固定件上的螺栓孔用螺栓连接，其螺栓直径应由计算确定，且不宜小于 30mm。螺栓的紧固度要求，其螺栓紧固后的应力不宜小于其允许应力的 70%。

3.6.2 热力支架安装施工技术

1. 固定支架、卡板安装

1) 固定支架角板、挡板分别加工，均采用机器加工，边缘处打磨光滑。

2) 卡板安装前打磨坡口，安装前将支架立柱与钢管接触面清理干净，然后按设计位置将角板、挡板点焊在钢管上。

3) 先焊角板，角板与钢管螺旋焊缝相交处要断开，不得焊在一起，角板与钢管接触面要满焊，尤其角部要包上，焊缝高度不小于角板厚度的一半。

4) 焊完角板后焊挡板,先将点焊处断开,打入楔子,使挡板与立柱贴紧,然后将楔子底部处角板、挡板焊好,然后拿出楔子,将挡板、角板焊死。

5) 固定支架、导向支架遇到手孔、管片接缝的处理方法见图 3-39 和图 3-40。

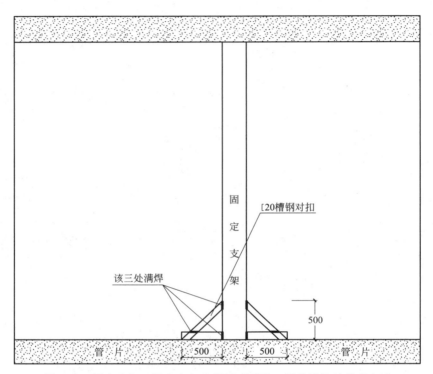

图 3-39　固定支架、导向支架底部遇到手孔、管片接缝的处理方法

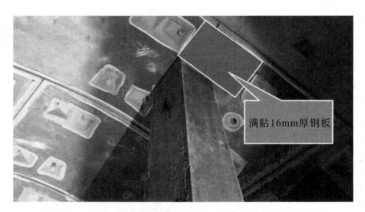

图 3-40　固定支架顶部遇到手孔、管片接缝的处理方法

将螺栓孔用砂浆填实后满贴 16mm 厚的钢板,钢板三面焊缝长度不小于 80cm,然后在满贴钢板上焊接加强板。

6) 管道支、吊架安装质量验收标准见表 3-19。

(1) 支、吊架安装位置应正确,埋设应牢固,滑动面应洁净平整,不得有歪斜和卡涩现象;

(2) 活动支架的偏移方向、偏移量及导向性能应符合设计要求;
(3) 质量检验应符合相关标准。

管道支、吊架安装的允许偏差及检验方法　　　　表 3-19

序号	项目		允许偏差(mm)	检验方法
1	支、吊架中心点平面位置		25	钢尺测量
2	△支架标高		10	水准仪测量
3	两个固定支架间的其他支架中心线	距固定支架每 10m 处	5	钢尺测量
		中心处	25	钢尺测量

注：△为主控项目，其余为一般项目。

2. 固定支架

固定支架见图 3-41，其安装要求如下：

1) 钢支架构件一律满焊，焊缝高度不小于较薄焊件厚度。施工安装完毕后，凡外露铁件均刷防锈漆两道、调合漆两道；

2) 钢筋必须避开支架构件，若不能避开时，钢筋在支架处断开，并与支架焊接牢固（15d）；

3) 小室内支架根部设 300mm 高钢筋混凝土护墩，隧道内支架根部设 150mm 高度的钢筋混凝土护墩；

4) 支架安装处在设计要求范围内不得设置伸缩缝；

5) 支架立柱端部用钢板封堵满焊，除具体设计要求外钢板厚度不得小于支架立柱中较薄焊件厚度，钢板平面尺寸为四周出支架立柱截面各边 15~20mm；

6) 凡设有固定支架的小室必须施工完毕回填至地面高程并夯实，固定支架混凝土达到设计强度后方可打压试运行。

图 3-41　固定支架型钢立柱

3.7　本章小结

主要结论：

1）所提出的热力盾构管道固定传力支架结构，设计合理，受力明确，体系优化，具有良好的工作性能。

2）热力管道支架结构各构件均有足够的强度、刚度和稳定性。钢环梁及其固定件与混凝土管片连接可靠。

3）建立了符合实际边界有限元分析模型，通过计算模拟揭示了热力盾构管道固定传力支架结构的变形规律。

4）建立了热力盾构管道固定传力支架结构的简化力学分析模型，计算结果与实测符合良好。

5）基于设计研究、试验研究及理论分析，优化了热力盾构管道固定传力支架结构布置、连接构造及现场施工技术。

第4章 热力盾构隧道温度场效应及管片力学性能分析

4.1 概述

热力隧道不同于普通的交通隧道,管内温度很高,且为季节性供暖,导致温度变化也非常大。由于热力管道的运行不可避免地会向周围辐射热量,从而使管道周围形成一个高温、高湿的环境,在混凝土管片内部产生一个附加的温度应力,可能导致混凝土管片的开裂,如果裂缝达到一定的深度,将有可能影响到混凝土管片的正常工作,进而影响到热力管线的安全,因此非常有必要对这一问题进行深入研究,并采取有效措施,防止工程事故的发生。目前北京已经修建好的热力隧道都存在着不同程度的开裂,因此开展温度对热力隧道结构受力性能的研究迫在眉睫。含有固定支架的管片环承受偏心的竖向和水平方向的作用力,并且和固定支架合理连接,需要特殊关注[23]。

针对上述问题,本章重点研究两方面的内容:一是埋地热力管道运行过程中周围温度场分布情况,尤其是其外围混凝土管片中的温度场分布规律,深入探讨由于热力管道的运行导致其所赋存的地下环境温度场尤其是混凝土管片温度场的变化,并由此分析其对混凝土管片造成的危害和控制措施;二是混凝土管片在固定支架结构附加作用下的力学性能和固定支架处管片环的施工技术。

4.2 热传递的基本方式

热力隧道衬砌体在高温的作用下会膨胀,但是由于受到自身结构限制和周围岩体的限制而不能自由地发生膨胀。在这种限制下就产生了应力,便是所谓的温度应力。为了得到热力隧道内部的温度应力,须进行两方面的计算:首先根据热传导基本理论,以及热力隧道的热力学性质、内部热源情况、初始条件和边界条件,计算热力隧道内各点的瞬时温度,即所谓的"决定温度场",而前后两个温度场之差就是弹性体的变温。然后依据"热弹性力学"和弹性体的变温求出体内各点的温度应力,即所谓的"决定应力场"。

按照热量传递方式的不同,传热可以分为热传导、热对流和热辐射三种基本形式。热量传递是一个动态的能量传递过程,按照物体温度与时间的关系,可以将热量传递过程分为稳态和非稳态两大类。稳态过程是物体内各点温度不随时间而改变的过程,瞬态传热传递过程是物体内各点温度随着时间改变而改变的过程。同理,热传导过程同样可分为稳态热传导和瞬态热传导两种过程。

4.2.1 热传导

热传导是两个接触良好的物体之间的能量交换或者是一个物体内由于温度梯度引起的

内部能量交换。热传导是固体中热传递的主要方式，也在不流动的液体或气体层中层层传递，在流动情况下往往与对流同时发生。

从微观角度讲，热传导的实质是由于大量物质的分子热运动而互相撞击，使能量从物体的高温部分传到低温部分，或者由高温物体传给低温物体的一个过程。在固体中，热传导的微观过程如下：物体中温度高的部分，晶体中节点上的微粒振动的动能比较大；物体低温部分，微粒振动的动能比较小。晶体内部发生的这种微粒的振动，会导致动能由动能大的部分向动能小的部分传递。所以固体中热的传导过程就是能量的迁移过程。金属物质会存在大量的自由电子，这些电子在不停地进行无规则的热运动。因此，自由电子在金属晶体中对热的传导起主要作用。在液体中：液体分子在温度高的区域热运动幅度较大，动能较大，由于液体分子之间的相互作用，热量将逐渐向周围层层传递，产生了热传导现象。在气体中：气体依靠分子的不规则热运动以及分子间的热碰撞导致内部发生能量迁移，从而形成宏观上的热量传递。

热传导遵循傅里叶定律：

$$q = -k \partial T / \partial n \tag{4-1}$$

式中，q 为热流密度（W/m²）；k 为导热系数（W/(m·℃)）；$\partial T / \partial n$ 为温度梯度，负号表示热量流向温度降低方向。

4.2.2 热对流

热对流是由于温差引起的固体表面与它周围接触的流体之间的热量交换。热对流可以分为两类：强制对流和自然对流。热对流一般作为边界面条件施加。热对流一般用牛顿冷却方程来描述：

$$q = h_f (T_S - T_B) \tag{4-2}$$

式中，q 为热流密度（W/m²）；h_f 为热流换热系数，或称膜传热系数、给热系数、膜系数等（W/(m²·℃)）；T_S、T_B 分别为固体表面和周围流体的温度（℃）。

4.2.3 热辐射

热辐射是指物体发射出电磁能被其他物体吸收并转变为热量的过程。一般来讲，物体温度越高，单位时间内辐射的热量越多。热对流和热传导都需要传热介质，而热辐射无需任何传热介质。实质上，在真空中热辐射效率最高。

在工程上通常考虑多个物体之间的辐射并且每个物体都同时辐射并吸收热量。物体之间的净热量传递可以依据斯蒂芬—波尔兹曼方程（Stefan Boltzmann law）来进行计算：

$$Q = \varepsilon \sigma A F_{ab} (T_a^4 - T_b^4) \tag{4-3}$$

式中，Q 为热流率；ε 为吸射率；σ 为斯蒂芬—波尔兹曼常数；A 为辐射面的面积；F_{ab} 为辐射面 a 到辐射面 b 的形状系数；T_a、T_b 分别为辐射面 a、b 的绝对温度（K）。

4.2.4 热力隧道热传递的基本方式

热力隧道在冬季供暖期间供热管内存在高温高压的流体，流体温度能达到 200℃。流体通过热传递将热量传给热力管道（通常为钢管），钢管通过热传导再把热量传给保温层。由于保温层隔热效果良好，因此传热系数较低，以致隧道温度不会过高。

保温层外壁与隧道内壁通过空气传递的热量较少，主要是保温层和热力管道的对流和辐射传热。隧道内壁由于受到对流和辐射温度升高，将热量通过衬砌传导到衬砌外壁，再传导到周围土体。土体通过复杂的传热过程最终将热量完全消散掉。

综上所述，热力隧道的热传递过程非常复杂，但是主要的传热方式为热传导。热力隧道的传热过程可以用图 4-1 表示。

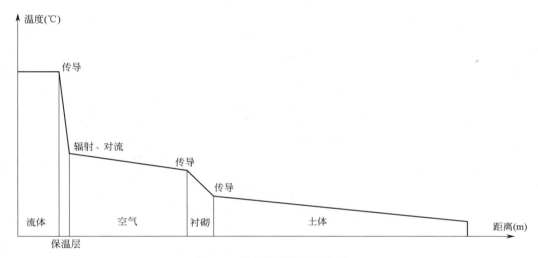

图 4-1　热力隧道传热示意图

4.3　热力隧道温度场的基本传导方程

在热力隧道的热传导的过程中，可以把隧道内空气和混凝土衬砌看作连续介质，热量从一个物体传入与之相接触的另一个物体，物体内各点的温度随着各点的位置不同和时间的变化而变化。因而温度 T 是位置坐标和时间 t 的函数：

$$T=T(x,y,z,t) \tag{4-4}$$

任意一段时间内，物体的任何一个微小单元所积蓄的热量，等于传入该微小单元的热量加上物体内部热源所供给的热量，即：

$$Q_{\text{Tot}}=Q_{\text{in}}+Q_{\text{own}} \tag{4-5}$$

式中，Q_{Tot} 为物体积蓄的热量；Q_{in}、Q_{own} 分别为传入的热量和内部热源的热量。

在空间直角坐标系下，以一个微小单元进行分析（图 4-2），微小单元体积为 V，因此有 $V=\mathrm{d}x\mathrm{d}y\mathrm{d}z$。取任意封闭曲面 S 进行分析，设 M 是 V 内任意一点，$n=\{\cos\alpha,\cos\beta\gamma\}$ 是曲面元素 ΔS 外法线方向。由传热学中 Fourier 试验定律：物体在无穷小时间段 $\mathrm{d}t$ 内流过一个无穷小曲面 $\mathrm{d}S$ 的热量 $\mathrm{d}Q$ 与物体沿曲面 $\mathrm{d}S$ 的法线方向的方向导数成正比，即：

$$\begin{aligned}\mathrm{d}Q&=-k(x,y,z)(\partial T/\partial n)\mathrm{d}S\mathrm{d}t\\&=-k(\mathrm{grad}u)_n\mathrm{d}S\mathrm{d}t\\&=-k\,\mathrm{grad}u\mathrm{d}S\mathrm{d}t\end{aligned} \tag{4-6}$$

其中，$k=k(x,y,z)>0$ 是物体在 $M(x,y,z)$ 处的热传导系数。负号的出现是由于热量的流向与温度梯度的正方向相反。

则从时刻 t_1 到时刻 t_2，通过曲面 S 流入区域 V 的全部热量为：

$$Q_{\text{in}} = \int_{t_1}^{t_2} \iint_S k\,\text{grad}\,u\,\mathrm{d}S\,\mathrm{d}t \tag{4-7}$$

又因为物体内部热源：

$$Q_{\text{own}} = w(\partial T/\partial x + \partial T/\partial y + \partial T/\partial z) \tag{4-8}$$

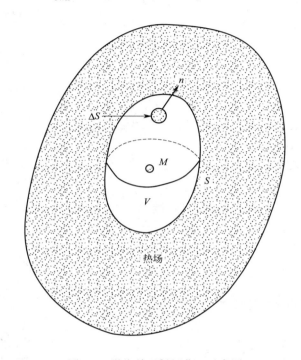

图 4-2 微小单元封闭曲面示意图

流入的热量使得物体内部温度发生变化，在时间段 $[t_1, t_2]$ 内物体在 $M(x, y, z)$ 处温度从 $T = T(x, y, z, t_1)$ 变化到 $T = T(x, y, z, t_2)$，它所吸收的热量应该是：

$$Q_{\text{Tot}} = c\rho V \Delta T = \iiint_V c\rho \left[T(x,y,z,t_2) - T(x,y,z,t_1)\right]\mathrm{d}V$$

$$= \int_{t_1}^{t_2} \left[\iiint_V c\rho \frac{\partial T}{\partial t}\mathrm{d}V\right]\mathrm{d}t \tag{4-9}$$

式中，$\rho = \rho(x, y, z)$ 为单元体的密度；$c = c(x, y, z)$ 为单元体的比热。

则根据热量平衡有：

$$Q_{\text{Tot}} = \int_{t_1}^{t_2}\left[\iiint_V c\rho \frac{\partial T}{\partial t}\mathrm{d}V\right]\mathrm{d}t = \int_{t_1}^{t_2}\iint_S k\,\text{grad}\,u\,\mathrm{d}S\,\mathrm{d}t + w\left(\frac{\partial T}{\partial x} + \frac{\partial T}{\partial y} + \frac{\partial T}{\partial z}\right) \tag{4-10}$$

忽略材料内部热源（$w = 0$），并化简得到三维热传导方程：

$$\frac{\partial T}{\partial t} = u\left(\frac{\partial T}{\partial x^2} + \frac{\partial T}{\partial y^2} + \frac{\partial T}{\partial z^2}\right) \tag{4-11}$$

式中，u 为热扩散系数，$u = k/c\rho$。

4.4 传导方程的初始条件和边界条件

一维热传导方程是二阶线性偏微分方程。为了求解这个方程需要已知边界条件和初始条件。

对于初始条件为 $t=0$ 时刻的温度分布状况，可以设为：

$$T(t=0)=T_0(z) \tag{4-12}$$

对于不同的情况，边界条件变化较大，一般来讲有三种边界条件。

（1）第一类边界条件

物体的边界 S 上的温度为已知函数 $f(x,y,z,t)$，即知道了物体表面各处的温度分布。

$$T|S=f_1 \tag{4-13}$$

（2）第二类边界条件

已知物体表面的法向热流密度，即为：

$$\partial T/\partial n|S=f_2 \tag{4-14}$$

（3）第三类边界条件

物体内部通过边界 S 与周围介质进行热量交换，已知物体边界上任意一点在所有各瞬时的对流放热情况。

在 S 上任取一小块 dS，用 t_1 表示与物体接触的介质温度，dQ 表示 dt 时间内流过的热量，根据热传导试验定律有：

$$dQ=k_1(t-t_1)dS dt \tag{4-15}$$

这里 k_1 为两种介质之间的热交换系数。

在物体内部任取一个无限贴近与边界 S 封闭曲面 Γ，由于在 S 内侧热量不能积累，所以在 Γ 上的热量流速应该等于边界 S 上的热量流速。而在 Γ 上的热量流速为：

$$\frac{dQ}{dS dt}\Big|_\Gamma = k_1 \frac{\partial T}{\partial n}\Big|_\Gamma \tag{4-16}$$

于是可转化为：

$$\left(\frac{\partial T}{\partial n}+\sigma t\right)\Big|_S = \sigma t_1|_S \tag{4-17}$$

式中，$\sigma=k_1/k$ 为常数。

4.5 有效圆域内热传导方程推导

热力隧道可以视为环形的薄圆片，上下两面绝热，圆周边缘温度为已知。为了求稳定状态时圆环内的温度分布状况，可用以下方程：

$$\begin{cases} \left[\dfrac{\partial^2 T}{\partial x^2}+\dfrac{\partial^2 T}{\partial y^2}\right]u=\dfrac{\partial T}{\partial t}, (0\leqslant x^2+y^2<\rho_0^2) \\ T|x^2+y^2=\rho_0^2=f(x,y) \end{cases} \tag{4-18}$$

式中，ρ_0 为圆环的外径。

对于上式进行极坐标变换：

$$\begin{cases} x = \rho\cos\theta \\ y = \rho\sin\theta \end{cases} \tag{4-19}$$

则圆周的极坐标方程为：

$$\rho = \rho_0, (0 \leqslant \theta \leqslant 2\pi) \tag{4-20}$$

热传导方程变换为：

$$\rho = \sqrt{x^2 + y^2} \tag{4-21}$$

$$\theta = \cot(y/x) \tag{4-22}$$

于是有：

$$\frac{\partial \rho}{\partial x} = \frac{x}{\rho}, \frac{\partial \rho}{\partial y} = \frac{y}{\rho}, \frac{\partial \theta}{\partial x} = -\frac{y}{\rho^2}, \frac{\partial \theta}{\partial y} = \frac{x}{\rho^2} \tag{4-23}$$

进而有：

$$\frac{\partial T}{\partial x} = \frac{\partial T}{\partial \rho}\frac{\partial \rho}{\partial x} + \frac{\partial T}{\partial \theta}\frac{\partial \theta}{\partial x} = \frac{\partial T}{\partial \rho}\frac{x}{\rho} - \frac{\partial T}{\partial \theta}\frac{y}{\rho^2} \tag{4-24}$$

$$\frac{\partial T}{\partial y} = \frac{\partial T}{\partial \rho}\frac{\partial \rho}{\partial y} + \frac{\partial T}{\partial \theta}\frac{\partial \theta}{\partial y} = \frac{\partial T}{\partial \rho}\frac{y}{\rho} + \frac{\partial T}{\partial \theta}\frac{x}{\rho^2} \tag{4-25}$$

$$\begin{aligned}\frac{\partial^2 T}{\partial x^2} &= \frac{\partial}{\partial x}\left(\frac{\partial T}{\partial x}\right) \\ &= \frac{\partial}{\partial x}\left(\frac{\partial T}{\partial \rho}\frac{x}{\rho} - \frac{\partial T}{\partial \theta}\frac{y}{\rho^2}\right) \\ &= \frac{1}{\rho}\frac{\partial T}{\partial \rho} + \frac{\partial}{\partial \rho}\left(\frac{\partial T}{\partial \rho}\frac{x}{\rho}\right)\frac{\partial \rho}{\partial x} + \frac{\partial}{\partial \theta}\left(\frac{\partial T}{\partial \rho}\frac{x}{\rho}\right)\frac{\partial \theta}{\partial x} - \frac{\partial}{\partial \rho}\left(\frac{\partial T}{\partial \theta}\frac{y}{\rho^2}\right)\frac{\partial \rho}{\partial x} - \frac{\partial}{\partial \theta}\left(\frac{\partial T}{\partial \theta}\frac{y}{\rho^2}\right)\frac{\partial \theta}{\partial x} \\ &= \frac{1}{\rho}\frac{\partial T}{\partial \rho} + \left[\frac{\partial}{\partial \rho}\left(\frac{\partial T}{\partial \rho}\frac{x}{\rho}\right) - \frac{\partial}{\partial \rho}\left(\frac{\partial T}{\partial \theta}\frac{y}{\rho^2}\right)\right]\frac{\partial \rho}{\partial x} + \left[\frac{\partial}{\partial \theta}\left(\frac{\partial T}{\partial \rho}\frac{x}{\rho}\right) - \frac{\partial}{\partial \theta}\left(\frac{\partial T}{\partial \theta}\frac{y}{\rho^2}\right)\right]\frac{\partial \theta}{\partial x} \\ &= \frac{1}{\rho}\frac{\partial T}{\partial \rho} + \left[\frac{\partial}{\partial \rho}\left(\frac{\partial T}{\partial \rho}\frac{x}{\rho}\right) - \frac{\partial}{\partial \rho}\left(\frac{\partial T}{\partial \theta}\frac{y}{\rho^2}\right)\right]\frac{x}{\rho} + \left[\frac{\partial}{\partial \theta}\left(\frac{\partial T}{\partial \rho}\frac{x}{\rho}\right) - \frac{\partial}{\partial \theta}\left(\frac{\partial T}{\partial \theta}\frac{y}{\rho^2}\right)\right]\left(-\frac{y}{\rho^2}\right) \\ &= \frac{1}{\rho}\frac{\partial T}{\partial \rho} + \left[\frac{\partial^2 T}{\partial \rho^2}\frac{x}{\rho} + \frac{\partial T}{\partial \rho}\left(-\frac{x}{\rho^2}\right) - \frac{\partial^2 T}{\partial \rho \partial \theta}\frac{y}{\rho^2} - \frac{\partial T}{\partial \theta}\left(-\frac{2y}{\rho^3}\right)\right]\frac{x}{\rho} + \left[\frac{\partial^2 T}{\partial \rho \partial \theta}\frac{x}{\rho} - \frac{\partial^2 T}{\partial \theta^2}\frac{y}{\rho^2}\right]\left(-\frac{y}{\rho^2}\right) \\ &= \frac{\partial^2 T}{\partial \rho^2}\frac{x^2}{\rho^2} + \frac{\partial^2 T}{\partial \theta^2}\frac{y^2}{\rho^4} - \frac{\partial^2 T}{\partial \rho \partial \theta}\frac{2xy}{\rho^3} + \frac{\partial T}{\partial \rho}\frac{y^2}{\rho^3} + \frac{\partial T}{\partial \theta}\frac{2xy}{\rho^4}\end{aligned} \tag{4-26}$$

同理：

$$\frac{\partial^2 T}{\partial y^2} = \frac{\partial^2 T}{\partial \rho^2}\frac{y^2}{\rho^2} + \frac{\partial^2 T}{\partial \theta^2}\frac{x^2}{\rho^4} + \frac{\partial^2 T}{\partial \rho \partial \theta}\frac{2xy}{\rho^3} + \frac{\partial T}{\partial \rho}\frac{x^2}{\rho^3} - \frac{\partial T}{\partial \theta}\frac{2xy}{\rho^4} \tag{4-27}$$

于是有：

$$\begin{aligned}\frac{\partial^2 T}{\partial x^2} + \frac{\partial^2 T}{\partial y^2} &= \frac{\partial^2 T}{\partial \rho^2}\frac{x^2}{\rho^2} + \frac{\partial^2 T}{\partial \theta^2}\frac{y^2}{\rho^4} - \frac{\partial^2 T}{\partial \rho \partial \theta}\frac{2xy}{\rho^3} + \frac{\partial T}{\partial \rho}\frac{y^2}{\rho^3} + \frac{\partial T}{\partial \theta}\frac{2xy}{\rho^4} + \frac{\partial^2 T}{\partial \rho^2}\frac{y^2}{\rho^2} + \\ &\quad \frac{\partial^2 T}{\partial \theta^2}\frac{x^2}{\rho^4} + \frac{\partial^2 T}{\partial \rho \partial \theta}\frac{2xy}{\rho^3} + \frac{\partial T}{\partial \rho}\frac{x^2}{\rho^3} - \frac{\partial T}{\partial \theta}\frac{2xy}{\rho^4} \\ &= \frac{1}{\rho}\frac{\partial}{\partial \rho}\left(\rho\frac{\partial T}{\partial \rho}\right) + \frac{1}{\rho^2}\frac{\partial^2 T}{\partial \theta^2}\end{aligned} \tag{4-28}$$

考虑到边界条件和初始条件,则可得到二维热传导方程的极坐标形式:

$$\begin{cases} \left[\dfrac{\partial^2 T}{\partial \rho^2}+\dfrac{\partial T}{\partial \rho}\cdot\dfrac{1}{\rho}+\dfrac{\partial^2 T}{\partial \theta^2}\cdot\dfrac{1}{\rho^2}\right]\cdot u=\dfrac{\partial T}{\partial t} \\ T|_{\rho=a}=f_1(t) \\ T|_{\rho=b}=f_2(t) \\ |T(x,y,0)|=T_0(x,y) \\ T(\rho,\theta)=T(\rho,\theta,2\pi) \end{cases} \quad (4\text{-}29)$$

式中,a,b 分别为隧道的内外径;u 为热扩散系数,$u=k/c\rho$。

在已知边界条件和初始条件时,可以通过解析算法或者数值算法求得隧道衬砌各点的温度。

4.6 热传导物理模型的建立及简化

埋地热力管道的传热与其周围土壤温度场密切相关。因此,合理地确定在各种情况下土壤温度场的计算方法,对埋地热力管道的建设和管理意义重大。目前,工程实际中用于计算土壤温度场的解析式大多是在简化条件下得到的,如由线热源法、当量环法所得到的解析式。由于假设条件与实际情况往往不符,所以计算结果误差较大。通过分析大地温度场变化情况以及热力管道周围温度场分布,将这一半无限大区域简化为有界的矩形区域,将极大地简化随后的计算求解过程。

4.6.1 大地温度场物理模型建立

1. 大地温度场深度方向恒温层的确定

在忽略同一深度地层处的水平温度变化,并认为热物性均匀的基础上,可以把大地近似认为是均匀的半无限大物体,温度变化只发生在深度方向上。地表温度受大气温度影响,而大气温度是呈周期性变化的,从而地表受其影响也呈周期性变化。但要落后大气温度波一个相位角 ψ。而任何连续的周期性波动曲线都可以用多项余弦函数叠加组成,即用傅里叶级数表示。实测资料表明,综合温度的周期性波动规律可视为一简单的简谐曲线。周期性变化边界条件的特点可表现在两个方面:首先由于边界条件是周期性变化,使得物体中各处的温度也处于周而复始的周期性变化中,故不存在所谓初始条件;其次,由于边界条件可认为是一个简谐波。因此,半无限大物体表面温度的变化可写成余弦函数形式:

$$\theta(0,\tau)=\theta_\mathrm{w}+A_\mathrm{m}\cos\left(\dfrac{2\pi}{T}\tau-\psi\right) \quad (4\text{-}30)$$

式中,θ_w 为半无限大物体表面,即 $x=0$ 处,任何时刻的过余温度,它是以周期变化的平均温度 t_m 为标准的:$\theta=t\sim t_\mathrm{m}$;$A_\mathrm{m}$ 为物体表面温度波的振幅;T 为波的周期;ψ 为物体表面温度波落后于大气温度波的相角;τ 为时间。

用过余温度 $\theta=t\sim t_\mathrm{m}$ 代替温度 t,改写导热微分方程为:

$$\dfrac{\partial \theta}{\partial \tau}=a\dfrac{\partial^2 \theta}{\partial^2 x^2} \quad (4\text{-}31)$$

应用分离变量法求解,得到半无限大物体在周期性变化边界条件下温度场的表达式,

a 为大地导热系数。

$$\theta(x,\tau)=A_{\mathrm{m}}e^{-\sqrt{\frac{\pi}{aT}}x}\cos\left(\frac{2\pi}{T}\tau-x\sqrt{\frac{\pi}{aT}}-\psi\right) \quad (4\text{-}32)$$

由式(4-32)可以看出:在周期性变化条件影响下的大地温度场具有温度波衰减的特点:(1) 大地内部深度方向上,任意深度处的温度随时间的变化与表面处的温度变化均呈现周期相同的余弦函数规律;(2) 同时任意深度处温度简谐波的振幅是衰减的。这样深度越深,振幅衰减越大,因此当深度足够深时,温度波动振幅就衰减到可以忽略不计的程度,这样深度 H 下的地温就可以认为终年保持不变,称为恒温层。以上的理论分析只是定性地分析了在假定大地为均质的情况下的温度场分布规律,没有考虑大地介质受温度影响发生的相变以及热力参数发生的改变。由理论公式求出的结果同实际测量结果会有一定的差别。对于实际工程应用,还要以现场实际测量数据为标准。已有不少学者通过现场测试验证了恒温层的存在情况,只是在不同的地区,恒温层的深度及该恒温层的温度不同而已。

2. 大地物理模型的建立与简化

根据以上理论分析可以得到下面简化的物理模型,如图 4-3 所示,H 为恒温层深度;T 为大地表面空气温度;T_f 为大地表面空气温度;λ 为大地导热系数;α 大地表面与大气的换热系数。

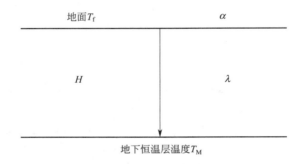

图 4-3 大地物理模型

4.6.2 埋地热力管道物理模型建立

埋地热力管道具有受地形限制因素少、能缩短运输距离、安全密闭、基本上不受恶劣气候的影响、长期稳定运行等优点。

埋设在地下的热力管道横断面如图 4-4 所示。R_0 为管道外半径;h_0 为管道中心线至土壤表面的深度;管内介质向土壤的当量放热系数为 α_s;大气表面空气温度为 T_f;大地表面空气对流换热系数为 α;土壤导热系数为 λ;δ 为保温层厚度。

1. 埋地热力管道温度场分析

根据相关文献对埋地热力管道温度场的实测数据分析可知,在管道温度影响范围以内,等温线形成一组以管道为中心的偏心圆,向外半径不断地扩大,表明对周围温度场的影响也渐渐变小。在管道温度场影响范围以外,等温线是一组稍有波动的近似平行线,各

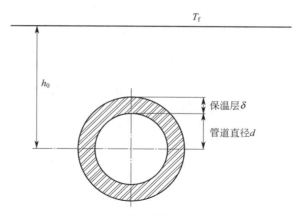

图 4-4 埋地热力管道横断面示意图

地层温度不受管道温度的影响,只受季节变化影响。由于管道采用了保温措施,管道热损失小,等温线只是密集地分布在管道附近。

2. 存在埋地热力管道时大地温度场深度方向恒温层的确定

当存在埋地热力管道时,大地温度场将发生变化。根据相关的研究表明分布于管道周围的等温线离管心越远,偏心环半径越大。当埋深方向上超过一定深度 H_3 后,热力管道对下方土壤温度场的影响弱到可以忽略不计的程度。在埋地热力管道深度方向,当某深度土壤的温度与同等深度的大地自然温度场比较,差值均小于 1℃ 时,可忽略管道温度对大地温度场的影响。其判别依据如下:

$$|t-t_0| \leqslant 1℃ \tag{4-33}$$

由此可知,在 H_3 超过一定值时。热力管道对下方土壤温度场的影响弱到可以忽略不计。一般而言 $H > H_3$,所以这里把大地温度场恒温层深度 H 确定为存在埋地热力管道时大地温度场深度方向上的恒温层深度。

3. 存在埋地热力管道时大地温度场水平方向绝热面的确定

当存在埋地热力管道时,管道水平方向上的大地温度场同时也将发生变化。但水平方向超过一定距离 L 后,热力管道对水平方向上土壤温度场的影响也弱到可以忽略不计的程度,土壤自然温度场已不受管道温度影响。这里认为,在水平方向上,当温度梯度变化小于 0.5℃/m,可忽略管道温度场对土壤自然温度场的影响。其判别依据如下:

$$\left|\frac{t_2-t_1}{\mathrm{d}x}\right| \leqslant 0.5℃/\mathrm{m} \tag{4-34}$$

当满足此条件时,可以把距离 L 确定为存在埋地热力管道时大地温度场水平方向绝热面距离。

4.6.3 埋地热力管道传热物理模型及简化

根据实际测量可知,由于大地本身存在温度场,如前所述,距离地面一定深度 H 后,管道散热对此处几乎没有影响,而且此深度处温度终年变化小于 1℃,可以认为是恒温层,温度为 T_h;距离热力管道水平径向一定距离 L 处(即管道断面的 x 方向上),管道散热量对此处影响非常的小,可以认为是绝热的(即无热量交换),$\frac{\partial T}{\partial x}=0$;忽略轴向散热,得到埋地热力管道物理模型为边长 $2L$、深度 H 的矩形区域中有一圆域散热。

简化后的埋地热力管道的物理模型见图 4-5，坐标系如图所示，这样大地表面边界为对流边界条件；又因为距离管道水平 x 方向一定距离处，受管道温度场影响非常小，则在边界 $x=L, x=-L, y\in(0,H)$ 处的边界条件是 $\partial T/\partial x=0$；物理模型建立后，即可写出导热微分方程式及边界条件进行分析求解。对于正常运行的埋地管道，由于模型的对称性，所以温度场计算可以采用一半模型进行计算。

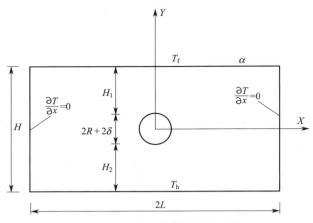

图 4-5　埋地热力管道简化物理模型

4.7　地下热力管道运行中温度扩散规律研究

根据已有的试验和分析证明，钢筋混凝土结构的内力和变形状态，一般不影响结构的传热过程，因此可以不考虑应力场而首先分析结构的温度场。

4.7.1　计算模型的建立、边界条件的确定及计算参数的选取

根据上述地层情况，建立如下计算模型：待求解的实体的横断面模型如图 4-6 所示，由于管道的纵向方向很长，所以可以把其作为平面应变问题进行计算，即选择其中一个横断面进行计算。图 4-6 中的阴影部分为由 C50 混凝土管片构成的封闭实体，所形成的封闭

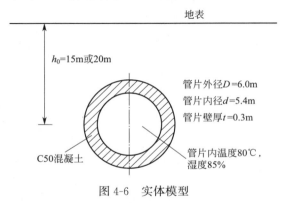

图 4-6　实体模型

空间是用来放置城市热力管道的，那么在城市热力管道运行期间，封闭空间由于热力管道的存在将产生热量的传递，进而形成一个高温度场，那么该温度场也将通过混凝土管片而向周围的土层扩散，最终将有可能会对周围环境造成一定的影响。

计算边界条件：在数值计算中需要根据实际工况确定计算模型的边界条件，由 4.6 节所述可知，边界条件主要包括三类，即定值边界、流量边界和混合边界。根据 4.6 节的分析，该物理模型的边界主要由上、下、左、右及管片内部边界等五个边界组成，其中上边界与大气接触，其温度与大气温度有关，但并不等于大气温度，因为计算模型中并不包含大气，而是土体，所以还取决于大地的导热系数。由于北京地区的大气温度和气候条件关系十分密切，即随季节的变化比较强烈，因此，这里主要选择三种典型工况，即冬季、夏季和春秋季，取其相应的代表性温度分别为：-2℃、25℃和8℃；对于下边界，当达到一定深度后，可认为下边界的温度趋于稳定，即属于恒温稳定场，所以可取为恒温边界，根据相关资料，可取其地下恒定温度为13℃。根据北京地区的实际情况及管道的尺寸，可取下边界距管片中心 20m，即距地表分别为 40m 或 35m 处；根据 4.6 节的分析，模型左、右边界均为无流量边界，同样根据北京地区的实际情况及管道的尺寸，取左右边界的计算范围为距管道中心均为 20m，据此，可分别建立两种不同情况下的计算几何模型如图 4-7 所示，选取管片中心点为模型的坐标原点；管片内部边界由于管道的运行，所以一直是处于一个恒定的高温环境中，根据现场实测，管片内部空间的实际温度为 80℃，湿度为 85%。

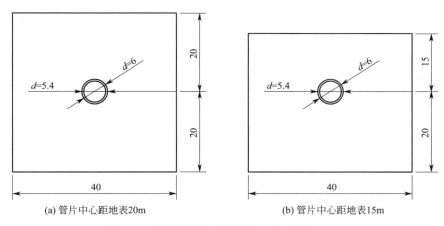

(a) 管片中心距地表20m   (b) 管片中心距地表15m

图 4-7 热传导计算几何模型（尺寸单位：m）

材料参数的确定：在本模型中所涉及的材料主要包括土体和混凝土管片，由于目前所能测得的温度均为介质周围的气体温度，所以计算所需的材料参数包括大地和混凝土的导热系数和对流热交换系数。根据相关文献资料，其具体取值如表 4-1 所示。

材料参数   表 4-1

材料	密度(kg/m³)	导热系数(W/(m·℃))	对流热交换系数(W/(m²·℃))	周围空气温度(℃)
土体	2000	0.5	18.4	冬季：-2℃；夏季 25℃ 春、秋季：9℃ 极端工况：-9℃
混凝土管片	2500	1.5	12.5	80℃

4.7.2 地层初始温度场的模拟

为了更好地对比分析有无管道条件下地层内部温度场的变化情况，所以非常有必要了解地层内部初始温度场的分布规律。因此这里首先对原始地层中的初始温度场进行计算分析，在该问题中仅涉及土体一种材料，其材料参数即为表 4-1 中的参数，计算模型的尺寸以深度方向上 40m 为例进行计算，大气温度分别取为-2℃、9℃、25℃和极端不利工况-9℃，即分别对应冬季、春秋季、夏季和冬季最寒冷时的大气温度。

由计算结果可知，在未铺设管道前土体中垂直方向上的温度是逐渐连续变化的，变化幅度是均匀的；而在水平方向上是等值的，即在同一深度处，地层中的温度是相同的，所以真实地反映了地层中的温度变化规律。

4.7.3 计算结果及分析

采用表 4-1 中所给出的材料参数，分别对管道中心距地表 20m 和 15m 两种工况下的温度场进行计算，计算得到管道附近及周围的温度场分布，由计算结果可知：

1) 管片周围的温度场是以管片中心为圆心逐渐向外扩散，其扩散规律是在距管道中心较近处，基本是按照圆形规律进行扩散的，而在离开圆心较远距离处，由于受边界条件的影响，其扩展规律是逐渐变为椭圆形扩散。

2) 从由热力管道运行而产生的高温环境的影响范围来看，其影响范围较小，影响较为严重的区域大约就在距混凝土管片内缘 3～5 倍的管片厚度的范围内，随后其衰减幅度就较为强烈，对周围环境的影响也就逐渐减弱。

同时为了更清楚地反映温度沿水平及垂直方向上的变化规律，这里以管道中心距地表 20m、季节为春秋季时的工况为例，选取以管道中心为起点，分别延伸到垂直和水平方向两个边界，分析温度的变化规律，其变化曲线如图 4-8、图 4-9 所示。

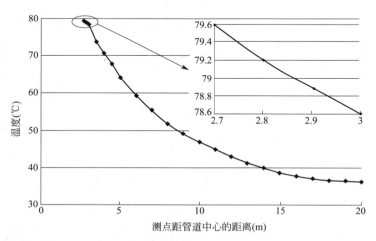

图 4-8 管道中心距地表 20m 时沿中心水平线上不同点的温度随距离的关系曲线

由图 4-8、图 4-9 可以看出，受管片内部高温的影响，管片及管片附近的土体温度较高但是随着距管片距离的增加，温度值迅速衰减，衰减幅度较大，而随着距离的进一步增加，温度衰减的幅度有很大减小，这说明高温管道的运行对周围区域的温度场是有影响

第4章 热力盾构隧道温度场效应及管片力学性能分析

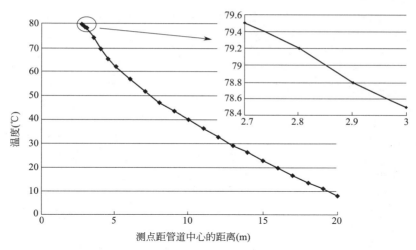

图4-9 管道中心距地表20m时沿中心垂直线上不同点的温度随距离的关系曲线

的，但是其影响存在一个相对明显区，即约在一倍的空间直径范围内。在此范围以外，其影响就相对较弱。同时对比分析图4-8和图4-9可以看出，图4-9的线斜率较大，这说明在中心垂直线上其温度下降较大，这主要是受到地表低温环境影响的缘故。同时为了更清楚地了解混凝土管片内部的温度变化规律，这里也给出了混凝土管片内部的温度随距离的变化放大图，由图4-9可以看出，0.3m厚的混凝土其内外部的温度差为1℃，平均温度变化为3.3℃/m，而外围土体的温度变化为2.1℃/m，所以从这个角度来说，混凝土的隔热性能还是优于土体的。但从另一方面来说，混凝土前后两个面上的温差较大，这将导致混凝土内部产生较大的温度应力，因而更容易导致混凝土产生裂缝，因此应该采取相应的工程措施。

上面是采用数值计算的方法讨论了管道内部输送高温介质时，其对周围环境的影响，由于实际工程情况的限制无法进行现场测试以验证数值计算结果的准确性。但是关于当管道内部输送高温介质时，其对周围温度场的影响已经有较多的工程实测数据，如新疆塔中至伦南保温管道运行中管道输送高温介质对周围环境温度场的影响进行了实际测量，测试结果如图4-10所示。其基本工程概况为：保温管道埋深1.6m，管道直径237mm，输送介质温度32.2℃，恒定不变，环境温度-10℃，管道外包有40mm厚的聚氨酯保温材料。通过实测结果可以看出，在该实际工程中，埋地热力管道对周围温度场的影响范围基本上在水平方向上为2m，深度方向上为2.2m。所以其大致规律和本书模拟的结果是一致的。

4.7.4 材料参数的敏感性分析

由于材料参数对数值计算结果的影响较大，而且对于某些材料的热力学参数测定较为困难，而且即使进行了大量的测试，所得数据的离散性也相对较大，尤其是当地层比较复杂时，如有无地下水等对土体的热传导系数都有影响，因而就使得用来计算的材料参数并不能完全真实反映材料的实际参数，进而导致所得计算结果与实际情况有一定的误差，因此，为了更好地对实际可能出现的结果有一个较为全面的估计，就需要对材料实际可能的取值参数进行逐一计算，但这又不太现实，所以本书就选取一些典型的材料参数进行计算

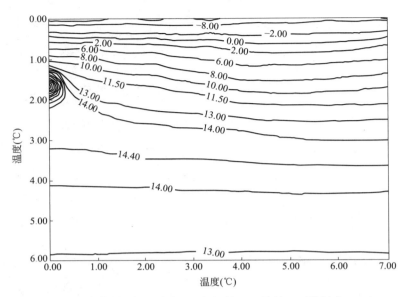

图 4-10　保温管道周围温度场（测试时间 12 月份，环境温度 －10℃）

分析，从而得到材料参数对计算结果的影响规律，进而针对材料参数的变化对计算结果影响的敏感性问题有一个相对清楚、客观的认识。

本书中所涉及的材料参数主要为导热系数和对流热交换系数，两种材料共有 4 个参数，在考察某一参数变化对计算结果的影响时，假定其他参数都不变。计算工况同样选取管片中心距地表 20m 时的工况，选取的关键点为沿中心垂直线上的不同点。每个材料参数均取 5 个值，土体导热系数取值分别为：0.3、0.4、0.5、0.6 和 0.7；混凝土管片导热系数取值分别为：0.5、1.0、1.5、2.0 和 2.5。通过对土体及混凝土管片的对流热传导系数对计算结果的影响分析来看，该参数对计算结果的影响很小，以土体的对流热传导系数为例，当其值在 17.4～19.4 变化时，温度值的计算结果几乎没有变化，所以这里就不再给出对流热传导系数对计算结果的影响曲线，而仅给出两种材料的导热系数对计算结果的影响，所得计算结果如图 4-11 所示。

由图 4-11 可以看出以下规律：

1) 测点温度随导热系数的变化规律：从总体规律上来看，随着导热系数的变化，测点的温度是逐渐变化的，其变化规律是随着导热系数的增加，距材料表面如对混凝土管片而言，即距混凝土管片内表面不同测点的温度是逐渐增加的，这与实际的认识规律是一致的，因而管片中心温度较高，随着材料导热系数的增加，其传热能力也在增强，所以传导到外部的热量也在增加，因而也就导致不同测点温度有相应的上升。

2) 从变化的幅度上来看，当导热系数增加时，虽然测点的温度有一定的增加，但是其增加幅度并不是很明显。如当混凝土管片的导热系数从 0.5 增加到 2.5 时，温度增加的最大值是出现在距管片中心 3.0m 处，即由 76.4℃ 增加到 78.9℃，增幅为 2.5℃，约增加了 3.3%，所以相对于导热系数的增幅，即导热系数增加到了 5 倍，而最大温度值的增加幅度仅为 3.3%，所以增幅不明显。因此，可以认为在一定变化幅度范围内材料的导热系数虽然对计算结果有一定的影响，但其影响并不显著。

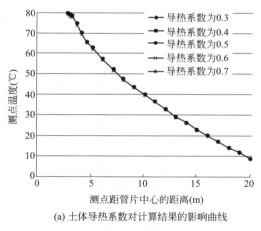 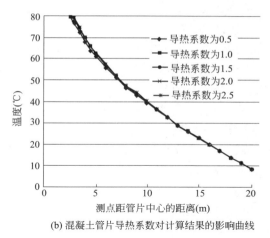

(a) 土体导热系数对计算结果的影响曲线　　(b) 混凝土管片导热系数对计算结果的影响曲线

图 4-11　沿管片中心垂直线上不同点的温度随材料参数的变化关系图

4.8　地下热力管道运行中温度场与应力场的耦合分析

4.8.1　计算模型的建立、边界条件的确定及计算参数的选取

计算几何模型仍取 4.7 节中的两个模型，即分别计算管片中心距地表的距离为 15m 和 20m 两种工况条件下的应力场与温度场的耦合。

计算模型边界条件：由于本节计算的是温度场与应力场的耦合问题，所以其边界条件既包括温度边界条件，还包括应力边界条件。温度边界条件的确定同温度场计算中的边界条件，应力场计算边界条件确定如下：取模型底边界为固定边界，即限制其在平面内的 3 个自由度，模型左、右侧边界为水平位移约束边界，取上边界即地表为自由边界。

计算参数的选取：计算参数也分为温度场计算参数和应力场计算参数，对于温度场计算参数的取值同表 4-1，对于应力场计算参数见表 4-2，选取土体和混凝土的材料本构模型均为线弹性。

计算模型的对称性：由于耦合分析计算所需的内存及计算时间要比单纯的温度场计算大得多，所以可以利用模型的对称性缩短计算时间、减少对计算机内存的需求。在该模型中由于模型的几何尺寸、受力情况等都关于 Y 轴对称，所以可取整个模型的一半进行计算，限制对称边界上的水平位移。

温度应力计算参数　　表 4-2

材料	密度(kg/m³)	弹性模量(MPa)	泊松比	线膨胀系数(℃⁻¹)
土体	2000	45	0.25	$5e^{-4}$
混凝土管片	2500	16500	0.22	$1e^{-5}$

4.8.2　计算结果及分析

根据表 4-2 中所给出的材料参数，分别对管道中心距地表 20m 和 15m 两种工况下的温度场及应力场耦合进行计算，计算得到管道附近及周围的应力场分布。

由计算结果可知：

1）管片周围的应力场以管片中心区域变化最为强烈，然后随着距离的增加，其变化幅度逐渐减小。由于混凝土管片和土体的破坏主要以拉伸破坏和剪切破坏为主，所以这里给出了第一主应力和 Mises 屈服应力。其中拉伸破坏主要取决于第一主应力，即最大拉应力强度理论。由计算结果可知，在混凝土管片中第一主应力都远大于附近土体中的值，而且随着距离的增加，其值迅速衰减，这说明温度场产生的附加应力区域是有限的。同时由于混凝土管片在实际工作中并不是单纯地承受拉力，因而不是单向受力状态，而是二向或三向等复杂受力状态，因此对于复杂受力状态，第一主应力将不再适用，所以这里还给出了判断复杂受力状态下的 Mises 应力判据，从 Mises 应力计算结果来看，其应力影响区域和第一主应力基本相同，也都是出现在管片附近区域。

2）从应力数值计算结果来看，应力数值基本都在 0.1~9.0MPa，其中还包括由土体及混凝土管片自重的应力，所以由温度变化产生的温度应力较小，不至于对混凝土管片产生结构性的破坏。但是由于有些混凝土的抗拉强度也就是 10MPa 左右，因此对于这些混凝土结构，有可能会在表面产生一些微小裂纹，而这对于钢筋混凝土结构来说，也是允许的，只要这些微小裂纹能够控制在一定的长度范围内即可。

4.9 地下热力管道运行对混凝土管片的损伤分析

在前述章节已重点讨论了地下热力管道运行时对周围环境温度场和应力场的影响规律，而其中最为重要的内容之一就是研究其对混凝土管片的影响，因此，根据以往的工程经验，混凝土管片由于受到热力管道运行的影响，将会产生开裂，根据混凝土结构设计理论，钢筋混凝土使用过程中在受拉区都会产生一定数量和深度的裂缝，只要裂缝控制在一定的规模范围内，都不会影响结构的安全使用。因此，如何深入研究热力管道运行时对周围混凝土管片的影响，进而通过混凝土结构配筋设计等把裂缝控制在一定的规模范围内，则是本项目最为关心的内容之一。因此，本节针对温度变化导致的混凝土累积损伤使混凝土材料力学性能下降进行理论分析，即研究温度变化导致的混凝土损伤问题。运用微观力学及裂断力学，通过分析变温过程中混凝土材料中骨料与水泥砂浆界面上的温度应力、水泥砂浆中的温度应力以及界面裂纹和水泥砂浆中的微裂纹在温度变化时的萌生和扩展问题，得出微裂纹随温度变化的扩展规律，建立混凝土温度损伤模型，从而给出混凝土材料温度变化过程中损伤量的具体表达式。

4.9.1 混凝土温度损伤机理

混凝土材料是由水泥砂浆与粗骨料混合而成的混合物，其特有的水化性质使得混凝土结构在施工期就经历了升温和降温两个过程。根据前人的研究结果可知，由水泥砂浆与骨料所构成的界面，水泥砂浆在受到温度荷载作用后，损伤便开始萌生，在温差不大时损伤发展很缓慢，呈线性发展趋势。随温差的增大，界面、水泥砂浆的损伤均呈非线性发展趋势，表明微裂纹越来越多。

混凝土中由于水泥砂浆与骨料热膨胀系数的不同，在升温过程中温度荷载作用下水泥砂浆与骨料所形成的界面首先产生损伤,并随温度增加而发展,由此形成界面裂纹,当继续增加的温差达到某一数值后,界面裂纹便向水泥砂浆中延伸。在以后的降温过程且降温过程中不仅原有的微裂纹会发展,同时也会产生新的微裂纹。根据相关试验研究结果,降温所产生的损伤,比同级温度荷载升温所产生的损伤要大。

4.9.2 混凝土温度损伤模型的建立

1. 模型假设与应力分析

混凝土是一种多相复合材料,它是由骨料和水泥砂浆等胶结而成的,一般来说,骨料与砂浆具有不同的热学参数,它们的热膨胀系数也是不相同的,骨料的热膨胀系数通常在 $0.7e^{-5}/℃$ 左右,不同类型骨料热膨胀系数有所不同,砂浆热膨胀系数通常在 $1.3e^{-5}/℃$ 左右。混凝土的热膨胀系数常取为 $1.0e^{-5}/℃$,不同类型骨料的混凝土材料,其热传导系数亦不相同。混凝土材料中,由于骨料和水泥砂浆热膨胀系数的不同,混凝土体内水泥砂浆与骨料之间的界面在温度变化过程中将产生热不相容应力,为分析此应力,假设骨料埋入处于硬化过程中的水泥砂浆,且骨料被水泥砂浆所包围,在本书中仅考虑混凝土浇筑成型完毕,水泥砂浆的性能已经达到稳定,因此,水泥砂浆的弹性模量也是恒定的,但与骨料具有不同的数值,为简化分析与计算过程。本节仅考虑平面应力情况。骨料与水泥砂浆组成的物理模型如图 4-12 所示。

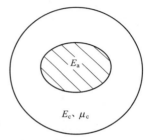

图 4-12 物理模型

假设骨料的热膨胀系数为 α_a 并简化为圆形(半径为 R),骨料的弹性模量假设不随时间变化,以 E_a 表示。水泥砂浆的热膨胀系数为 α_c,其弹性模量也认为不随时间而变化,取为 E_c。根据上述模型,在两种材料界面上,由径向位移变形协调条件,则有:

$$\delta_{cT} + \delta_{c\sigma} = \delta_{aT} + \delta_{a\sigma} \tag{4-35}$$

式中,δ_{cT}——水泥砂浆体由于变温而引起的径向位移;

$\delta_{c\sigma}$——在水泥砂浆与骨料界面上的温度应力引起的径向位移;

δ_{aT}——骨料中变温引起的径向位移;

$\delta_{a\sigma}$——骨料中界面上温度应力引起的径向位移。

根据弹性理论,厚壁薄圆环的热应力问题是一个轴对称的平面应力问题,环向位移 $v=0$,径向位移 $u=u(r)$,应变分量为:

$$\varepsilon_r = \frac{du}{dr}, \varepsilon_\theta = \frac{u}{r}, \gamma_{rq} = 0 \tag{4-36}$$

物理方程可表达为:

$$\varepsilon_r = \frac{1}{E}(\sigma_r - \mu\sigma_\theta) + \alpha T, \varepsilon_\theta = \frac{1}{E}(\sigma_\theta - \mu\sigma_r) + \alpha T \tag{4-37}$$

用应变分量表示应力分量得:

$$\sigma_r = \frac{E}{1-\mu^2}[\varepsilon_r + \mu\varepsilon_\theta + (1+\mu)\alpha T] \tag{4-38}$$

将式(4-38)代入平衡方程并用位移分量表达,则有:

$$\frac{d}{dr}\left[\frac{1}{r}\frac{d}{dr}(ru)\right]=(1+\mu)\alpha\frac{dT}{dt} \tag{4-39}$$

经两次积分后,有:

$$u=(1+\mu)\frac{\alpha}{r}\int_R^r Tr\,dr+\frac{C_1}{2}r+\frac{C_2}{r} \tag{4-40}$$

包围骨料的水泥砂浆在局部可认为温度为均匀分布,忽略骨料与水泥砂浆之间的相互影响,则可得温度引起的位移分量:

$$u=\frac{\alpha}{r}\left[(1+\mu)\int_R^r Tr\,dr+\frac{(1-\mu)r^2+(1+\mu)R^2}{R_0^2-R^2}\int_R^{R_0} Tr\,dr\right] \tag{4-41}$$

因而在砂浆内边界(界面上)就可以得到:

$$\delta_{cT}=u_{r=R}=\alpha_c R\Delta T \tag{4-42}$$

式中,ΔT——混凝土材料内的变温值。

由于温度的作用及骨料和水泥砂浆两种材料的热膨胀系数的不同,在其界面上将产生作用力,此作用力可看成均匀作用于砂浆内环壁上,由弹性理论的轴对称问题解答可得:

$$\delta_{a\sigma}=\frac{X}{E_a}(1-\mu)R$$

$$\delta_{c\sigma}=\frac{X}{E_c}(1+\mu_c)R \tag{4-43}$$

式中,X——界面上的温度引起的法向应力;

μ——骨料泊松比;

μ_c——水泥砂浆泊松比。

将式(4-42)、式(4-43)代入式(4-35)可得到:

$$X=\frac{(\alpha_c-\alpha_a)E_a E_c}{E_c(1-\mu)+E_a(1+\mu_c)}\Delta T \tag{4-44}$$

从图 4-12 物理模型和式(4-44)可以看出,由于骨料和砂浆的热膨胀系数不同,在变温过程中,内约束使得骨料和水泥砂浆的界面上将产生径向应力,并随着水泥砂浆的弹性模量的发展和温差的增加而增加,利用已知的关于厚壁圆环的解答就可分别得到骨料和水泥砂浆内的应力为:

$$骨料:\sigma_r=\sigma_\theta=X=\frac{(a_c-a_\alpha)E_a E_c}{E_c(1-\mu)+E_a(1+\mu_c)}\Delta T \tag{4-45}$$

$$砂浆中:\sigma_r=\frac{XR^2}{r^2}=\frac{(a_c-a_\alpha)E_a E_c}{E_c(1-\mu)+E_a(1+\mu_c)}\Delta T\frac{R^2}{r^2} \tag{4-46}$$

$$\sigma_\theta=-\frac{XR^2}{r^2}=-\frac{(a_c-a_\alpha)E_a E_c}{E_c(1-\mu)+E_a(1+\mu_c)}\Delta T\frac{R^2}{r^2} \tag{4-47}$$

式(4-45)~式(4-47)中的 r 是骨料中心到水泥砂浆内一点的距离。

从式(4-45)~式(4-47)中可以看出,两种材料中最大的应力发生在界面附近。在升温的过程中,ΔT 为正值,在界面上产生径向和环向拉应力,在水泥砂浆中产生径向拉应力和环向压应力,但由于界面最薄弱,所以界面将首先产生微裂纹,在温差达到一定数值后水泥砂浆也会有微裂纹产生。因此,温度的变化很可能导致微裂纹的形成和发展。

2. 温度升高时裂缝的扩展规律

从变温过程中骨料与水泥砂浆界面上的温度应力分析可知，由于水泥砂浆的热膨胀系数大于骨料的热膨胀系数且在升温过程中，界面上将产生径向拉应力，当此拉应力达到对应时刻的粘结强度时，界面上的某一薄弱环节将首先产生微裂纹，即在界面上形成一微弧形裂纹，判断此裂纹在继续升温的过程中是否继续发展则可以采用断裂力学的分析方法。对于微弯的弧形裂纹如图 4-13 所示。

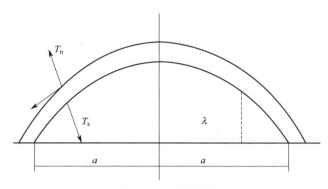

图 4-13 弧形裂纹

缝端的应力强度因子可表示为：

$$K = K_{\mathrm{I}} - iK_{\mathrm{II}} = \frac{1}{\sqrt{\pi a}} \int_{-a}^{a} (q_{\mathrm{I}} - iq_{\mathrm{II}}) \sqrt{\frac{a+s}{a-s}} \mathrm{d}s \tag{4-48}$$

式中，$q_{\mathrm{I}} = T_{\mathrm{n}} - \frac{3}{2}\omega T_{\mathrm{s}} + \lambda T'_{\mathrm{s}} + 2\lambda' T'_{\mathrm{S}}$；

$q_{\mathrm{II}} = T_{\mathrm{s}} + \lambda T'_{\mathrm{n}} + \frac{1}{2}\omega T_{\mathrm{g}}$；

ω 为裂缝尖端 $x=a$ 处的斜率，即 $\omega = \lambda'(a)$。

对于图 4-13 所示的物理模型，

$$T_{\mathrm{n}} = X = \frac{(a_{\mathrm{c}} - a_{\alpha})E_{\mathrm{a}}E_{\mathrm{c}}}{E_{\mathrm{c}}(1-\mu) + E_{\mathrm{a}}(1+\mu_{\mathrm{c}})} \Delta T$$
$$T_{\mathrm{s}} = 0, T'_{\mathrm{s}} = 0, T'_{\mathrm{n}} = 0 \tag{4-49}$$

对于微圆弧形裂纹，λ 可表示为：$\lambda(x) = \sqrt{R^2 - x^2} - R\cos\psi$

则：$\omega = \lambda'(a) = \dfrac{a}{\sqrt{R^2 - a^2}} \approx \dfrac{a}{R}$ \hfill (4-50)

将式(4-49)、式(4-50) 代入 q_{I}、q_{II} 表达式可得：

$$q_{\mathrm{I}} = T_{\mathrm{n}} = \frac{(a_{\mathrm{c}} - a_{\alpha})E_{\mathrm{a}}E_{\mathrm{c}}}{E_{\mathrm{c}}(1-\mu) + E_{\mathrm{a}}(1+\mu_{\mathrm{c}})} \Delta T = \sigma_{\mathrm{r}} \tag{4-51}$$

$$q_{\mathrm{II}} = \frac{1}{2}\omega T_{\mathrm{n}} = \frac{1}{2}\frac{a}{R} \frac{(a_{\mathrm{c}} - a_{\alpha})E_{\mathrm{a}}E_{\mathrm{c}}}{E_{\mathrm{c}}(1-\mu) + E_{\mathrm{a}}(1+\mu_{\mathrm{c}})} \Delta T = \frac{1}{2}\frac{a}{R}\sigma_{\mathrm{r}} \tag{4-52}$$

将式(4-51)、式(4-52) 代入式(4-48) 可得：

$$K_{\mathrm{I}} = \frac{1}{\sqrt{\pi a}} \int_{-a}^{a} \sigma_{\mathrm{r}} \sqrt{\frac{a+s}{a-s}} \mathrm{d}s = \sigma_{\mathrm{r}}\sqrt{\pi a} \tag{4-53}$$

$$K_{\mathrm{II}}=\frac{1}{\sqrt{\pi a}}\int_{-a}^{a}\frac{1}{2}\frac{a}{R}\sigma_{\mathrm{r}}\sqrt{\frac{a+s}{a-s}}\mathrm{d}s=\frac{a}{2R}\sigma_{\mathrm{r}}\sqrt{\pi a} \tag{4-54}$$

有了缝端应力强度因子的表达式，根据断裂力学理论，由应变能释放率与强度因子之间的关系则可求出能量释放率 G，其表达式为：

$$G=\frac{K_{\mathrm{I}}^2+K_{\mathrm{II}}^2}{E_{\mathrm{c}}}=\pi a\frac{(\sigma_{\mathrm{n}})^2}{E_{\mathrm{c}}}\left(1+\frac{a^2}{4R^2}\right) \tag{4-55}$$

根据断裂力学理论，裂缝稳定的准则是：

$$G=\kappa \text{ 和 } \frac{\partial G}{\partial a}\geqslant\frac{\partial \kappa}{\partial a} \tag{4-56}$$

式中，κ 为试验所获得的阻力曲线。

Foote 等根据对软化材料阻力曲线的试验研究，给出了骨料和水泥砂浆界面上圆弧裂缝阻力曲线的表达式：

$$\kappa=R^2 C^2 \pi\frac{(a-a_0)^2}{R}a\left(1+\frac{a^2}{4R^2}\right) \tag{4-57}$$

式中，a_0 为初始微裂纹长度；C 为断裂常数，由试验确定。

将式(4-55)、式(4-57) 代入式(4-56) 可得：

$$a=a_0+\frac{\sigma_{\mathrm{r}}}{C\sqrt{E_{\mathrm{c}}}}=a_0+\frac{(a_{\mathrm{c}}-a_{\alpha})E_{\mathrm{a}}\sqrt{E_{\mathrm{c}}}}{C[E_{\mathrm{c}}(1-\mu)+E_{\mathrm{a}}(1+\mu_{\mathrm{c}})]}\Delta T \tag{4-58}$$

从式(4-58) 可以看到在混凝土中，骨料和水泥砂浆界面上的裂纹是随着环境温度的升高而出现的，界面微裂纹的出现和发展，也就意味着损伤的发生，并产生了损伤累积。

3. 升温条件下的温度损伤模型

由前述分析可知混凝土材料的损伤在升温时主要表现为界面损伤，因此，考虑材料为各向同性弹性损伤，则损伤变量 D 表达式为：

$$D=1-\frac{\widetilde{E}}{E} \tag{4-59}$$

当混凝土升温时，界面微裂缝与温差的变化规律为式(4-58)，根据 Taylor 表达式：

$$\frac{\widetilde{E}}{E}=\frac{1}{1+N\pi a^2\left(1+\dfrac{a^2}{R_{\max}R_{\min}}\right)} \tag{4-60}$$

把式(4-59) 代入式(4-60) 再代入式(4-30) 可得：

$$D=1-\frac{1}{1+N\pi(a_0+A\Delta T)^2[1+(a_0+A\Delta T)^2/R_{\max}R_{\min}]} \tag{4-61}$$

其中，$A=\dfrac{(a_{\mathrm{c}}-a_{\alpha})E_{\mathrm{a}}\sqrt{E_{\mathrm{c}}}}{C[E_{\mathrm{c}}(1-\mu)+E_{\mathrm{a}}(1+\mu_{\mathrm{c}})]}$

根据 Foote 等对软化材料阻力曲线的试验研究结果及 Sumarac 对温度影响的研究，取常数 $C=\dfrac{30(a_{\mathrm{a}}-a_{\mathrm{c}})\sqrt{E_{\mathrm{c}}}}{a_0}$，则上式可简化为：

$$D=1-\frac{1}{1+N\pi(a_0+a_0 B\Delta T)^2[1+(a_0+a_0 B\Delta T)^2/R_{\max}R_{\min}]} \tag{4-62}$$

其中，$B = \dfrac{E_a}{30[E_c(1-\mu)+E_a(1+\mu_c)]}$

当无温度荷载作用时（即 $\Delta T = 0$），则上式所反馈的就是混凝土的初始损伤，经简化其表达式为：

$$D_0 = 1 - \dfrac{1}{1+N\pi a_0^2\left(1+\dfrac{a_0^2}{R^2}\right)} \tag{4-63}$$

若忽略高阶微量 $\dfrac{a_0^2}{R^2}$ 的影响，则上式简化为：

$$D_0 = 1 - \dfrac{1}{1+N\pi a_0^2} \tag{4-64}$$

从上式可以看出，混凝土的初始损伤所反映的就是混凝土的等效初始微裂纹区，所以任意时刻的损伤量所反映的是微裂缝区的发展。因此，式（4-62）中的 $N\pi a_0^2$ 项可用初始损伤 D_0 来表示。

在混凝土的施工期初始损伤 D_0 一般来说并不易确定，从公式中可以看到 $N\pi a_0^2$ 所表示的是 N 条初始微裂纹所影响的区域，这个区域可以用 $0.00125 L_{ab}$ 来描述。这里的 L_{ab} 称为特征长度，其表达式为：

$$L_{ab} = \dfrac{G_f E}{f_t^2} \tag{4-65}$$

式中，G_f 为混凝土材料的断裂能；f_t 为混凝土抗拉强度。

从而式（4-62）可变为：

$$D = 1 - \dfrac{1}{1+\dfrac{0.00125 G_f E}{f_t^2}(1+B\Delta T)^2 + \dfrac{0.00125 G_f E}{f_t^2}\dfrac{a_0^2}{R_{max}R_{min}}(1+B\Delta T)^4} \tag{4-66}$$

一般来说，在初始升温阶段，所形成的微裂纹是很小的，即 $\dfrac{a_0^2}{R_{max}R_{min}}$ 是一个很小的量，忽略其影响，则上式可简化为：

$$D = 1 - \dfrac{1}{1+\dfrac{0.00125 G_f E}{f_t^2}(1+B\Delta T)^2} \tag{4-67}$$

因此，该式即可看作损伤随温度升高时的损伤演化方程。

式（4-67）说明混凝土的损伤程度与混凝土材料的断裂能 G_f、混凝土抗拉强度 f_t、无损伤时材料的弹性模量 E、常数 B（与骨料和砂浆的弹性模量与泊松比有关），以及温度变化有关。由于这里主要是研究随温度变化时混凝土的损伤程度，所以假定以上常数都不随温度变化而变化，下面就通过一个算例重点研究一下随着温度的升高混凝土的损伤变化规律。

假定 $G_f = 195\text{N/m}$，$f_t = 4.2\text{MPa}$，$E = 30\text{GPa}$，$\mu = 0.25$，$\mu_c = 0.35$，$E_a = 50\text{GPa}$，$E_c = 200\text{MPa}$。所以可求得 $B = 0.025$。可由此求出当温度变化时，材料的损伤程度。首先假定当 $\Delta T = 0$ 时，$D \approx 0$，即温度没有发生变化时其损伤基本为零，即不考虑初始损伤，

那么当 ΔT 不等于零时,所产生的损伤均为温度变化所导致的。取 ΔT 的变化范围为 20～80℃,损伤量随 ΔT 的变化规律如图 4-14 所示。

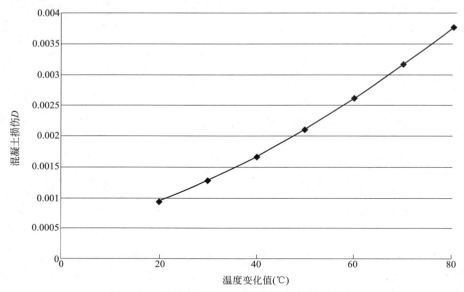

图 4-14 混凝土损伤 D 随温度变化的关系曲线

由图 4-14 可以看出,随着温度的升高,混凝土损伤是逐渐增加的,这一方面说明温度的变化确实会对混凝土造成一定的损害,导致其产生微裂缝等微小损伤;另一方面从损伤增加的幅度来看,当温度增加值达到 80℃ 时,其损伤的增加值是从 0.001 增加到 0.0038,增加了 0.0028,绝对增加值不是太大,但是其相对增幅达到了 2.8 倍,因此相对增幅还是较大的,因此,在地下热力管道运行中应加强对混凝土管片的监测和检查,如发现不利情况及时处理。

4.10 热力盾构隧道管片力学性能分析

4.10.1 分析计算概述

1. 盾构管片设计方法

盾构隧道圆形衬砌是由管片用螺栓连接而成的管片环,由于接头的存在,使管片环刚度降低,易于变形,如何评价接头性能对衬砌环截面内力的影响是一个重要问题。目前对管片环的设计方法,按管片接头在力学上的处理方法加以分类,大致分为:惯用法、修正惯用法、多铰圆环法和梁-弹簧模型法。除了接头的处理方法不同之外,管片环与地层的相互作用也是管片设计的一个重要因素。

1) 惯用法(自由变形圆环法)

惯用法的想法早在 1960 年就提出了,在日本得到了广泛的应用。惯用法假设管片环是弯曲刚度均匀的环,不考虑管片接头部分的柔性特征和弯曲刚度下降,管片截面具有同样刚度,并且弯曲刚度均匀的方法。这种方法计算出的管片环变形量偏小,导致在软弱地基中计算出的管片截面内力过小,而在良好地基条件下计算出的内力又过大。地层反力假设仅在水平方向上下 45°范围内按三角形规律分布,这种模型可以计算出解析解。

2) 修正惯用法

如果错缝拼装管片,可弥补管片接头存在造成的刚度下降。但是怎样评价错缝拼装效应是一个问题。于是,在对带有螺栓接头的管片环进行多次核对研究时,引入了 η—ξ 对错缝拼装的衬砌进行内力计算,即为修正惯用法。该法将衬砌视为具有刚度 ηEI 的均质圆环,将计算出的弯矩增大即 $(1+\xi)M$,得到管片处的弯矩;将求出的弯矩减少即 $(1-\xi)M$,得到接头处的弯矩。其中 η 称为弯曲刚度有效率,ξ 称为弯矩增加率,它为传递给邻环的弯矩与计算弯矩之比。管片接头由于存在铰的作用,可以认为弯矩并不是全部经由管片接头传递,其一部分是利用环接头的剪切阻力传递给错缝拼装起来的邻接管片,具体如图 4-15 所示。

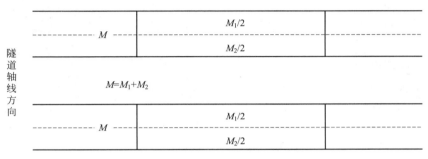

图 4-15 接头处弯矩的分配

两系数中当 η 接近 1 时,则 ξ 趋向于 0;η 变小,则 ξ 趋向于 1。采用修正惯用法推算截面内力时,过小地评价 η 就是过大地评价围岩的地层抗力,其结果会导致估算环上产生的截面内力偏小,对此应有足够的重视。η 和 ξ 值除随管片种类、管片接头的构造形式,错缝拼装的方法及其构造形式等而变化外,周围土层对它们也有着明显的影响。目前对 η 和 ξ 值的确定主要凭工程实践经验,因此具有较大的随意性和不确定性。

3) 多铰圆环法

多铰圆环其自身是个不稳定结构,在隧道周围的围岩作用下才呈稳定结构。因此,对作用于环的荷载的分布以及围岩抗压的评价极为重要。同时,这种方法依赖隧道周围围岩的反力,所以,应注意选择适用的地层。以主动土压力作用于环的荷载,对于采用上述惯用的荷载系列,伴随环的变形和变位而产生的地层抗力,大多采用 Winkler 假设。

采用该计算法,以截面内力形式产生弯矩会大幅度减少,节约设计成本。另外,周围围岩的好坏会给隧道造成决定性的影响,所以对附近施工等是否破坏隧道竣工后的隧道周围围岩,以及隧道防水等问题,需要进行认真的研究。

4) 梁-弹簧模型法

梁-弹簧模型法将管片主截面模拟成圆弧梁或者直线梁,将管片接头模拟成旋转弹簧,将环接头模拟成剪切弹簧,以评价接头刚度的下降和错缝拼装的拼装效应。

该计算法将剪切弹簧系数设定为零,当把旋转弹簧系数也设定为零时,则基本上与多铰圆环一致;当把旋转弹簧系数设定为无限大时,则与刚度均匀环一致,所以可以认为这是包含了上述两个方面的方法,同时可以按环接头的剪切刚度的大小表现错缝拼装的拼装效应,所以是一个从力学上说明管片环的承载机制的有效方法。

该计算法使用的荷载基本上都是惯用法使用的荷载,然而也采用了将地层抗力全部或者部分转换成地层弹簧的方法。用梁-弹簧模型计算法可以对任意一种管片环的组装法以及接头的位置进行考虑,也可以计算管片环接头上产生的剪力。旋转弹簧系数和剪切弹簧系数除了用试验方法求出外,对于一般性的管片接头,也可以用解析方式求出。

剪切弹簧系数估算偏小,则主截面的弯矩计算出来的值就小,所以为了安全起见,也采用将其设为无穷大的方法。

衬砌结构设计方法的选用主要受隧道用途、围岩状况、目标荷载、管片结构及所要求计算精度等的影响。荷载的确定对结构内力计算尤为重要,上述四种方法所选用的目标荷载系统分别如图 4-16 所示。

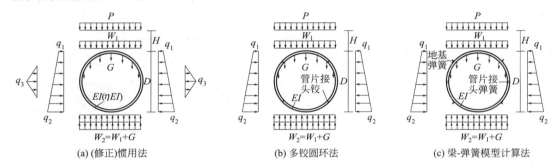

图 4-16　计算方法与相应荷载系统

2. 荷载及结构形式

本计算按盾构埋深 12m 考虑（隧道中心埋深）,采用惯用法和多铰圆环法两种常用的盾构管片衬砌结构计算方法,对加固定支架后在水平推力和管道自重作用下的结构内力和变形进行对比分析。土体按均质土考虑,重度取 $20kN/m^3$,侧压力取系数 0.37,土弹性抗力系数 30MPa/m,不考虑水压力。盾构管片重度 $25kN/m^3$,土压力和管片自重荷载作用下,盾构标准环荷载示意图如图 4-17 所示。

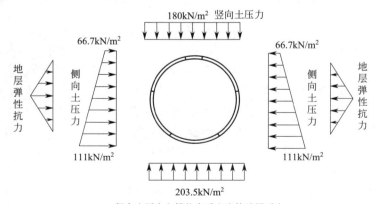

图 4-17　盾构标准环荷载示意图

含固定支架的盾构环,由于支架和管道重量将产生附加地基反力,其荷载示意图如图 4-18 所示,另外支架上还有 500kN 水平推力。

第 4 章 热力盾构隧道温度场效应及管片力学性能分析

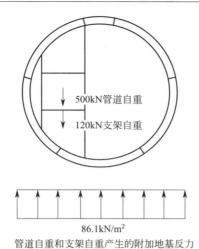

图 4-18 含固定支架盾构环竖向附加荷载示意图

热力盾构隧道内的固定支架与管片的连接通过设置钢环梁，固定支架与钢环梁焊接，再通过预埋螺栓将环梁和管片连接，如图 4-19～图 4-21 所示。

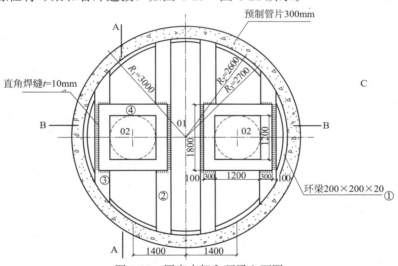

图 4-19 固定支架和环梁立面图

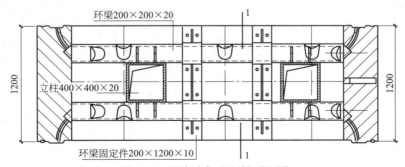

图 4-20 固定支架和环梁平面图

3. 数值模拟前处理

计算采用通用有限元软件 ANSYS，采用惯用法和多铰圆环法两种方法计算。盾构衬砌环管片由一块封顶块，两块连接块和三块标准块组成。惯用法假设管片环是弯曲刚度均匀的环，不考虑管片接头部分的柔性特征和弯曲刚度下降，管片截面具有同样刚度，并且弯曲刚度均匀的方法，将整环管片按均质连续梁考虑；铰接圆环法考虑接头刚度的变化，把衬砌管片环看成一个自由变形的非匀质的多铰圆环，将管片接头假定为一个理想弹性铰，用梁单元模拟管片，管片之间的接头用无抗弯刚度的铰来模拟（图 4-22）。

两种计算方法只对管片连接接头的处理有区别，对环梁、支架及荷载的考虑都是一样的。环梁和固定支架都用梁单元模拟，环梁和固定支架通过铰连接（图 4-23）。环梁通过均匀分布的预埋螺栓和管片连接，也用铰接的形式实现管片和环梁的连接（图 4-24），环梁本身为连续梁。

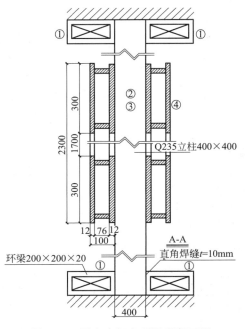

图 4-21 固定支架和环梁纵断面图

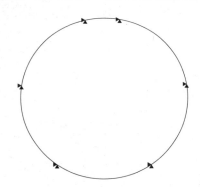

图 4-22 多铰圆环法计算管片之间的铰连接模型

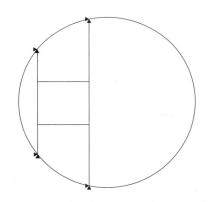

图 4-23 固定支架与环梁之间的铰连接

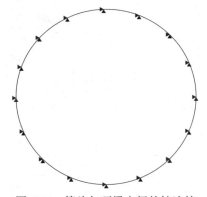

图 4-24 管片与环梁之间的铰连接

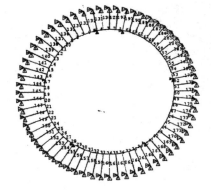

图 4-25 土弹簧单元示意图

土的弹性抗力用弹簧单元模拟,全周添加(图 4-25),由于弹性抗力不能为拉力,试算受拉的弹簧删除后再进行计算。

土压力和地基反力按等效节点荷载作用在管片梁单元节点上,管道自重 500kN 作用在横担上,管道水平推力通过卡板作用在横担和固定支架上,皆按平均分布在各相关节点上考虑,节点荷载如图 4-26 所示。

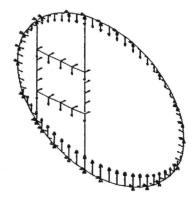

图 4-26 作用在管片和固定支架上的等效节点荷载　　图 4-27 管片内力计算角度位置示意图

4.10.2 管片力学性能分析

1. 标准环管片衬砌力学性能

采用惯用法和多铰圆环法计算的标准环管片变形及弯矩、轴力和剪力极值如表 4-3 所示。图 4-28～图 4-30 中为两种计算方法所得管片上各点内力的对比,角度为沿隧道拱顶逆时针方向(图 4-27)。

不同计算方法计算极值对比　　　　　　　　表 4-3

	惯用法	多铰圆环法
管片变形	拱顶下沉 1.88mm 两侧外扩 1.34mm 拱底隆起 1.76mm	拱顶下沉 2.61mm 两侧外扩 1.60mm 拱底隆起 1.65mm
管片弯矩	最大负弯矩:拱顶－75.9kN·m 最大正弯矩:两侧 40.1kN·m	最大负弯矩:底部－48.5kN·m 最大正弯矩:两侧连接块中部 48.3kN·m
管片轴力	最大:顶部－465kN 最小:两侧－711.7kN	最大:顶部－523.6kN 最小:两侧－730.6kN
管片剪力	最大:62.7kN	最大:43.6kN

可以从计算结果中看出,由于封顶块管片在顶部,荷载和结构都对称,两种计算方法所得各项结果都是对称的。

惯用法和多铰圆环法计算所得衬砌环变形规律相同,管片变形成椭圆状,上下收敛,两侧外扩,拱顶变形最大。多铰圆环法计算因为按铰接考虑了接头连接,衬砌环管片的整体抗弯刚度降低,所以变形值比惯用法计算的结果大,而且拱顶封顶块比其他管片块要小,使得顶部刚度比其他部位更小,变形也更大。

管片轴力两种计算方法所得结果基本上一致,整环管片皆受压,拱顶拱底轴力较小,

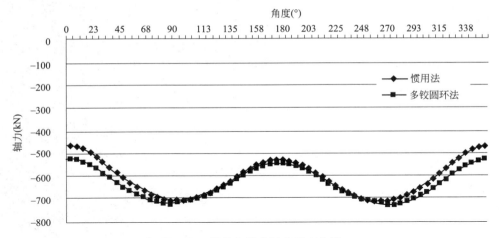

图 4-28 管片上轴力随角度变化值

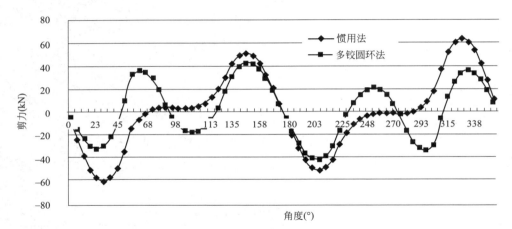

图 4-29 管片上剪力随角度变化值

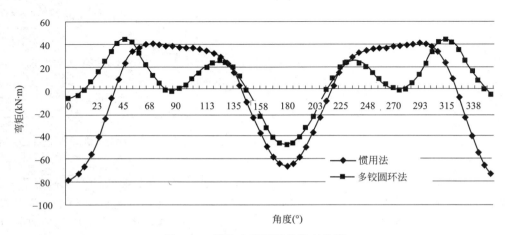

图 4-30 管片上弯矩随角度变化值

两侧轴力较大，多铰圆环法计算的轴力略大于惯用法计算的轴力。

管片弯矩和剪力由于铰的影响，两种计算方法有明显的区别。多铰圆环法因为按铰接考虑管片的接头部位，不能传递弯矩，所以接头部位弯矩为零，弯矩极值出现在每块管片的中间部位，而用惯用法计算的弯矩出现在拱顶、拱底和两侧。

2. 加固定支架后盾构环管片力学性能

固定支架及管道推力是在盾构施工完成后才加上的，此时管片受力和变形已经基本稳定，所以采用增量计算法，在上步标准环计算的结果上再施加管道自重荷载和推力。固定支架上的水平推力按500kN考虑，图4-31～图4-36为在不同计算方法下，盾构环各点管片内力的变化。

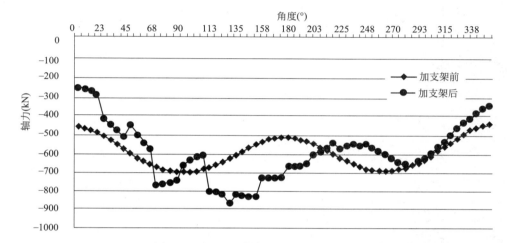

图4-31 惯用法计算管片上轴力的变化

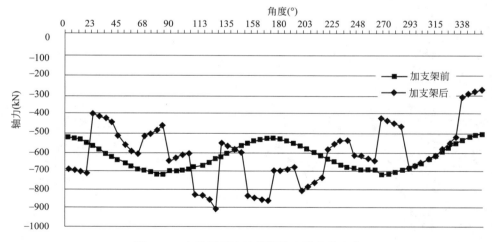

图4-32 多铰圆环法计算管片上轴力的变化

可以从计算结果中看出，由于单侧固定支架的作用，各项计算结果明显不对称。两种计算方法计算的管片内力（弯矩、轴力和剪力）都有所增大，在有固定支架一侧变化比较大。在固定支架与环梁相接的部位，在由环梁传递到管片的集中力的作用下，管片的内力

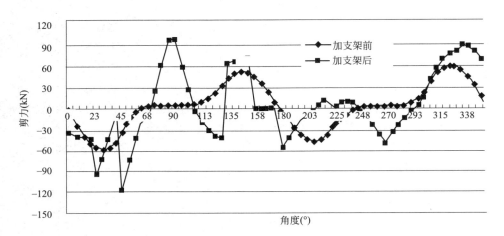

图 4-33 惯用法计算管片上剪力的变化

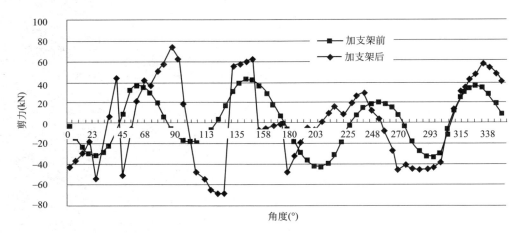

图 4-34 多铰圆环法计算管片上剪力的变化

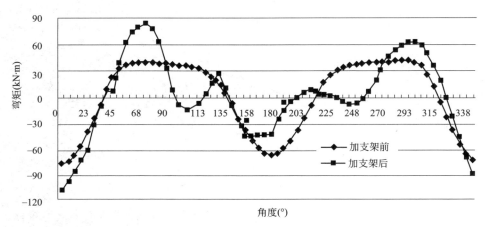

图 4-35 惯用法计算管片上弯矩的变化

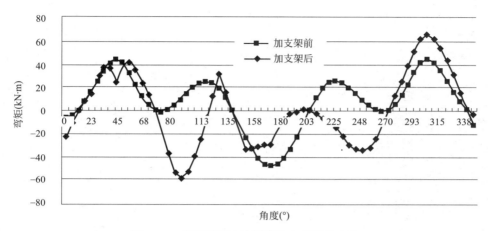

图 4-36　多铰圆环法计算管片上弯矩的变化

有突变。

两种计算方法环梁和支架的内力和变形是一样的。

3. 不同推力下的力学性能

盾构管片变形、轴力、弯矩及剪力主要是竖向力（包括土压力、地基反力和弹性抗力、自重及管道重量）产生的，与水平推力的大小无关，所以不同推力条件下，盾构管片的变形、轴力、弯矩及剪力是一样的。

从上面计算可知，采用两种计算方法，环梁和固定支架的受力和变形是一样的。但在不同水平推力（500kN、800kN）作用下，环梁和支架的内力和变形有所不同，由于是弹性阶段的计算，在不同水平推力作用下，环梁和固定支架的变形、弯矩和轴力分布都是一致的，仅是数值的不同，结果如表 4-4 所示。

不同推力作用下支架和环梁变形和内力最大值　　　　表 4-4

项目		推力大小		位置
		500kN	800kN	
支架变形(mm)		5.7	9.0	长支架中部（变形沿水平方向）
环梁轴力	（拉力）	190.4	190.4	长支架底部与环梁相接处
(kN)	（压力）	−179.8	−179.8	环梁底部与管片相接处
环梁水平剪力(kN)		93.9	150.2	短支架与环梁上下相接处
环梁竖向剪力(kN)		216.7	216.7	长支架底部与环梁相接处
环梁水平弯矩(kN·m)		−25	−40	长支架底部与环梁相接处
环梁竖向弯矩(kN·m)		84.9	84.9	长支架底部与环梁相接处
固定支架水平弯矩(kN·m)		−256.3	−410	长支架中部

4.11　特殊管片安装技术

本书所依托工程热力盾构区间管片均有普通环管片和特殊环管片两种，特殊管片环向预埋钢板，主要用于热力固定支架及导向支架处。固定支架处连续拼装 3 环特殊管片，导向支架处连续拼装 2 环特殊管片（图 4-37）。

图 4-37　管片环向预埋钢板

4.11.1　导向支架处管片安装

隧道施工完成后，导向支架处同一环不同管片之间的接缝处需采用 300mm×450mm×16mm 钢板（共 6 块/环）焊接封缝；相邻两环管片上的预埋钢板通过采用 1200mm×300mm×16mm 的弧形钢板块焊接，钢板块环向净距不超过 1000mm（图 4-38）。

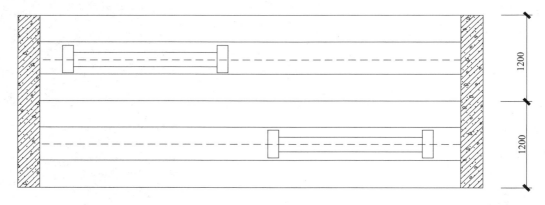

图 4-38　导向支架位置处管片平面图

4.11.2　固定支架处管片安装

隧道施工完成后，固定支架处同一环不同管片之间的接缝处需采用 300mm×1200mm×16mm 钢板（共 6 块/环）焊接封缝；相邻两环管片上的预埋钢板通过采用 1000mm×300mm×16mm 的弧形钢板块焊接，钢板块环向净距不超过 1000mm（图 4-39）。

4.11.3 施工中管片的运输作业

1. 枕木连接与铺轨的改进

1) 焊接钢轨压板改进铺轨方式如图 4-40 和图 4-41 所示。
2) 加装枕木之间连接钢筋钩如图 4-42~图 4-44 所示。

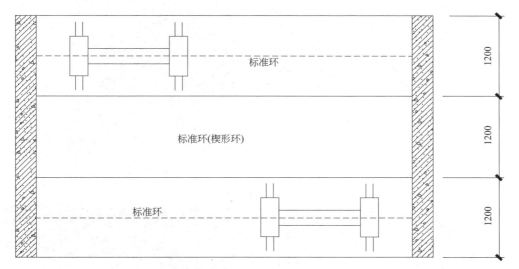

图 4-39 固定支架位置处管片平面图

图 4-40 枕木上焊接压板

图 4-41 导轨连接后效果图

图 4-42 针对枕木两侧实施打孔

图 4-43 用于连接用的钢筋钩子

图 4-44 枕木之间连接钢筋钩后的效果

2. 隧道内安装道岔及三列水平运输

道岔选型如图 4-45 所示，一列电瓶车车组如图 4-46 所示。

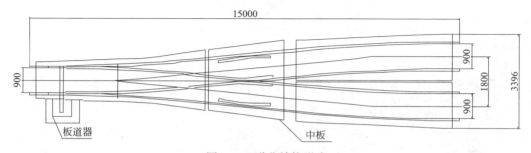

图 4-45 道岔结构形式

在隧道内增设道岔及停车场后，我们采用三列电瓶车编组进行洞内水平运输。掘进中一列编组，停车场等候一列编组，始发井口一列编组。三列水平运输编制应用如图 4-47 所示。

第 4 章　热力盾构隧道温度场效应及管片力学性能分析

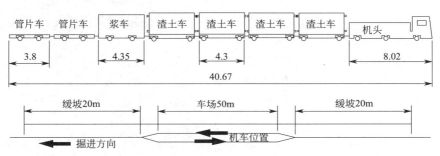

图 4-46　一列电瓶车车组

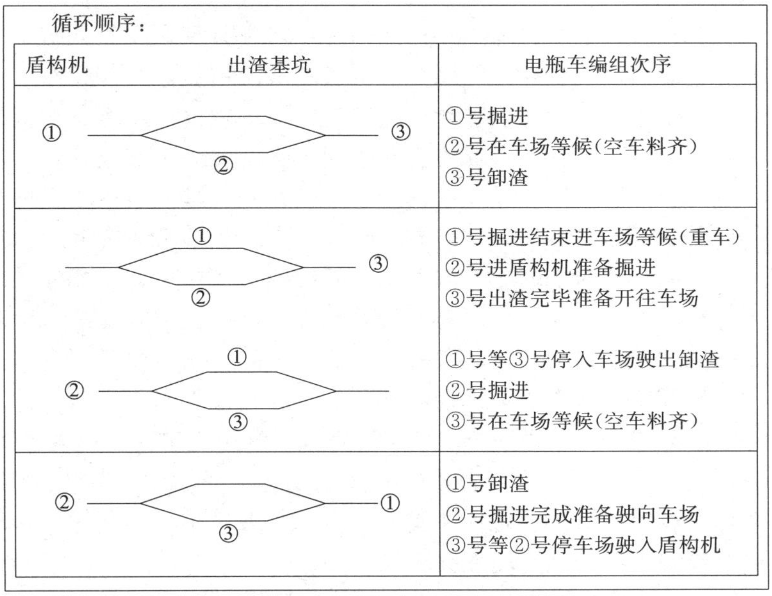

图 4-47　三列水平运输编制应用

4.12　本章小结

本章主要通过理论分析和数值计算相结合的方法，详细研究了地下热力管道运行中的温度扩散规律和热力支架结构推力，以及它们对管片的影响，并得出以下主要结论：

1) 地下热力管道运行中的温度扩散符合稳态温度场的扩散规律，因此，可以采用稳态条件下的温度传导规律对其进行分析。

2) 根据实际问题，建立了相应的物理计算模型，并对模型中边界条件的设定进行了详细的分析。

3) 通过对地下热力管线运行中的温度场的模拟得出了以下主要结论：

（1）混凝土管片周围的温度以管片中心为圆心逐渐向外扩散，在管道中心较近处，基本是按照圆形规律进行扩散的，而在离开圆心较远距离，由于受边界条件的影响，其扩展规律逐渐变为椭圆形。

(2) 从热力管道运行对周围环境的影响来看，其影响范围较小，影响较为严重的区域约在距混凝土管片内缘 3～5 倍的管片厚度的范围内，随后其衰减幅度就较为强烈，对周围环境的影响也随之减弱。

(3) 探讨了测点温度随导热系数的变化规律：从总体规律上来看，随着导热系数的变化，混凝土管片内表面不同测点的温度是逐渐增加的，同时随着材料导热系数的增加，其传热能力也在增强，所以传导到外部的热量也在增加，导致土体中不同测点温度也有所上升。

(4) 从导热系数对计算结果影响的幅度上来看，当导热系数增加时，虽然测点的温度有一定的增加，但是其增加幅度并不是很明显。因此，可以认为在一定变化幅度范围内材料的导热系数虽然对计算结果有一定的影响，但其影响并不显著。

4) 通过对地下热力管线运行中的温度场与应力场的耦合分析计算结果发现，管片周围的应力场以管片中心区域的变化最为强烈，随着距离的增加，其变化幅度逐渐减小。同时从应力数值计算结果来看，由温度变化产生的温度应力较少，不至于对混凝土管片产生结构性的破坏。但是仍有可能会在混凝土管片表面产生一些微小裂纹，但只要这些微小裂纹能够控制在一定的长度范围内，是不会对混凝土管片的正常工作造成影响的。

5) 从微观损伤力学的角度出发，考虑混凝土料是由砂浆和骨料组成的复合体，利用断裂力学、损伤力学的观点对混凝土在温度变化条件的损伤度进行了相应的理论分析，建立了相应的损伤理论模型，并通过一个具体的算例直观地反映了温度的变化对混凝土造成的损伤，说明环境温度的升高确实会对混凝土造成一定的损伤，而且两者的变化关系近似于直线变化。所以在实际工程中，应加强对混凝土管片的检查和监测。

6) 地铁标准环管片在一般荷载作用下，其变形、弯矩、轴力及剪力都是对称的；在安装固定支架后，热力盾构环管片内力发生局部突变，形成非对称变化。由于每环管片，支架安装为非对称，设置在管片一侧；在支架结构偏心力作用下，管片内力不再对称，在有固定支架一侧各项结果都较大，而在另一侧较小。

7) 盾构隧道热力环梁与支架接头处弯矩、轴力和剪力都很集中，环梁设计时应根据推力的大小对接头的连接重点考虑。

根据相应的理论分析及数值计算结果，为保证地下热力管道运行中的温度扩散及由热力支架传递的管道推力不会对混凝土管片造成危害，且保证管道的安全运行，特提出以下几点工程处理措施及建议：

1) 从计算结果来看，影响最为严重的区域为混凝土管片及附近区域，所以在实际工程中，应在混凝土管片内部或附近设置一定的监测点，一旦发现异常情况，应及时处理。

2) 从数值计算结果来看，大气温度对计算结果有较大影响，而本章仅选取了四种不同的大气温度进行计算，不可能代表管道在运行中的所有工况，因此若实际工作需要，可根据相应的边界条件重新进行计算。

3) 由于本书中的计算参数都是根据经验选取的，因此在可能的条件下，可对材料实际的参数进行测试，进而获得更为准确的结果。

4) 固定支架上的推力和管道重量通过环梁与管片的连接传递给管片，由于环梁与支架接头部位内力集中，所以相应的支架两侧连接管片与环梁的螺栓内力也会相应地增大。

施工时也应根据推力的大小进行重点考虑，验算预埋螺栓的抗剪承载力和管片混凝土的局部受压承载力。

5）本计算采用了两种盾构结构计算的常用方法，对固定支架推力作用下的热力盾构隧道进行了计算，用惯用法计算的管片变形较小，但内力较大，而用多铰圆环法计算的管片变形较大，内力较小，针对具体工程，应基于对隧道所处围岩特性、衬砌结构各项重要设计参数及管片组装方式等综合评价的基础上选择合理的结构设计方法。

第5章 热力盾构隧道结构防水材料耐久性研究

5.1 概述

热力隧道渗漏水的发生，严重地影响到供热系统的使用与运行功能，乃至缩短供热系统的使用寿命。为此，必须慎重选用隧道工程防水的材料。盾构法隧道防水材料布置安装在管片拼装接缝中，隧道完成施工后，由于管片不可拆卸，使得防水材料无法更换，防水材料一旦失效，只能采用在接缝内侧封堵的办法，费时费力且效果很差。所以，热力盾构隧道结构防水材料的合理选择、优化及应用可大量节省隧道建成后使用过程中的维护、修补等成本[24,25]。

与地铁、公路隧道相比，热力隧道内部环境条件更为恶劣，高温高湿环境给隧道的主体结构稳定和防水材料的有效使用提出了更高的要求。当前国内其他用途的盾构隧道中防水材料的设计应用已经取得了一定的经验，但还是首次应用于热力盾构隧道中，隧道内部高温、高湿、装置重量大等因素对橡胶材料的使用寿命影响较大，直接采用现有的盾构隧道防水方案存在较大的风险。参考国外类似工程（如哥本哈根热力隧道）的设计，热力隧道管片拼装接缝橡胶密封垫在高温下的耐久性应作为关键技术问题进行研究。由此可见，针对盾构法热力隧道管片防水结构及材料开展专题研究，解决施工及运营过程中存在的问题，排除影响防水橡胶材料使用性能的失效因素，具有重要的意义。

5.2 管片防水材料材质的对比选择

5.2.1 材料失效机理分析

管片弹性密封垫的失效主要表现为产品的压缩应力松弛，压缩应力松弛现象使得密封垫的接触面上因原始压缩所产生的回弹应力随着时间的延长而逐渐消失。管片弹性密封垫成品的压缩应力松弛（也就是使用性能失效）在材料方面主要是由于橡胶分子链受力断裂和松弛造成宏观产品的压缩应力松弛。

根据国内对三元乙丙橡胶和氯丁橡胶的试验预测，此两种橡胶硫化胶在常温（20℃）、压缩100年后的压缩应力保持率在65%和50%左右，截至目前未见到此两种橡胶硫化胶在70℃下的100年寿命预测试验结果。在长期使用过程中，温度与橡胶材料的老化速度成正比，根据时温等效原理推断，在70℃下的100年后的压缩应力保持率肯定会低于常温下的65%和50%，这一结果会为设计造成困难。

5.2.2 橡胶材料对比分析

根据当前国内外盾构隧道防水的常用材料和目前橡胶弹性体防水材料的发展水平，初步选用三元乙丙橡胶（EPDM：ethylene propylene diene monomer）和硅橡胶（Silicone）两种橡胶材料对比选优作为管片接缝弹性密封垫材料，其性能对比如表 5-1 所示。

三元乙丙橡胶与硅橡胶性能对比表 表 5-1

项目	备选材料	
	三元乙丙橡胶	硅橡胶
化学组成	三元乙丙橡胶是由乙烯、丙烯、非共轭二烯烃三种单体共聚而成的橡胶，所用的第三单体主要有 5-亚乙基-2-降冰片烯、双环戊二烯、1,4-己二烯。三元乙丙橡胶的主链是饱和的，由第三单体提供的双烯都位于侧链上，起着硫化的作用	硅橡胶是由烃基取代硅氧烷基聚合而成的弹性体材料，普遍使用的甲基乙烯基硅橡胶，是由二甲基硅氧烷与少量乙烯基硅氧烷共聚而成
硫化特性	三元乙丙橡胶分子链侧基含有不饱和的第三组分，硫化体系一般为硫磺硫化体系，也可用过氧化物硫化。 在制作盾构管片密封条类产品时，由于受到加工设备和工艺的限制，均采用硫磺硫化体系硫化	硅橡胶一般均为高度饱和的结构，硫化活性较低，通常不能用硫磺硫化，最普通最常用的硫化剂为有机过氧化物。硅橡胶也可以采用高能射线进行辐射硫化，辐射硫化与过氧化物的硫化机理相同，均系发生游离基反应而交联
基本性能	三元乙丙橡胶的主链是饱和的，由第三单体提供的双烯都位于侧链上，起着硫化的作用，故三元乙丙橡胶具有较好的耐臭氧、耐老化、耐腐蚀、耐热、耐候性能。长期使用耐热范围一般为 120℃ 以下。 主要用途为汽车部件、高级电缆材料、密封材料、防水建材及塑料改性材料	硅橡胶具有极好的耐高低温、耐老化等特性，属于耐热型橡胶，能在－60℃～＋250℃下长期使用。甲基乙烯基硅橡胶由于含有少量的乙烯基侧链，使之有更多种类的过氧化物可供硫化使用，并可在很大程度上减少过氧化物的用量。含少量乙烯基的硅橡胶，可使抗压缩永久变形性能获得显著的改进，低的压缩变形反映了它作为密封件在高温下具有较佳的支撑性，这是橡胶密封件所必须具备的要求之一
工艺特性	目前除热力隧道外的其他盾构法隧道管片接缝橡胶密封垫多数采用三元乙丙橡胶制作，生产工艺为挤出后微波连续硫化成型。 由于三元乙丙橡胶主分子链上含有乙烯链段，分子具有一定的结晶特性，使得生胶黏度相对硅橡胶高，在用基础微波连续硫化工艺生产密封条时，需要加入大量的软化剂和补强填充剂来改善挤出工艺性能，导致成品的含胶率较低，一般在 35% 以下，这也使得成品的弹性损耗较大。 另外，三元乙丙橡胶黏度和成品的硬度对温度较硅橡胶敏感	甲基乙烯基硅橡胶分子主链柔顺，不含有结晶组分，其黏度随温度的变化微弱，工艺性能较好，操作方便，可制成厚制品且压出、压延半成品表面光滑。成品硬度对温度的敏感性较三元乙丙橡胶弱。 硅橡胶密封条类产品除用模压成型工艺生产外，也可用挤出微波连续硫化工艺生产
使用成本	三元乙丙橡胶生胶为石油深加工产品，对石油能源的依赖性较强。生胶市场价格受原油价格波动的影响大，目前市场价格在 20000～30000 元/吨。三元乙丙橡胶盾构管片密封垫目前国内市场价格为 25000～30000 元/吨。 目前国内所用三元乙丙橡胶生胶绝大多数依靠进口，我国产量较低	硅橡胶生产的主要原料为矿物质（石英），但生胶的合成工艺复杂。甲基乙烯基硅橡胶的混炼胶目前国内市场价格为 30000～40000 元/吨。预计硅橡胶盾构管片密封垫成品的价格约 60000 元/吨。 目前国内所用主要为国产，我国产量可满足国内的使用要求，市场价格较为稳定

通过以上对比可见，针对热力隧道环境温度较高的显著特点，选用硅橡胶作为盾构管片密封垫材料的优势明显大于三元乙丙橡胶。主要表现在以下几个方面：

1) 长期耐热性能优势明显；
2) 化学结构稳定性好，抗老化性能优越；
3) 加工性能好，含胶率不受工艺特点的限制，有利于保持较高的含胶率，从而保持较好的弹性。

从工程前期投入成本来看，硅橡胶密封垫的成本应高于三元乙丙橡胶密封垫。但考虑热力隧道的高温特点，应用硅橡胶密封垫可增加使用的可靠性，会减少隧道使用过程的维修、翻修等费用。由于隧道防水材料占工程总投资的比例很小，从长远来看，采用硅橡胶密封垫有更好的成本优势。

5.3 盾构管片接缝防水橡胶材料（硅橡胶）人工加速老化试验

5.3.1 试验原理及主要仪器设备

1. 试验原理

橡胶密封垫在地下隧道工程中，其作用是防止隧道内部或外部水的泄漏。橡胶垫在整个使用过程中处于压缩状态，属于静态密封。隧道内气候环境与室内气候环境大致相当，橡胶密封垫在使用过程中所发生的老化主要是热氧老化，同时受机械应力和水的作用。因此可以利用测定橡胶密封制品贮存期的方法来预测橡胶密封垫的使用期，即利用热空气加速老化的方法外推计算。

从室温到高温热空气加速老化的一定温度范围内，其老化机理是相同的，即性能与老化时间和老化温度之间存在着特定的关系，按照标准给定的公式即可计算出常温下的寿命。

2. 试验依据[26,27]

《静密封橡胶零件贮存期快速测定方法》HG/T 3087—2001

《硫化橡胶或热塑性橡胶压缩永久变形的测定 第1部分：在常温及高温条件下》GB/T 7759.1—2015

3. 试验用主要仪器设备

试验用主要仪器设备为高温老化箱、应力松弛仪、量具等。

5.3.2 老化试验结果及分析

1. 试验方法

1) 热空气老化试验温度

取五个试验温度：453K、443K、433K、423K、413K。

2) 老化性能项目

根据橡胶密封垫的实际使用情况，选择压缩永久变形作为寿命预测的试验项目。试样为圆柱形，规格尺寸为$\phi 10 \times 10$，压缩率为25%。按照《静密封橡胶零件贮存期快速测定方法》HG/T 3087—2001进行。选定性能变化的临界值$1-\varepsilon=0.5$作为预测的临界值。

2. 试验数据

不同温度下测得的压缩永久变形变化（1−ε）数据如表 5-2 所示。

压缩永久变形变化（1−ε）数据表　　　　表 5-2

413K		423K		433K		443K		453K	
t	y	t	y	t	y	t	y	t	y
0.5	0.9424	0.5	0.9368	0.5	0.9229	0.5	0.9174	0.5	0.8877
1.5	0.9216	1.5	0.9079	1.5	0.8840	1.5	0.8731	1.5	0.8182
3.5	0.8928	3.5	0.8743	3.5	0.8370	3.5	0.8234	2.5	0.7767
6.5	0.8686	6.5	0.8448	6.5	0.8021	6.5	0.7837	4.0	0.7346
11.5	0.8385	11.5	0.8078	11.5	0.7572	11.5	0.7273	6.0	0.6985
17.5	0.8150	17.5	0.7802	17.5	0.7264	17.5	0.6931	10.0	0.6564
28.5	0.7936	28.5	0.7554	26.5	0.6915	26.5	0.6501	15.0	0.6110
43.5	0.7540	43.5	0.7083	40.5	0.6559	40.5	0.5964	21.0	0.5709
63.5	0.7279	63.5	0.6815	56.5	0.6217	56.5	0.5527	28.0	0.5434
94.5	0.6917	94.5	0.6411	76.0	0.5855	76.0	0.5111	39.0	0.4980
132.5	0.6649	132.5	0.6069	101.0	0.5493	101.0	0.4694	52.0	0.4559
176.5	0.6394	176.5	0.5726	131.17	0.5158	131.17	0.4278		
227.5	0.6260	227.5	0.5544	168.17	0.4909	168.17	0.3962		
293.5	0.6032	293.5	0.5269	218.17	0.4581	218.17	0.3559		
389.5	0.5677	389.5	0.4866	278.17	0.4292	278.17	0.3203		
526.5	0.5248	469.5	0.4469	357.17	0.3977	303.17	0.3096		

3. 数据处理

老化特性指标 y 与老化时间 t 之间关系可用经验公式(5-1) 描述：

$$y = Be^{-Kt} \tag{5-1}$$

式中，y——压缩永久变形 $1-\varepsilon_0$；

B——经验常数；

K——速度常数，d^{-1}；

t——老化时间，d。

速度常数 K 与老化温度 T 之间关系服从阿伦尼乌斯公式(5-2)：

$$K = Ae^{-E/RT} \tag{5-2}$$

式中，E——表面活化能，$J \cdot mol^{-1}$；

R——气体常数，$J \cdot K^{-1} \cdot mol^{-1}$；

T——老化温度，K；

A——频率因子，d^{-1}。

根据标准的规定，合理估算出上述两式中的参数，再结合试验所得到的压缩永久变形结果和扯断伸长率，计算出特定条件下的贮存寿命。经验常数 α 是通过多次尝试计算得出的，方法如下：

首先应选定经验常数 α 为 0.50 和 0.51，按式(5-3) 计算 I 值。如果 $\alpha=0.50$ 时 I 值

小,则 α 的尝试区间为 $0\sim0.50$,否则为 $0.51\sim1$,最终选定的 α 应保证 I 值最小。

$$I=\sum_{i=1}^{p}\sum_{j=1}^{n}(y_{ij}-Be^{-Kt})^2 \tag{5-3}$$

要计算 I 值,就需要先计算式(5-3)中的 B 和 K。

将式(5-1)两边取对数得到式(5-4):

$$Y=a+bX \tag{5-4}$$

式中,$Y=\lg y$;$a=\lg B$;$b=-\dfrac{K}{2.303}$;$X=t^a$。

按最小二乘法估计 a 和 b 得:

$$b_i=\dfrac{\sum XY-\dfrac{\sum X\cdot\sum Y}{n}}{\sum X-\dfrac{(\sum X)}{n}} \tag{5-5}$$

$$a_i=\dfrac{\sum Y}{n}-b\cdot\dfrac{\sum X}{n} \tag{5-6}$$

$$B=\dfrac{\sum B_i}{p}$$

由此可求得 p 个试验温度下的常数 $K_i=2.303b_i$ 和 $B_i=10^{a_i}$,

将式(5-2)两边取对数得到式(5-7):

$$W=C+DZ \tag{5-7}$$

式中,$W=\lg K$;$C=\lg A$;$D=-\dfrac{E}{2.303R}$;$Z=T^{-1}$。

按最小二乘法估计 C 和 D 得:

$$D=\dfrac{\sum WZ-\dfrac{\sum W\cdot\sum Z}{p}}{\sum Z-\dfrac{(\sum Z)}{p}} \tag{5-8}$$

$$C=\dfrac{\sum W}{p}-D\cdot\dfrac{\sum Z}{p} \tag{5-9}$$

由此可计算 p 个试验温度下的速度常数 K 的估计值 $K_i=10^{(C+DZ_i)}$。

统计分析 $W=C+DZ$ 方程的线性相关性,按式(5-10)计算相关系数 r。

$$r=\dfrac{\sum WZ-\dfrac{\sum W\cdot\sum Z}{p}}{\sqrt{\sum W-\dfrac{(\sum W)}{p}}\sqrt{\sum Z-\dfrac{(\sum Z)}{p}}} \tag{5-10}$$

查相关系数表中显著性水准为 0.01,自由度 $df=p-1$ 的表值,如果计算值大于表值,则 W 与 Z 显著相关,方程成立。

W 的预测区间估计：按式(5-11) 计算 W 的标准偏差。

$$S = S\sqrt{1 + \frac{1}{p} + \frac{(Z-\bar{Z})}{\left[\sum Z - \frac{(\sum Z)}{p}\right]}} \quad (5\text{-}11)$$

$$S = \sqrt{\frac{(1-r)\left[\sum W - \frac{(\sum W)}{p}\right]}{p-2}} \quad (5\text{-}12)$$

则 W 的置信界限的上限为：

$$W = C + DZ + tS_W \quad (5\text{-}13)$$

式中，t 可以从 $df = p - 2$ 和显著性水准为 0.05 时的单侧界限 t 的数值表中查出。

$$K_{贮} = 10^{(C + \frac{D}{T_0} + tS_W)}$$

在给定临界值的条件下得出不同温度的贮存期限。贮存期按式(5-14) 计算：

$$t = \exp\left[\frac{\ln(\ln B/y_0 - \ln K_{贮})}{\alpha}\right] \quad (5\text{-}14)$$

经计算后得出结论：经过 100 年后，压缩永久变形下降到 0.2832。

4. 结果分析

根据本试验结论可知，硫化硅橡胶在 70℃ 的温度环境下，预测经 100 年的压缩静密封状态下的压缩永久变形为 28.32%（近似 30%），即可理解为产品在 70℃ 的温度下经历 100 年的静压缩后，产品压缩量的变形量约为 30%。由于试验采用原始压缩量为 25%，则可计算压缩永久变形量为产品原始高度的 7.5%（25%×30%＝7.5%），即压缩永久变形的绝对量很小。这一结论为材料的应用提供了很好的保证，较前的国内三元乙丙橡胶的人工加速老化试验的预测结果显示，硫化三元乙丙橡胶在常温（20℃）经 100 年的静压缩后，压缩应力松弛率为 35%；国外有关项目（哥本哈根热力隧道）预测的结果为：在 55℃ 的温度条件下，经 100 年的静压缩后，压缩应力松弛率为 50%。我国行业标准《静密封橡胶零件贮存期快速测定方法》HG/T 3087—2001 中规定橡胶密封零件在使用寿命期内的压缩应力松弛率临界值为 50%。所以，试验结果说明，在热力隧道中使用三元乙丙橡胶密封垫具有很大的风险，而硫化硅橡胶与之相比具有明显优越性，满足热力盾构隧道耐久性要求。

5.4 密封垫断面结构及防水能力研究

5.4.1 密封垫防水能力要求

1. 管片拼装精度测算

主要为考虑防水密封垫的容错能力，考虑因素：

管片尺寸公差：±2mm，直接影响接缝张开量和错位量；

管片形位公差：±2mm，直接影响接缝张开量和错位量；

机械能力：环向精度，直接影响管片错位量±3mm；

人为因素、环境影响因素：±2mm，直接影响管片错位量；

密封垫配合面尺寸公差：±1mm，直接影响密封垫的对接错位量；

管片拼装偏差累计：最大张开量：5mm；

最大错位量：10mm。

2. 管片硅橡胶密封垫抗水压能力指标的测算

考虑因素：

1）设计使用年限：100年，为长期性地下建筑。

2）在100年使用过程中防水材料性能的衰减情况：按照试验预测结果，硫化硅橡胶在100年以后的压缩永久变形为28.52%，即压缩回弹保持率71.48%（取70%）。

3）安全系数：国际上一般考虑为1.2~1.4，本项目确定为1.4。

按照以上因素计算防水材料防水能力指标。

4）永久防水目标：0.3MPa。

计算：即时防水能力指标＝(理论水压值×安全系数)/压缩应力保持率

$$=(0.3\text{MPa} \times 1.4)/0.7$$
$$=0.6\text{MPa}$$

现有的管片预留沟槽截面结构：

底部宽度：42mm

高度：9mm

口部宽度：50mm

截面面积：(42＋50)×9/2＝414mm^2

5.4.2 密封垫断面结构确定

管片弹性密封垫的失效主要表现为产品的压缩应力松弛，压缩应力松弛现象使得密封垫的接触面上因原始压缩所产生的回弹应力随着时间的延长而逐渐地消失。

管片弹性密封垫成品的压缩应力松弛（也就是使用性能失效）在断面结构方面主要原因是：产品断面结构的塌陷造成产品的压缩应力松弛。

盾构管片接缝弹性密封垫断面结构传统上设计为多孔形，其工作原理如图5-1所示。

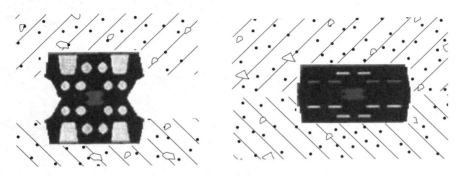

图5-1 密封垫断面结构示意图

图5-1为管片理想拼装状态下的密封垫压缩示意图，实际施工中可能会出现接缝有张

开或错位的情况，如图 5-2 所示。

在发生图 5-2 所示的错位配合时密封垫的断面结构变形复杂，会产生倒伏、塌陷等可能性，如图 5-3 所示有限元模拟分析图例：产品结构产生了比较复杂的变形，触面的压缩应力会随形变而衰减，这也是多孔形密封垫的主要缺点。

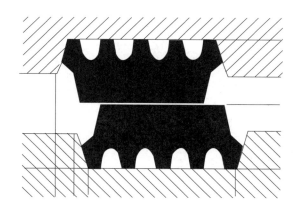

图 5-2　接缝张开或错位示意图

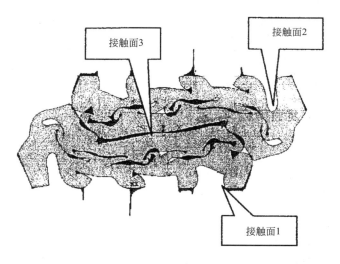

图 5-3　有限元模拟分析图例

综合以上原因，我们认为可采用将密封垫的断面结构设计为密实断面（或称为实心断面）克服传统密封垫使用性能失效的缺点。

在充分考虑管片的拼装精度后，根据可能产生的拼装偏差设计密实断面结构的密封垫，完全可避免产品结构的塌陷造成产品接触应力衰减。

在产品的断面设计方面，可采用管片拼装模拟试验台对压缩应力和抗水压能力进行预测，可确保设计的可靠。密实断面结构密封垫拼装原理如图 5-4 所示。

考虑在理想装配状态时完全压入管片预留沟槽，且保持最大接触应力：密封垫截面面积应为管片预留梯形沟槽截面面积的 95%～105%。选定的密封垫截面结构如图 5-5 所示。硅橡胶密封垫样品如图 5-6 所示。

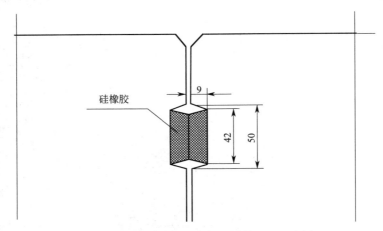

图 5-4 密实断面结构密封垫拼装原理示意图

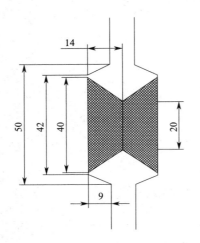

压缩前管片接缝硅橡胶密封垫

截面面积：420mm²

(为沟槽面积的101%)

错位极限偏差时搭接量：50%

张开极限偏差时压缩量：17.8%

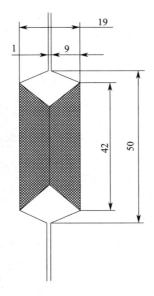

压缩后管片接缝硅橡胶密封垫

图 5-5 密封垫截面结构

图 5-6　硅橡胶密封垫样品

5.4.3　对密实断面管片硅橡胶密封垫的模拟试验

1. 管片防水密封垫防水能力模拟试验

1）试验方法

对比国外的试验方法和国内如武汉长江隧道管片密封垫的相关试验方法制定了企业标准，本项目的试验方法按照制定的企业标准进行。

2）试验工装和样件

参考国外试验台加工制作的水压模拟试验台，如图 5-7 所示。

国外水压模拟试验台如图 5-8 所示。

图 5-7　加工制作的水压模拟试验台

图 5-8　国外水压模拟试验台

3）试验数据

试验结果如图 5-9 所示。

4）试验结论

从图 5-9 中的曲线可见：在管片拼装接缝张开量和错位量分别达到最大偏差即 5mm 和 12mm 时，管片接缝外侧的防水密封垫的抗水压值都超过了 0.6MPa，满足测算的防水能力指标。

由于设计密封垫断面为梯形实心结构，所以从试验数据曲线来看，数据沿试验参数（错位量和张开量）变化的趋势明显，这一点也证明了实心结构在压缩过程中表现结构稳定。

2. 管片防水密封垫装配应力模拟试验

1）试验方法

对比国外的试验方法制定了企业标准，本项目的试验方法按照制定的相关企业标准

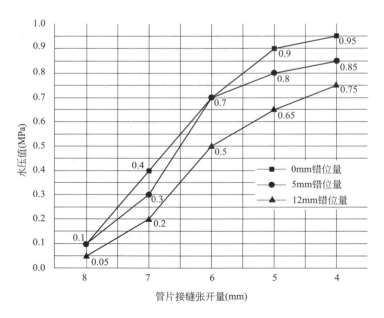

图 5-9 硅橡胶管片密封垫水压模拟试验数据曲线

进行。

2）试验工装和样件

试验工装如图 5-10 所示。试验样件如图 5-11 所示。

(a)加工制作的装配应力模拟试验工装

(b)国外装配应力模拟试验工装

图 5-10 试验工装

3）试验数据

试验结果如图 5-12 所示。

4）试验结论

从图 5-12 中的曲线可见：在管片拼装接缝张开量和错位量分别达到理想状态时，管片接缝防水密封垫的装配应力为 31kN/m，小于盾构机在管片纵向接缝提供的推力，能保证正常施工。

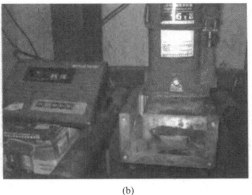

(a)   (b)

图 5-11 试验样件

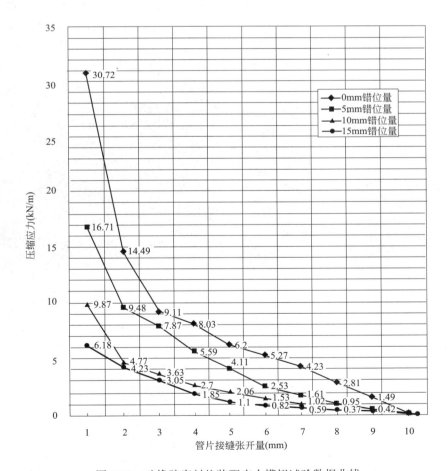

图 5-12 硅橡胶密封垫装配应力模拟试验数据曲线

5.5 管片间隙缓冲材料和管片接缝内侧嵌缝材料研究

5.5.1 管片间隙缓冲材料

国内使用的管片间隙缓冲材料主要是丁腈软木橡胶，这类材料源于机械行业的应用，目前部分地铁隧道设计也用到石棉橡胶板。

在热力隧道管片接缝中，建议采用蜂窝状石棉橡胶薄板作为管片间隙的缓冲材料，可较大幅度地提高此类材料的耐热性能，蜂窝状结构有利于橡胶板的压缩。石棉橡胶板在工业中经常被用来起隔热、缓冲等作用，制作工艺简单，价格低廉，适合工程应用。另一方面，用石棉橡胶板代替丁腈软木橡胶，可节省大量的软木，有利于生态环境保护。

5.5.2 管片接缝内侧嵌缝材料

目前国内盾构隧道管片接缝内侧嵌缝材料主要为常温固化的聚硫密封胶，考虑到其耐热性能较差，在高温下易降解，建议必要时采用硅橡胶泡沫（海绵）密封条对管片内侧接缝进行嵌缝处理，可有效阻止热空气对主防水密封垫的损害。如在使用中出现管片接缝局部渗漏，也可采用室温硫化硅橡胶进行嵌缝处理。防水材料与管片粘贴后实际效果如图5-13所示。

(a)

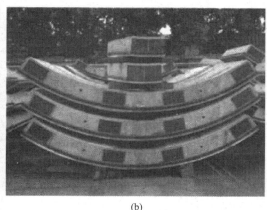
(b)

图 5-13　防水材料与管片粘贴后实际效果示意图

5.6 本章小结

1. 通过对三元乙丙橡胶和硫化硅橡胶等防水材料进行常规力学性能、人工加速老化试验等对比研究，确定采用硅橡胶作为热力盾构隧道管片接缝密封垫防水材料。

2. 通过对硅橡胶弹性防水材料进行人工老化试验研究，得出了经100年使用后的压缩永久变形参数（约为7.5%），满足热力工程耐久性要求。

3. 采用密实断面的密封垫断面结构，通过对其防水能力、最大装配压缩应力进行模拟试验，验证了密实断面结构硅橡胶密封垫满足热力工程盾构管片拼装施工要求。

4. 对管片间隙缓冲材料和管片接缝内侧嵌缝材料进行了经济合理的优化，进一步提高热力盾构隧道结构防水系统的耐热性能，以满足热力盾构隧道耐久性要求。

第6章 先井后隧方案施工关键技术

6.1 概述

盾构法在国内外的地铁、市政管道中已经得到了广泛的应用,但是在热力隧道中应用较少,在国内还没有类似的工程案例,更缺乏与热力隧道相关的盾构修建资料。热力盾构隧道与地铁盾构施工不同,热力隧道运营期间管线由于热辐射产生附加应力,一方面可通过设置固定支架来处理;另一方面也需要隔一段距离设置热力检查井,检查井中热力管线设置为"几"字形以释放附加应力,同时也利于运营期间的检修工作,是保证热力管线安全正常运营的重要设施。热力检查井之间的间距可以进行优化,从而减少检查井数量,但不能取消热力检查井,因此施工过程中需要盾构机多次穿越检查井。热力盾构施工中盾构机的掘进隧道较长,刀盘磨损严重,对盾构机的维护保养和掘进技术提出了更高的要求;相比于地铁盾构施工,热力隧道承受的内荷载更高[28]。

为解决热力检查井施工与盾构掘进的合理接驳问题,根据相关设计标准,在参照相近工程案例的基础上提出了先井后隧施工方案,分为方案1(先井后隧先施作二衬)和方案2(先井后隧后施作二衬),以及先隧后井施工方案,分为方案3(先隧后井先施作围护桩)和方案4(先隧后井后施作围护桩),共四种施工方案,并讨论每种施工方案的适用性[29]。

先井后隧施工方案中不受竖井开挖的影响,有利于隧道结构受力及防水,技术也相对成熟。但是先井后隧面临着盾构隧道多次出入竖井结构的问题,隧道进出洞时需要其他辅助加固措施,工期较长。本章着重针对先井后隧两种不同施工方案,对地表、管片、围护桩和竖井结构本身等部位进行受力变形性能分析及施工技术总结。

6.2 热力检查井施工技术

6.2.1 热力竖井施工关键技术

1. 玻璃纤维筋的应用

竖井围护结构采用钻孔灌注桩并结合内支撑的支护结构形式。围护结构采用ϕ1000钻孔灌注桩,桩插入比约0.25H。钻孔桩桩长19～23m。桩内设圆形钢筋笼,钢筋笼钢筋均匀布置,盾构穿越的洞口位置上、下50cm范围内采用玻璃纤维筋,玻璃纤维筋与钢筋同规格、同型号。增加了盾构穿越竖井的安全性,减少了洞门破除的施工时间,盾构穿越区域采用玻璃纤维筋如图6-1所示。

2. 竖井初衬结构采用围护桩+钢支撑的支护体系

围护结构采用ϕ1000钻孔灌注桩,桩插入比约0.25H。钻孔桩桩长19～23m,桩距

图 6-1　盾构穿越区域采用玻璃纤维筋

1.2~1.3m。桩顶设置 1000mm×1000mm 钢筋混凝土冠梁；桩间采用挂 ϕ6.5@150mm×150mm 钢筋网及 C20 喷混凝土找平，平均喷混凝土厚度约 100mm，钢筋网搭接长度不少于 2 个网格。内支撑采用 ϕ609 壁厚 16mm 钢管，共设置 4 道支撑，第二~四道支撑处设钢围檩，钢围檩采用双拼 I45b 型钢。

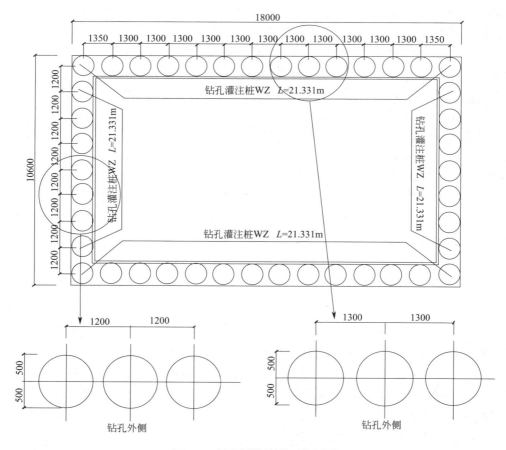

图 6-2　竖井围护桩平面布置图

以东坝中路—首都机场第二通道 11 号井为例描述竖井初衬情况，围护桩间距 1.2m～1.3m，桩长 21.331m，桩长锚固 6m，如图 6-2 所示；共设 4 道支撑，每道支撑的竖向间距为 4.5m、3m、4m，第一道支撑水平间距 3～4m，第二～四道支撑水平间距 2.5～3m，如图 6-3 和图 6-4 所示；盾构隧道和竖井相对位置关系如图 6-5 所示。

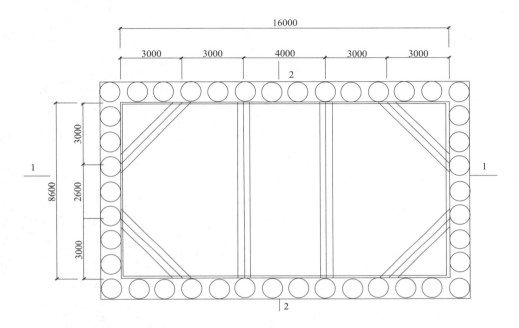

图 6-3 竖井第一道支撑平面布置图

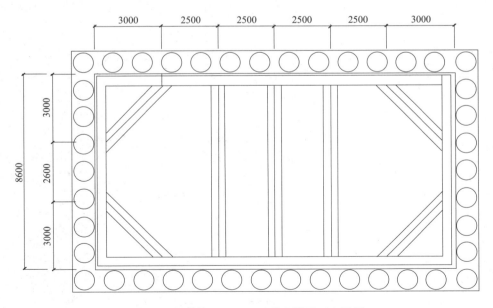

图 6-4 竖井第二、三、四道支撑平面布置图

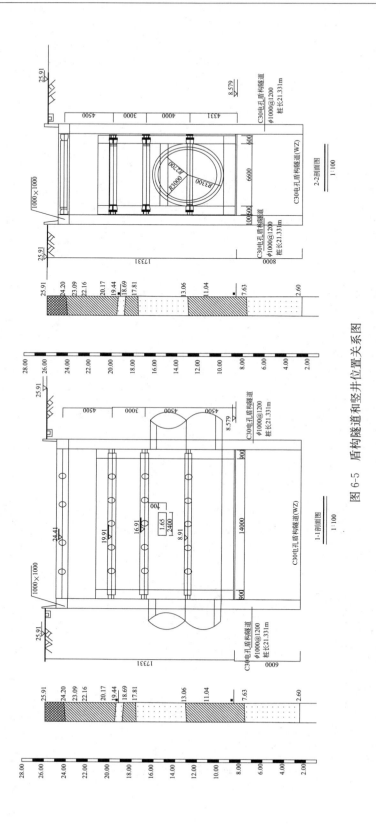

图 6-5 盾构隧道和竖井位置关系图

3. 竖井内"几"字弯热机拼装技术

本工程中首次大面积使用"几"字弯进行热力补偿,为加快施工进度,"几"字弯的拼装采用部分地上拼装和竖井内组装的施工方法(图 6-6)。

图 6-6 "几"字弯拼装施工图例

"几"字弯热机主要由 S 弯、短节、恒力弹簧及膨胀节构成,起热力补偿作用,设备结构如图 6-7 所示。

检查井"几"字弯热机安装施工工艺流程:地面焊接完成 S 弯→短节焊接→安装恒力弹簧→切口、安装膨胀节(其中第三、四步没有先后顺序)。

6.2.2 热力竖井施工方案

1. 钻孔灌注桩施工

1)设计概述

竖井围护结构采用 $\phi1000$ 钻孔灌注桩。钻孔灌注桩桩长 19~23m,强度等级 C30 水下混凝土,盾构穿越区域的钻孔灌注桩采用 C20 水下混凝土,盾构穿越区域的上、下、左、右 50cm 范围内采用玻璃纤维筋,玻璃纤维筋规格同钻孔灌注桩的钢筋,玻璃纤维筋与钢筋采用搭接,搭接长度不小于 $35d$。灌注桩平面位置准确,桩顶中心线偏差沿基坑纵向小于 50mm,横向小于 30mm,垂直度容许偏差 0.3%,且不可向坑内倾斜。

2)施工顺序

为防止钻孔桩施工时由于相邻两桩施工距离太近或间隔时间太短而造成塌孔,采取分批跳孔施作,钻孔桩施工时按每间隔 2 孔施作。

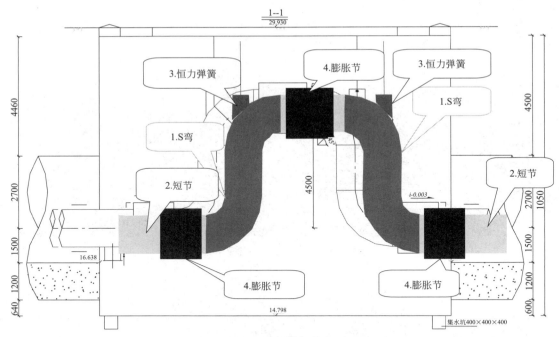

图6-7 "几"字弯热力补偿器结构

3) 钻孔灌注桩施工工艺流程如图6-8所示。
4) 钻孔灌注桩施工方法
(1) 施工准备

①根据设计图纸,对施工范围内的地下空洞、管线进行探测、调查,然后对地下管线进行挖探,按照设计要求对管线进行改移或保护。平整场地,清除杂物,换除软土,夯打密实,统一规划泥浆池配制泥浆,一个泥浆池负责3~5根桩的泥浆排量。

②桩机进场前进行检修,进场后再组装,保证设备完好。

③准备钢筋笼加工场地。

④组织建筑材料及施工人员进场。

(2) 桩位放样

场地平整后,根据结构线及坐标采用全站仪确定出钻孔桩的控制桩及轴线,然后对控制桩进行保护,防止在施工过程中移位或破坏。同时,施工测量人员必须对控制桩进行定期复核。为确保基坑开挖后基坑净空满足结构防水、锚喷厚度、结构墙厚度等要求,设计围护桩与结构之间已经留有10cm的距离。

(3) 护筒埋设

钻孔及施工开挖前必须查明地下管线及构筑物情况,对于地面以下2.0m范围采用人工开挖,确认地下管线及构筑物后埋设护筒,然后进行机械开挖。护筒采用不小于12mm厚钢板制作而成,内径比孔桩直径大。护筒埋设深度为底端超出杂填土、顶端高出地面,护筒顶部设1~2个溢浆口。护筒埋设时,护筒中心应与桩中心重合,其偏差不得大于20mm;并应严格保持护筒的垂直度偏差不大于0.3%,同时其顶部应高出地面0.3m。护筒位置正确固定牢固后,四周均匀回填最佳含水量的黏土,并分层夯实,确保成孔的质量。

(4) 泥浆制备

本工程泥浆制备选用膨润土或优质黏土，必要时掺入适量的外加剂，以改善泥浆性能。在黏性土中成孔时，循环泥浆比重控制在1.1～1.3；在砂土中成孔时，泥浆比重控制在1.2～1.3，胶体率不低于95%；含砂率不大于4%。

成孔过程中，泥浆循环系统应定期清理，确保文明施工，泥浆池实行专人负责管理。所采用的泥浆循环系统由泥浆池、沉淀槽、泥浆泵等组成，并设置排水、排浆等设施。

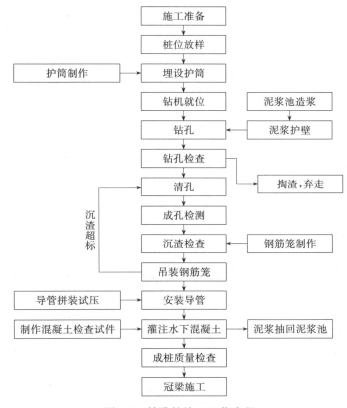

图 6-8　钻孔桩施工工艺流程

5) 成孔施工

根据本工程的水文地质情况，竖井埋深较深，钻孔桩穿越两层砂性土及粉质黏土层，土质条件较差，大大提高了桩基的施工难度。综合考虑施工难度和施工进度，围护桩主要采用旋挖钻机成孔，旋挖钻机钻进过程中，如遇难以钻进的地层，采用应急措施对该桩孔进行处理。

旋挖钻孔时为保证钻孔垂直度，减小扩孔率，必须减压钻进，钻头（包含配重）在泥浆中的重量只能有70%，在不同的地层采用不同的转速，并尽量采用大排量的泥浆循环，增大孔内泥浆流速，保持泥浆面始终不低于护筒顶下0.5m，钻进过程中随时检测垂直度，并随时调整。施工中应注意以下事项：

(1) 开始钻进时，应先轻压慢转，待钻头正常工作后，逐渐加大转速。

(2) 桩孔上部孔段钻进时轻压慢转，尽量减小桩孔超径；在黏土层，适当增加扫孔次数,防止缩径;砂层中用中等压力、慢转速,并适当增加泵量。

(3) 施工过程中如发现地质情况与原钻探资料不符,立即通知设计、监理等单位及时处理。

(4) 根据孔内土层地质柱状图和捞取渣样判别地层情况,每进尺2m检查泥浆指标,根据检测结果适时向孔内注入浆液或清水,及时调整泥浆比重,防止塌孔事故。

(5) 成孔过程中,每钻进4~6m检查一次成孔质量,接近设计孔深时,准确地控制好钻进深度,并做好进入持力层的记录。

(6) 钻进过程中应认真、准确、及时地做好成孔记录,填写报表。

成孔到设计深度后进行孔深、孔径、垂直度、泥浆比重、沉渣厚度等测试检查,确认符合要求后,进行下一道工序施工。

6) 泥浆排放及外运

(1) 成孔及浇筑混凝土时,孔内泥浆应按事先挖好的泥浆沟排放,排放时应由专人进行疏导。

(2) 泥浆池内泥浆应及时清渣,以保证桩孔内泥浆排放畅通,避免泥浆外溢。

(3) 运输车辆采用密封罐车,以免出现遗洒。

7) 检孔

钻进成孔后,及时进行质量检查,桩孔质量参数包括:孔深、孔径、钻孔垂直度等,成孔质量标准符合《建筑地基基础工程施工质量验收标准》GB 50202—2018的相关规定。

8) 清孔

第一次清孔:桩孔成孔后,在钢筋笼吊放入孔前,进行第一次清孔,用孔内钻斗(带挡板的钻斗)掏除钻渣,如果沉淀时间较长,则用水泵进行浊水循环,使密度达到1.2左右。

第二次清孔:钢筋笼、导管下好后,用气举法进行第二次清孔,第二次清孔时间不少于30min。清孔结束后测定孔底沉淤厚度,不大于200mm。

9) 钢筋笼制作与吊装

(1) 钢筋笼加工

钢筋笼采用现场加工制作,加工尺寸严格按设计图纸及规范要求进行控制。钢筋笼主筋采用机械连接,同一断面的接头面积不大于50%,钢筋笼下部收口角度为15°。主筋与螺旋箍筋采用点焊或绑扎牢固。

(2) 剥肋滚压直螺纹钢筋连接

①施工机具

钢筋剥肋滚压直螺纹机、限位挡铁、螺纹环规、力矩扳手及普通扳手等。

②施工准备

a. 参加滚压直螺纹接头施工的人员必须进行技术培训,经考核合格后方可持证上岗操作。

b. 钢筋应先调直再加工,切口端面要与钢筋轴线垂直,端头弯曲、马蹄形严重的要无齿锯切去,但不得用气割下料。

③质量要求

a. 丝头牙形饱满,牙顶宽度超过0.6mm,秃牙部分累计长度不应超过一个螺纹周长。

外形尺寸含螺纹直径及丝头长度应满足图纸要求。

b. 套筒表面无裂纹和其他缺陷，外形尺寸包括套筒内螺纹直径及套筒长度应满足产品设计要求。

c. 连接时要确保丝头和连接套的丝扣干净、无损。被连接的两钢筋断面应处于连接套的中间位置，偏差不大于 $1p$（p 为螺距），并用工作扳手拧紧，使两钢筋端面顶紧。

④工艺流程

钢筋原料→切头→机械加工（丝头加工）→套丝加保护套→工地连接。

⑤成品保护

应按总平面布置图指定地点摆放，用垫木垫放整齐，防止钢筋变形、锈蚀、油污。

(3) 为保证灌注桩的保护层厚度，采用钢筋"耳朵"的方法。钢筋"耳朵"焊在骨架主筋外侧，间距 2~4m。为确保钢筋笼刚度，起吊不变形，按设计要求钢筋笼主筋内侧每隔 2m 设置加强筋。

加工好的钢筋骨架必须放在平整、坚实、干燥的场地上。存放时，每个加强筋与地面接触处都垫上等高的方木，以免粘上泥土。成型骨架都要挂牌标识，避免吊装时出错。

钢筋笼加工完毕，报请监理验收，合格后方可使用。

(4) 钢筋笼吊放

①钢筋笼吊装采用汽车式起重机起吊，为了保证钢筋笼起吊时不变形，采用两点起吊，先使钢筋笼离开地面一定距离，然后主钩升高，辅助吊钩配合钢筋笼直立，吊直扶稳，对正孔位缓慢下放。

②下笼时由人工辅助对准孔位，保持钢筋笼的垂直、轻放、慢放，避免碰撞孔壁，严禁高提猛放和强制下入。

③吊放钢筋笼过程中，必须始终保持钢筋笼轴线与桩轴线吻合，并保证桩顶标高符合设计要求。为防止混凝土灌注过程中钢筋笼上浮，钢筋笼最上端设定位筋，由测定的孔口标高来计算定位筋的长度，反复核对无误后焊接定位。

④灌注完的混凝土开始初凝时，割断定位骨架竖向筋，使钢筋笼不影响混凝土的收缩。避免钢筋混凝土的粘结力受损失。

10) 混凝土灌注

清孔、吊放钢筋笼和混凝土导管后，立即灌注 C30 混凝土。混凝土使用商品混凝土，进场时严格测定各项指标，符合要求后方可使用。首批灌注的混凝土初凝时间不得早于灌注桩全部混凝土灌注完成时间，灌注应尽量缩短时间，连续作业。

(1) 施工方法

首先安设导管，用吊车将导管（直径为 250mm）吊入孔内，位置应保持居中，导管下口与孔底保留 30~50cm。导管在使用前和灌注 4~6 根桩后，要检查导管及其接头的密闭性，确保密封良好。灌注首批混凝土之前在漏斗中放入止浆球，然后再放入首批混凝土。在确认储存量备足后，即可剪断铁丝，借助混凝土重量利用止浆球将导管内的水和泥浆排出导管，同时止浆球排出导管后在混凝土和泥浆的作用下浮出至桩孔顶部。

灌注首批混凝土量应使导管埋入混凝土中深度不小于 1.0m，根据式(6-1) 计算首批混凝土浇筑数：

$$V \geqslant \frac{\pi D^2}{4}(H_1+H_2)+\frac{\pi d^2}{4}h_1 \tag{6-1}$$

式中，V——灌注首批混凝土所需体积（m³）；

D——桩孔直径（m）；

H_1——桩孔底至导管底端间距，一般为 0.4m；

H_2——导管初次埋置深度（m）；

d——导管内径（m）；

h_1——桩孔内混凝土达到埋置深度 H_2 时，导管内混凝土柱平衡导管外（或泥浆）压力所需的高度（m）。

$$\text{首批灌注混凝土方量}(\phi 1000) \geqslant \frac{3.14 \times 1.0^2}{4} \times (0.4+1.0)+\frac{3.14 \times 0.24^2}{4} \times 11.2$$
$$=1.692 \text{m}^3$$

首批混凝土灌注正常后，应连续不断灌注，灌注过程中应用测锤测探混凝土面高度，推算导管下端埋入混凝土深度，并做好记录，正确指导导管的提升和拆除，直至混凝土灌注完成。在灌注过程中应将井孔内溢出的泥浆引流至泥浆池中，防止污染环境。

（2）水下灌注混凝土的技术要求

①混凝土灌注过程中导管始终埋在混凝土中，随着混凝土面的上升，适时提升和拆卸导管，导管底埋入混凝土面以下 2～4m，不大于 6m，并且不小于 1m，确保导管底端不提出混凝土面，以免造成断桩。

②随孔内混凝土的上升，需逐节快速拆除导管，时间不宜超过 15min。

③在灌注过程中，当导管内混凝土不满，含有空气时，后续的混凝土应徐徐灌入漏斗和导管，不得将混凝土整斗从上而下倾入管内，以免在管内形成高压气囊，挤出管节的橡胶密封垫。

④混凝土上层存在一层浮浆需要凿除，为此桩身混凝土需超浇 0.3～0.5m，达到强度后，将设计桩顶标高以上部分用风镐凿除，以保证设计桩顶的混凝土质量。

⑤做好混凝土浇筑记录。

⑥灌注过程要保护安设在钢筋笼上的监测元件。

11）桩基检测

施工完成后，委托有资质的检测单位采用低应变动测法检测桩身完整性，检查单桩成桩效果，检测数量不宜小于总桩数的 20%。

2. 冠梁施工

围护桩顶设置冠梁，将间隔桩连接为整体，提高围护结构的整体稳定性。桩顶冠梁的尺寸为 1000mm×1000mm，按照支撑布置情况在冠梁的侧面安装预埋钢板，安装模板验收合格后浇筑 C30 混凝土。

1）土方开挖

竖井围护桩达到强度要求后，采用挖掘机配合人工进行桩顶土方开挖。开挖前测量放线，并撒白灰标定开挖范围，开挖沟槽中线与冠梁内边线大致重合，槽深约 2.5m，放坡开挖坡度 1:0.33。

开挖沟槽中线外侧（冠梁上部）土方至冠梁顶设计标高时（围护桩预留钢筋顶部），

停止机械作业,采用人工开挖桩顶土体,并对冠梁外侧土体进行修坡处理,若土体稳定性较差则挂网喷射混凝土封闭土体;冠梁内侧土体则利用机械开挖至梁底标高上30cm,人工清平至冠梁底部。

2)桩头凿除

人工开挖槽底土方至桩顶混凝土面,根据设计桩头凿除高度开始凿除围护桩桩头混凝土,清除桩顶浮渣及杂物,剔凿完毕的桩头应是坚实、凿毛均匀的混凝土面,然后对桩顶锚固钢筋进行除锈处理,并校正锚固钢筋位置。要求处理后桩芯混凝土顶面标高不超过理论桩顶标高,但也应避免桩体混凝土凿除过多,给后续的冠梁施工带来不便。

3)钢筋绑扎

桩头剔凿完毕后对剔凿混凝土面及冠梁外侧面土体(或喷射混凝土面)进行二次清理,然后二次测量放线,按设计绑扎冠梁钢筋及梁顶挡土墙预埋钢筋,桩的立筋锚入梁内不小于$35d$,桩主筋采用$\phi28$,锚固长度即为980mm。冠梁上部预埋钢筋必须与冠梁钢筋统一验收。

4)预埋钢板安装

第一道钢支撑布置在冠梁上,在冠梁钢筋绑扎完成后,按照支撑位置在冠梁的侧面安装预埋钢板,盾构始发井围护结构直撑位置预埋钢板为800mm×800mm×16mm,斜撑位置预埋钢板为800mm×1000mm×16mm,钢板上布置16$\phi22$、$L=600$锚固钢筋,钢筋与钢板采用焊接连接,焊缝高度10mm。

5)模板安装

绑扎、预埋件安装完毕验收合格后,支立冠梁模板,应确保模板的牢固、可靠。冠梁模板采用钢模板,支撑采用钢管丝托支撑。模板安装前必须进行检查,板面必须平整无磕碰损伤,涂刷脱模剂前对板面进行彻底清理,而且脱模剂涂刷必须均匀,以保证冠梁侧面混凝土外观质量。按设计要求埋设钢支撑预埋件,经监理工程师检查合格并确认后,方可进行冠梁混凝土的浇筑。桩顶冠梁钢筋净保护层为35mm。

6)混凝土浇筑

由于冠梁顶与地面高差很小,故混凝土可以直接浇筑。合理组织施工机械及作业人员,一次性浇筑混凝土至设计标高,冠梁顶混凝土面要求平整、美观。冠梁模板具体做法如图6-9所示。

3. 挡土墙及集水沟施工

在冠梁顶部靠外侧设置钢筋混凝土挡墙,挡墙宽度300mm,高度高出地面300mm,作为挡水墙,挡土墙高度1500mm。基坑周边距离挡土墙500mm位置处设集水沟,集水沟宽度为300mm,深度为300mm。集水沟剖面示意图如图6-10所示。

1)钢筋绑扎

根据施工总体部署,在桩顶冠梁施工时预埋挡墙钢筋,并与冠梁钢筋同时验收;冠梁混凝土浇筑后24h即可以绑扎挡墙钢筋,挡墙内侧竖向主筋为$\phi14@200mm$,挡墙外侧竖向主筋为$\phi14@100mm$,横向分布筋为$\phi14@200mm$,拉结筋采用$\phi8@400mm\times400mm$。

2)模板安装

挡土墙高度1500mm,挡土墙厚度为200~300mm,采用双面模对拉螺栓固定体系。模板采用18mm厚多层板,次楞采用100mm×100mm木方,次楞竖向布置,间距

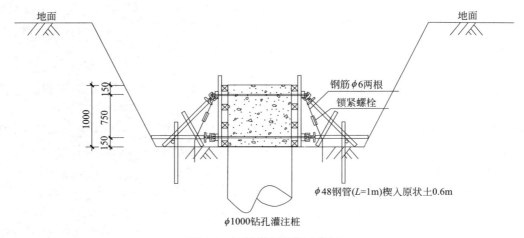

图 6-9 冠梁模板安装示意图

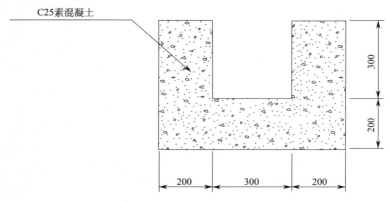

图 6-10 截水沟剖面示意图

600mm，主楞采用双 ϕ48 钢管通过对拉螺栓紧固横向布置间距 500mm。

3）混凝土浇筑

混凝土浇筑采用汽车泵浇筑混凝土，混凝土采用 C30，混凝土浇筑采用分层浇筑，浇筑墙体混凝土应连续进行，间隔时间不应超过混凝土的初凝时间，分层高度以 300～400mm 为宜，每层浇筑厚度严格按混凝土分层尺杆控制，因此，必须预先安排好混凝土下料点位置和振捣器操作人员数量。振捣棒移动间距应不大于振捣作用半径的 1.5 倍，每一振点的延续时间以表面呈现浮浆为度，为使上下层混凝土结合成整体，振捣器应插入下层混凝土 50mm。混凝土浇筑高度为冠梁顶至地面高程以上 300mm 高，顶面收光压平。

4. 土方施工

基坑采用桩加钢支撑的支护体系，基坑支护必须与土方同时施工，而且钢支撑安装后对土方施工会造成一定的影响，妨碍挖掘机作业，造成施工降效。基坑开挖采用挖掘机与吊车相配合的方式，配备 15～20t 自卸汽车。

竖井竖向主要分五大步进行开挖，第一大步土方开挖至第一道支撑底部 0.5m 处，安装第一道钢支撑施加预应力后，继续进行下一步土方开挖；第二大步土方开挖高度至第二道支撑下0.5m处,土方开挖分层进行开挖支护,每层开挖高度控制在1.5m,及时进行桩间锚喷,第二道钢支撑安装并施加预应力;第三大步土方开挖高度至第三道支撑下0.5m处,每层开挖高度控制在1.5m左右,每开挖一层及时进行桩间锚喷支护,第三道钢支撑安装并施加预应力;第四大步土方开挖至第四道支撑下0.5m处,每层开挖高度控制在1.5m左右,每开挖一层及时进行桩间锚喷支护,第三道钢支撑安装并施加预应力;第五大步开挖至基底,分层开挖,每开挖一层及时进行桩间锚喷支护,基坑开挖至基底后及时进行垫层混凝土施工。

5. 网喷施工

为了保证桩间土体的稳定,使围护结构更安全,对桩间土体进行挂网喷射C20混凝土支护,桩间喷射厚度100mm。

土方开挖完成后,人工对开挖面进行修整,剔除桩间土体,剔除土体的厚度为喷射混凝土的厚度;然后喷射底层混凝土,以保证凿桩挂网过程中土体稳定;初喷完成后,按照一定的间距安装金属膨胀螺栓,将网片钢筋与其焊接牢固,然后网片外侧再附压筋,提高网片整体稳定性,最后复喷混凝土至设计厚度。桩间挂网喷射混凝土支护,自上而下进行,随挖随喷(图6-11)。

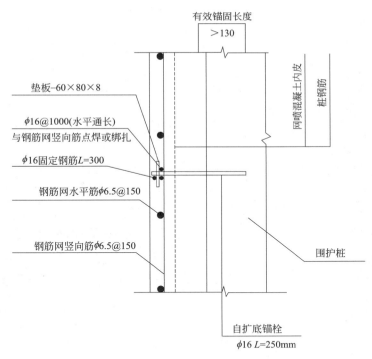

图6-11 基坑支护桩间网喷图

1)施工工艺流程

喷射混凝土采用潮喷机进行喷射施工。喷射混凝土就是按照试验室出具的配合比,把喷射混凝土用的原材料输入搅拌机,混合拌制成混凝土,送入喷射机料斗,喷射机活塞将混凝土送入混合室,与压缩空气和速凝剂等外加剂混合后进入喷射管,从喷嘴喷射到受喷面(图6-12)。

2）钢筋网片安装

钻孔灌注桩桩间钢筋网为 $\phi 6.5@150mm\times 150mm$，钢筋网应采取锚栓固定，锚栓有效锚固深度大于 130mm，锚栓水平向每桩布置，竖向沿桩 1.0m。

3）喷射混凝土配合比及质量要求

（1）原材料要求及配合比设计

水泥：采用 42.5 级普通硅酸盐水泥，每立方米水泥用量 410kg 左右。

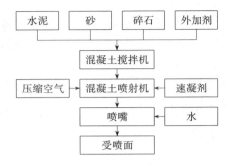

图 6-12 潮喷混凝土工艺

细骨料：采用硬质洁净的中砂或粗砂，砂的细度模数为 2.5～3.0。

粗骨料：采用坚硬耐久的碎石，最大粒径不大于 15mm，级配良好。

水：采用自来水，水中不应含有影响水泥正常凝结与硬化的有害杂质。

减水剂：采用苯系高效减水剂，掺量为水泥用量的 0.4%～1.0%。

速凝剂：采用的速凝剂初凝时间 1～4min，终凝时间 2～10min，掺量一般不超过水泥用量的 5%。

喷射混凝土配合比通过试验确定。水泥与砂、石重量比为 1:4～1:4.5，骨料含砂率为 45%～55%，水灰比取 0.4～0.45。

（2）自拌混凝土质量要求

为确保自拌混凝土的质量，现场混凝土拌制要满足以下几个要求：

①采用自动计量的混凝土搅拌设备；

②材料的配合比偏差不得超过下列规定：水泥±1%、各种集料重量的允许偏差为±3%；

③骨料含水率经常检查，据以调整加水量和骨料重量。雨雪天施工时，增加检测次数；

④混凝土搅拌至各种组成材料混合均匀，颜色一致。在搅拌机中搅拌时，自全部材料装入搅拌筒中起，至混凝土由搅拌筒中开始出料为止，其连续搅拌的最短时间要满足规范要求；

⑤在下盘料装入之前，搅拌机的拌和料全部倒出，搅拌机停用 30min 或更换水泥品种时，彻底清洗搅拌机。

4）施工注意事项

喷射混凝土作业在满足《锚杆喷射混凝土支护技术规程》及其他相关规定的基础上，遵守以下几点：

（1）喷射机安装好后，先注水、通风、清洁管道内杂物。同时用高压风吹扫受喷面，清除受喷面上的尘埃。

（2）喷射混凝土的混合料采用混凝土搅拌机拌合，搅拌时间不少于 2min，并应保证连续供料。

（3）喷射机要求风压为 0.4～0.6MPa，喷头距受喷面的距离控制在 0.6～1.0m 时较好。由于湿喷混凝土风压较大，喷头的反冲力也较大，应由两人共同操作喷头。

(4)喷射混凝土的喷射路线应自下而上,呈"S"形运动;喷射时,喷头作连续不断的圆周运动,并形成螺旋状前进,后一圈压前一圈三分之一。

(5)喷头尽量与受喷面保持垂直,如遇受喷面被钢筋网片覆盖时可将喷头稍微偏斜10°~20°。

(6)试验室负责优选喷射混凝土的配合比与现场控制,喷射施工前先进行试喷,试喷合格后再投入喷射施工,并按规定取样喷射大板,制作检验试件。

(7)每次喷混凝土完毕后,即时检查厚度,若厚度不够需进行补喷达到设计厚度。

(8)速凝剂的掺入是独立于混凝土,通过计量控制,应按照施工配合比,与正常情况下的混凝土流量匹配且在喷射过程中保证混凝土的输送均匀连续。

(9)基坑土方开挖施工过程中,随着喷射混凝土环节施工完成,及时对喷射混凝土面进行砂浆找平处理,使基面满足结构防水施工要求,有效缩短防水施工周期,提高施工效率。

6. 钢支撑施工

钢支撑作业顺序:钢支撑及围檩的加工制作→三角托架的架设→环向钢围檩的安装→围檩背后回填密实细石混凝土→焊接支撑托架→钢支撑架设→预应力施加。

1)钢支撑及钢围檩加工制作

钢支撑、钢围檩的制作将采取场外加工制作的方式进行。应在施工准备期间,尽快完成钢支撑和钢围檩的放样及加工工作,为土方工程施工创造条件。

临时钢支撑采用φ609钢管分段制作而成,分段之间采用螺栓连接。钢支撑采用卷制焊管,在加工厂分段制作,然后拼装成可以运输的节段(一般6m左右为一节),每一分段对接拼接应采用加肋板的对接焊缝,并保证焊缝质量。钢支撑长度大于现有管材长度时,可将管材进行连接,接口采用螺栓连接。钢支撑连接方式如图6-13所示。

钢围檩采用分段加工而成,分段之间采用上、下及内侧附加钢板连接牢固,保证围檩的整体稳定性能。

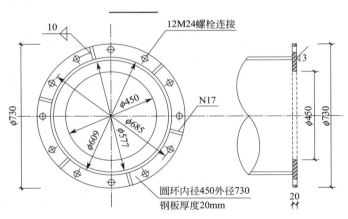

图 6-13 钢支撑接头断面图

2)钢支撑体系安装

(1)钢支撑体系架设施工流程

支撑编号→对号运到现场→焊三角形钢板托架→钢围檩就位→钢支撑就位→施加预应力→紧固钢楔→钢支撑与围檩连接→拆除千斤顶。

钢支撑施工配合土方施工展开。钢管支撑在基坑旁提前拼装,开挖到钢管支撑标高时,及时用汽车式起重机吊装安设钢围檩与钢管横撑,通过特制的液压千斤顶对钢管支撑活动端部施加设计轴力的40%的预加力,再用特种钢特制的楔子塞紧,取下千斤顶。在基坑开挖中将充分利用"时空效应",钢支撑的安装和预应力的施加控制在16h以内。

(2) 钢围檩安装

①钢围檩安装前先安装三角支架和支架端部水平通长角钢,以M20,$L=285$mm膨胀螺栓紧固,然后吊装钢围檩;钢围檩采取现场分段连接,分段之间采用上、下及内侧附加钢板连接牢固,保证围檩的整体稳定性能。

②围檩在运输和吊装过程中不得扭曲、碰撞,严格保护围檩不受损伤。

③根据现场测量桩的偏差,施工找平层,找平层用高强度等级水泥砂浆加钢丝网砌筑,使围檩承压面在同一平面上,并使围檩受力均匀。

④安装围檩时,根据测量调整角度,调整围檩的受力,保证与钢支撑作用力方向垂直。

钢围檩就位后,即进行钢支撑托架的定位焊接,而后采用吊车吊装就位,钢管就位后一端固定,另一端施加预应力,预应力达到设计要求后插打楔铁。钢围檩、钢支撑节点如图6-14所示。

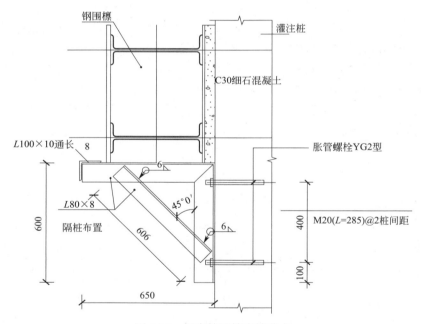

图6-14 钢支撑围檩支撑节点

(3) 钢支撑架设及预应力施加

11号竖井钢支撑共设置四道钢支撑,编号如图6-15和图6-16所示。

①钢支撑架设

钢支撑分别架设在冠梁预埋铁件和围檩的缀板上,预埋铁件在冠梁施工时既已预埋,围檩上的缀板在围檩安装时同时施作,支撑安装前进行复测定位,焊接支撑托架,托架采用$t=20$mm钢板焊接,托架焊好后即可进行钢支撑的架设。支撑安装前根据有关计算,

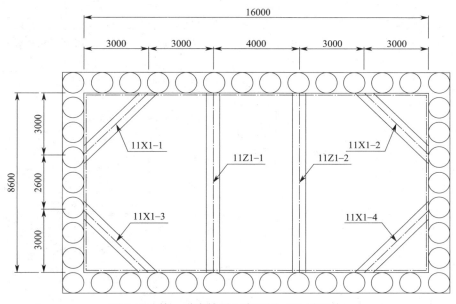

图 6-15 第一道支撑平面布置图（11号竖井）

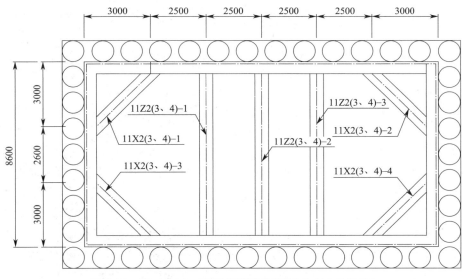

图 6-16 第二、三、四道支撑平面布置图（11号竖井）

将标准管节先在地面进行预拼接并以检查支撑的平整度，其两端中心连线的偏差度控制在20mm以内，经检查合格的支撑按部位进行编号以免错用，钢支撑使用汽车式起重机进行吊装，吊装就位后，在钢支撑的活络端用千斤顶施加预应力，应力达到设计要求后，在钢支撑活络端和固定端之间插入楔铁顶紧后移走千斤顶完成钢支撑的架设。

②斜撑安装

先分别在冠梁和二、三道围檩上安装预先加工好的三角牛腿，使其与钢支撑两端的接触面保持水平，再吊装钢支撑并施加预应力。因斜撑与冠梁或钢围檩呈斜交关系，有一定交角，存在平行于钢围檩长度方向的分力，可能使钢围檩存在后移，为使受力合力为零，按设计角度在冠梁或二、三道钢围檩牛腿处支撑外侧设置剪力块，确保钢管支撑与端承板成垂直关系，然后进行支撑安装作业，其安装方法与直撑相同。钢围檩斜撑节点图详见图 6-17。

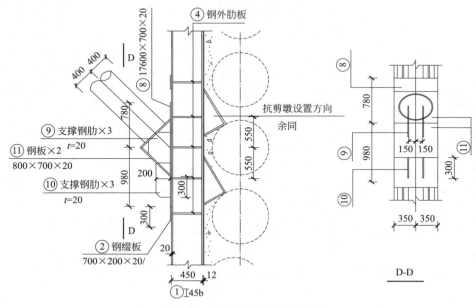

图 6-17　钢围檩斜撑节点平面

③预应力施加

a. 钢支撑施加预应力计算公式：施加轴力 $N=$ 设计轴力 $\times 35\%$，单位 kN；再将计算出的轴力除以 9.8，施工中将其折合成 t 加载。

b. 施加预应力的设备

根据预加轴力的数值，采用不同的千斤顶。本工程采用 200t 油压千斤顶两台。

c. 施加预应力

钢支撑在拼装时，轴线偏差小于等于 20mm，并保证支撑接头的承载力符合设计要求。将钢管吊至指定位置处，一端固定后，才能对另一端施加预应力。

根据钢管的长度误差确定需焊接 25mm 厚的钢板块数，并将 25mm 厚的钢板焊接在钢围檩上（图 6-18）。将楔块 1 焊接在钢板上，用两台油压千斤顶对钢管支撑施加预应力，即在活动端沿支撑两侧对称逐级加压，施加预加力为设计支撑轴力的 35%，观察千斤顶应力表，当预加轴力达到要求且压力表无明显衰减为止，将楔块 2 如图 6-19 所示嵌入，边钉入边观察应力表，当应力减小至 0 时，停止钉入，并将千斤顶卸下。在基坑开挖中充分利用"时空效应"，钢支撑的安装和预应力的施加控制在 16h 以内。

d. 由于第一道钢支撑对控制围护桩桩顶水平位移至关重要，因此，在对第一道钢支撑施加预应力时要特别注意围护桩桩顶水平位移及钢支撑轴力变化情况，必要时二次施加预应力。

e. 加强对钢支撑轴力的监测，根据支撑轴力监测情况，决定是否加强支撑。

特别当逐根加压时,为掌握后续钢管施加预应力对已施加完预应力钢管的影响,在局部连续几根钢支撑上均设置轴力计,对邻近的支撑预压力进行复核。

施工时预压力对围护结构位移的影响、相邻支撑之间预压力的影响等数据,根据试验段监测确定。

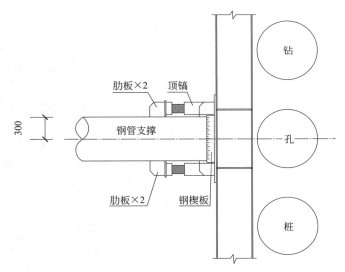

图 6-18 钢围檩支撑预加轴力示意图

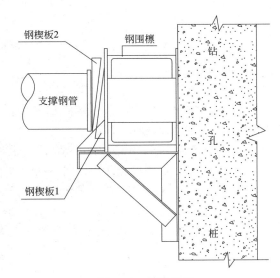

图 6-19 钢楔板图

3) 钢支撑体系安装的施工要点

(1) 基坑竖向平面内需分层开挖,并遵循先支撑、后开挖的原则,支撑的安装应与土方施工紧密结合,在土方挖到设计标高的区段内,及时安装并发挥支撑作用。

(2) 钢管横撑按每节 12m 的标准长度进行分节,同时配备部分长度不同的短节钢管,以适应基坑断面的变化。管节间用法兰、高强螺栓栓接,同时每根横撑一端均配支撑活络头。

（3）钢管横撑安装时应确保两端同步、对称，并与钢围檩正交，斜撑要确保剪力块角度与斜撑角度一致，钢管横撑安装后应及时施加预应力。

（4）使用千斤顶对钢支撑施加轴力时，必须确保千斤顶轴线与钢支撑轴线重合，避免支撑偏心受压，出现变形、移位等情况。

（5）为防止活络头与千斤顶对顶接触部位受力变形，活络头加工制作时需要对相应部位进行加强处理。

（6）要求专人检查钢管支撑楔子，一有松动，及时进行重新加荷载打楔子。专人检查钢管支撑时，由于高空作业，需系安全带。

（7）钢管支撑、钢围檩为钢构件，一定要确保焊缝质量，使用前需进行无损伤焊缝检测。

4）钢支撑保护措施

（1）基坑开挖过程中用小型挖掘机开挖支撑附近土方，防止施工机械碰撞支撑体系，导致支撑失稳，造成事故。为防止基坑内起吊作业时碰动钢管支撑，每根钢管支撑、钢围檩要求通过钢丝绳固定在围护桩。

（2）开挖过程中加强监测，对支撑轴力特别是端头斜撑的轴力要经常监测，若因侧压力造成钢管横撑轴力过大，造成横撑挠曲变形，并接近允许值时，必须及时采取增加临时竖向支撑、横向支撑等措施，防止横撑挠曲变形过大，保证钢支撑受力稳定，确保基坑安全。

（3）设置钢支撑防脱落装置，在冠梁上及钢支撑对应围护桩的位置预埋$\phi18$钢筋，采用钢丝绳将钢支撑吊住并与冠梁及围护桩预埋的钢筋固定。

5）钢支撑拆除技术措施

支撑体系拆除过程其实就是支撑的"倒换"过程，即把由钢管支撑所承受的侧向土压力转至永久结构或其他临时支护结构上。

支撑体系的拆除施工应特别注意以下两点：

（1）拆除时应分级释放轴力，避免瞬间预加应力释放过大而导致结构局部变形、开裂，同时对围护桩的桩顶位移、桩心侧压力进行监测。

（2）只有待底板、边墙、中隔板处环梁（中隔板或顶板）混凝土达到设计强度的80%后方可拆除上一道支撑，顶板环梁强度达到100%时，拆除第一道支撑。钢支撑拆除时，先借助千斤顶缓慢释放钢支撑轴力，同时观测其余各道钢支撑的轴力变化及围护桩变形，轴力释放完成直至剩余钢支撑及基坑变形稳定后，方可吊离。如在拆撑过程中观测值达到预警值，应立即停止轴力释放，并施加轴力至原预加轴力，必要时加设钢支撑。

6.3 先井后隧施工技术

6.3.1 竖井完成二衬施工后盾构机进行穿越的技术措施

竖井完成钻孔灌注桩、初衬、二衬施工后，再进行盾构隧道穿越竖井的施工，施工步序示意图如图6-20所示，施工工艺流程如图6-21所示。

第6章 先井后隧方案施工关键技术

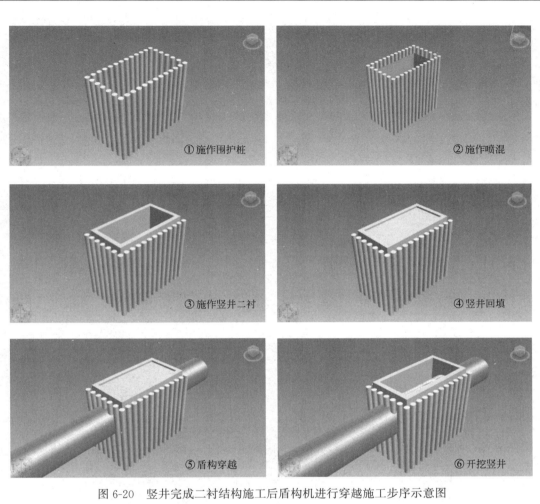

图 6-20 竖井完成二衬结构施工后盾构机进行穿越施工步序示意图

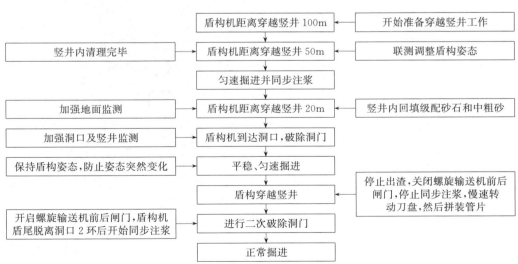

图 6-21 竖井完成二衬结构施工后盾构机进行穿越施工工艺流程

盾构穿越前，竖井二衬完成底板、侧墙施工至盾构隧道顶 1.5m 处，保留初衬的第一、二道钢支撑，竖井回填砂至盾构隧道中心处，回填压实度 95%，如图 6-22 和图 6-23 所示；盾构机穿越过程中，如盾构机刀盘检修没问题，则及时回填砂至管片顶，保证盾构机安全穿越竖井，盾构机无上覆土穿越热力竖井施工工艺如图 6-25 所示。

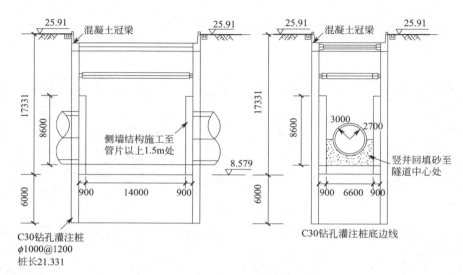

图 6-22　完成竖井二衬后穿越热力竖井剖面图

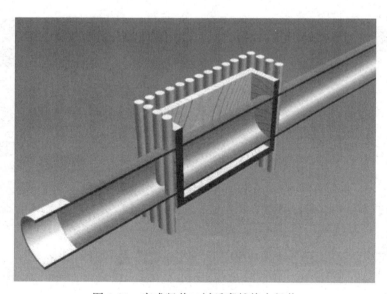

图 6-23　完成竖井二衬后穿越热力竖井

1. 回填砂施工要点

1) 铺筑砂的每层厚度，一般为 20~30cm，不宜超过 30cm。视不同条件，可选用夯实和振捣的方法。

2) 夯实和振捣：夯实振捣的遍数，由现场试验确定，一般横向和纵向不少于 4 遍。

夯实振捣时半边压半边。边缘和转角处应补夯密实。

3）施工时应分层找平，夯压振捣密实，并应设置检查点。下层密实度合格后，方可进行上层施工。

4）最后一层振捣（夯）完成后，表面应拉线找平，并且要符合设计规定的标高。

盾构机穿桩后，刀盘转速1rpm，推进速度30mm/min，螺旋输送机不排渣，关闭螺旋输送机出土口，盾构机以"游泳"的方式通过竖井，如图6-24所示。

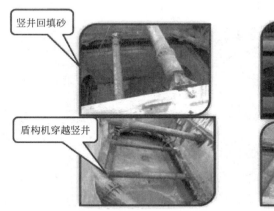 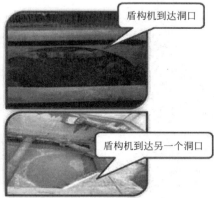

图6-24　完成竖井二衬后穿越热力竖井现场施工图

2. 竖井完成二衬施工后盾构机进行穿越的施工控制要点

1）盾构机进洞磨竖井结构围护桩

（1）盾构机在到达竖井准备穿越围护桩时，将刀盘转速调至0.8~1.0rpm，转角控制在±0.3°以内（若转角变化超出范围，可正反转刀盘以做调整），掘进速度控制在10~25mm/min，观察到参数变化接触到桩面时，将掘进速度调至10mm/min以下。

（2）盾构机在穿越围护桩过程中，将土压控制在0.05~0.07MPa，掘进速度维持在5~10mm/min，刀盘转速0.8~1.0rpm，注浆量为正常掘进注浆量，螺旋输送机转速调整为1~5rpm，加大泡沫和水注入量，并认真观察出渣情况，如果压力过高，立刻反转螺旋，以防堵塞。

（3）盾构机穿越围护桩后，螺旋输送机停止出渣。此时将掘进速度稳定在50~60mm/min，刀盘转速为1rpm，停止注入泡沫和水，同步注浆依然保持正常掘进注浆量，在盾构掘进到盾尾离开竖井钢环进入竖井时，停止同步注浆。

2）盾构机穿井掘进

盾构机在竖井中推进时，将铰接稳定，不能大频率、大动作的收缩铰接，可采用区压保持盾构姿态平稳。刀盘转速为1rpm，停止土仓内注入泡沫、水及其他材料，关闭螺旋输送机前、后闸门，不出渣，停止同步注浆。拼装管片使用"负环"，待今后拆除。

3）盾构机出洞磨竖井结构围护桩

（1）盾构机准备二次穿越围护桩时，将刀盘转速调至0.8~1.0rpm，掘进速度调整为10~25mm/min，开启螺旋输送机前闸门，保持停止同步注浆状态，观察参数变化接触到桩面时,将掘进速度调至10mm/min以下。

(2)盾构机在二次穿越围护桩时,逐步建立土压使土压维持在指标土压,掘进速度5～10mm/min,刀盘转速0.8～1.0rpm,土仓内恢复泡沫和水的注入,不做同步注浆。

(3)穿越围护桩时恢复螺旋输送机出渣,盾尾离开竖井进入竖井二衬钢环开始同步注浆,恢复正常掘进。

完成竖井二衬后穿越热力竖井施工流程如图6-25所示。

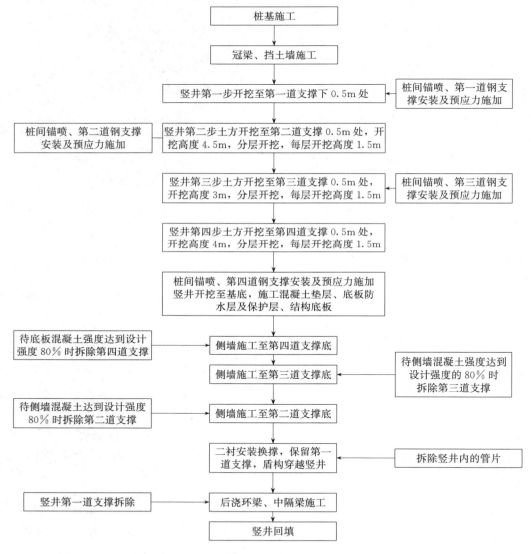

图 6-25 完成竖井二衬后穿越热力竖井施工流程

6.3.2 竖井完成初衬施工后盾构机进行穿越的技术措施

竖井完成钻孔灌注桩、初衬施工后,再进行盾构隧道穿越竖井的施工,施工步序示意图如图 6-26 所示。

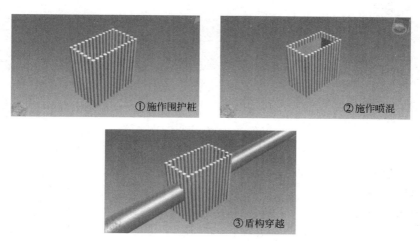

图 6-26　竖井完成初衬结构施工后盾构机进行穿越施工步序示意图

竖井完成初衬施工后盾构机进行穿越,竖井回填土至盾构隧道顶 3m 处,保留竖井初衬第一、二道钢支撑,如图 6-27 所示,施工流程如图 6-28 所示。

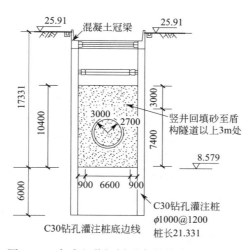

图 6-27　完成竖井初衬后穿越热力竖井剖面图

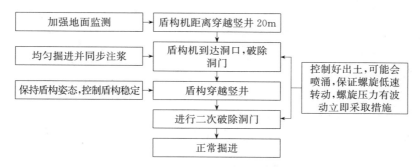

图 6-28　完成竖井初衬后穿越热力竖井施工流程

竖井完成初衬施工后盾构机进行穿越的施工控制要点：

1）从磨桩准备环开始，推进速度控制在 10～25mm/min。如参数变化察觉已接触桩面，则迅速将速度降至 5～10mm/min。操作手需集中精力，务必减轻磨桩对刀盘带来的影响；

2）刀盘转速在准备磨桩环需降至 0.8～1.0rpm。在磨桩过程中保证转速大于 0.8rpm，不超过 1.0rpm；

3）磨桩时推进的目标土压控制在 0.03～0.05MPa。注意观察出渣，如螺旋压力过高，及时反转螺旋，防止螺旋堵塞。泡沫量可适当调整，及在不喷涌的前提下适量加大泡沫注入量；

4）从磨桩准备环开始，需开启上半圈超挖刀。超挖刀行程需开到最大 100mm。直至磨桩结束才能收回；

5）注浆量不小于 $2m^3$，A 液注浆压力 0.25～0.3MPa，B 液注入压力 0.6～0.65MPa；

6）盾构机回转角的控制要求：必须控制在±0.3°内。如超出范围停止推进，改变刀盘旋转方向。

6.4 先井后隧方案结构受力变形分析

6.4.1 数值模拟模型的建立

隧道围岩的边界、加载条件非常复杂，并且具有非连续、非均质及非线性的特点，简单的解析方法无法求解隧道工程力学问题。数值分析方法因模拟复杂岩土体结构具有独特优势而得以广泛应用。模拟分析不同施工方案以及不同条件等问题十分便捷，数值模拟方法成为解决岩土工程问题的主要手段。本章采用 MIDAS/GTSNX 通用有限元计算软件建模，将模型导入 FLAC 3D 有限差分软件，对先井后隧方案和先隧后井方案进行计算分析。FLAC 3D 是一款针对岩土领域的通用有限差分分析软件，可以考虑填土、开挖等不同材料特性进行施工阶段分析，在地下工程数值计算领域应用广泛。

1. 数值模型

本节采用 MIDAS/GTSNX 通用有限元软件对先井后隧和先隧后井方案建立了三维数值计算模型，导入 FLAC 3D 对两方案进行了施工阶段计算分析。

竖井主体宽度方向为 10.6m，高度为 11.7m，沿隧道方向竖井长度为 18m。考虑边界效应的影响，在横断面宽度方向上取 3～5 倍盾构隧道洞径，即 66m；在高度方向上，模型上部建至地表，模型总高度为 33.33m；在沿隧道方向上，管片宽度确定为 1m，隧道总长度为 60m。即模型尺寸为：66m（X 方向）×60m（Y 方向）×33.33m（Z 方向）。

先井后隧方案和先井后隧方案主模型基本相同，在先井后隧方案中又分为两种情况，即有无施作二衬；计算中用到的三维数值模型如图 6-29 和图 6-30 所示，盾构隧道与竖井位置关系如图 6-31 所示，围护桩采用桩单元来模拟，如图 6-32 所示；盾构隧道按 1m 进深建立计算模型，单元总数量为 148924，节点总数量为 163937，计算模型加固区范围示意图如图 6-33 所示。

2. 计算参数

1）地层参数

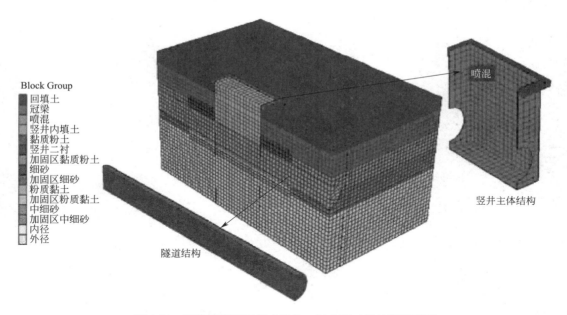

图 6-29　盾构隧道施工前未施作二衬方案三维计算模型图

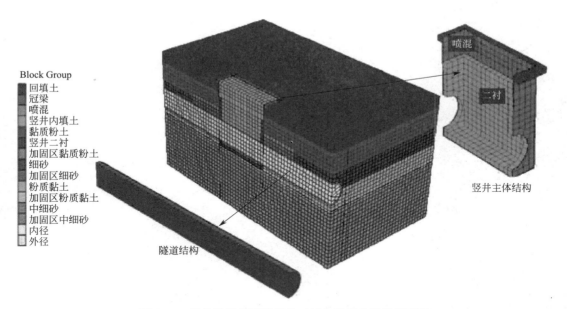

图 6-30　盾构隧道施工前施作二衬方案三维计算模型图

采用摩尔-库仑模型模拟杂填土、黏质粉土、细砂、粉质黏土、中细砂。使用摩尔-库仑模型模拟时共需要重度、黏聚力 c、内摩擦角、泊松比、弹性模量 E。弹性模量可以由多种方法确定，例如初始切线模量和 50% 强度处的割线模量。使用初始切线模量时，弹模过大，土体出于弹性状态，模拟结果失真；使用 50% 强度处的割线模量时，弹模过低，土体过早进入塑性，计算结果收敛困难。设计中根据地勘报告中压缩模量 E_s 来估计，在地层上部时取 3~5 倍的压缩模量，并且压缩模量随着深度增加逐步扩大。

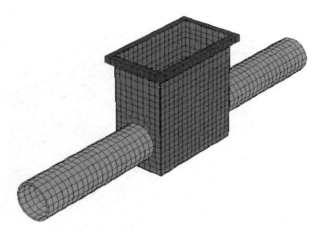

图 6-31　盾构隧道与竖井位置关系示意图

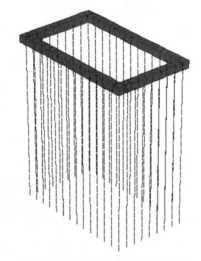

图 6-32　围护桩结构计算模拟图

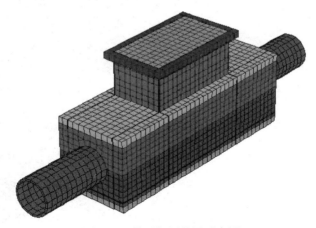

图 6-33　模型加固范围示意图

按照工程地质勘查报告，采用如表 6-1 所示的工程地质参数作为数值计算模型的地层资料。模型中土体本构模型采用摩尔-库仑强度准则。为计算方便起，对其进行了综合和简化，简化为总共 5 层土体。

土层物理力学参数　　　　　　　　　　　　表 6-1

土层类别	土层厚度(m)	重度(kN/m³)	黏聚力 c	内摩擦角 φ	泊松比	弹性模量(MPa)
杂填土	2.82	16.5	10	11	0.35	5.3
黏质粉土	5.48	20.2	32	26	0.3	6.2
细砂	4.55	20.5	0	30	0.28	20.2
粉质黏土	5.38	20.4	49	24	0.31	15.2
中细砂	15.1	20.8	0	35	0.28	30.2

2）盾构管片

盾构管片采用 C50 混凝土，厚度为 0.3m，环宽 1.0m。采用实体单元进行模拟，本构模型为弹性模型，弹性模量为 34.5GPa，泊松比为 0.2，重度为 25kN/m³。为了简化计算，在模型中没有将管片各分块之间的接头真实的模拟出来，为了模拟管片接头的影响，将管片的强度进行 20% 的折减，盾构隧道注浆采用壳单元进行模拟。

3）地层加固措施

按照竖井和隧道不同施工顺序的方案，在管片拆除过程中需要对相应区域的土体进行加固，计算过程中采用改变需要加固区域的土体参数来进行模拟。

4）喷混及二衬结构

喷混厚度为 10cm，采用 C25 混凝土。模型中采用实体单元进行模拟，弹性模量为 28GPa，泊松比为 0.2，重度为 23kN/m³。竖井二衬厚度为 90cm，混凝土强度等级为 C40，模型中采用实体单元进行模拟，弹性模量为 32.5GPa，泊松比为 0.2，重度为 25kN/m³。

5）临时支撑

第一道钢管对撑水平间距为 6m，第二～三道钢管对撑水平间距为 3m；检查室钢管对撑纵向间距从第一～三道分别为 1.5m、4.74m、5m，二衬换撑位置与第三道撑的纵向间距 1.5m。临时支撑为钢支撑，模拟过程中采用梁单元。

6）围护桩

导洞的维护桩采用 C30 混凝土，钻孔桩桩径、桩间距为 $\phi1000@1300$mm，局部为 $\phi1000@1240$m，模型中采用桩单元进行模拟，弹性模量为 20GPa，泊松比为 0.30，桩顶设置 1000mm×1000mm 冠梁，冠梁混凝土强度等级为 C30。

模拟过程中，采用 null 单元模拟开挖命令，盾构隧道注浆采用管片外加 shell 单元的方法进行模拟，shell 单元可以施加黏附在地层单元上；临时支撑采用 beam 单元模拟；在先隧后井半围护桩施工方案中使用到锚杆加固，锚杆采用 cable 单元模拟；围护桩结构采用 pile 单元模拟结构单元示意图如图 6-34 所示。

3. 边界条件及基本假定

模型边界为位移边界，限制模型五个面的位移，地表面为自由边界。

为了使施工阶段分析更加接近真实的情况，模拟过程采用了以下的基本假定：

1）岩土体均为各向同性、连续的介质。

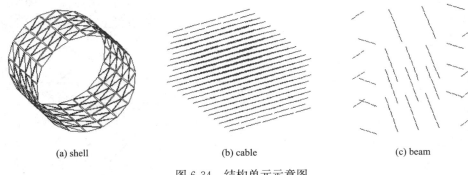

图 6-34 结构单元示意图

2）模型中不考虑地下水的影响。
3）采用摩尔-库仑准则来模拟。
4）不考虑初始应力场。由于本模型重点研究先井后隧和先隧后井等不同施工顺序的影响；在形成应力场后，进行开挖计算时，进行位移清零；先井后隧施工过程模拟时竖井结构作为既有结构；先隧后井施工过程模拟时盾构隧道作为既有结构。形成的初始地应力场云图如图 6-35 所示。

图 6-35 初始地应力场云图（单位：Pa）

6.4.2 先井后隧施工方案数值模拟分析

先井后隧施工方案分为方案 1（盾构隧道施工前完成二衬施工）和方案 2（盾构隧道施工前未完成二衬施工），数值计算模型如图 6-29、图 6-30 所示，数值计算过程中，监测点布置示意图如图 6-36 所示，模型参数及边界条件见 6.4.1 节。

为便于数值计算分析，先井后隧施工方案数值模拟中主要考虑如下两种方案：
1）方案 1：先井后隧先施作二衬；
2）方案 2：先井后隧后施作二衬。

1. 先井后隧地表位移规律对比分析

盾构隧道施工掘进 22m 后，通过数值模拟计算得到方案 1 和方案 2 中 $X=0$ 剖面处位移等值线图，如图 6-37 所示；盾构隧道施工掘进 38m 后，通过数值模拟计算得到方案 1 和方案 2 中 $X=0$ 剖面处位移等值线图，如图 6-38 所示；先井后隧两种不同方案全开挖

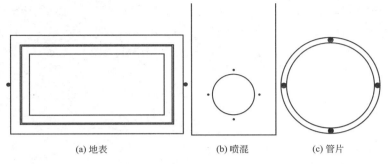

(a) 地表　　(b) 喷混　　(c) 管片

图 6-36　监测点布置位置示意图

后，$X=0$ 剖面处位移等值线图如图 6-39 所示。

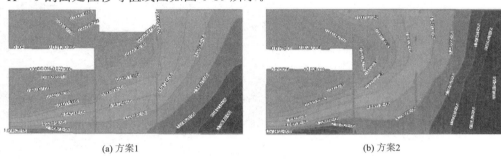

(a) 方案1　　(b) 方案2

图 6-37　开挖至 22m 处位移等值线云图（单位：m）

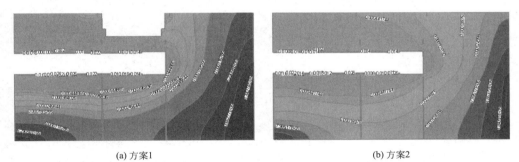

(a) 方案1　　(b) 方案2

图 6-38　开挖至 38m 处位移等值线云图（单位：m）

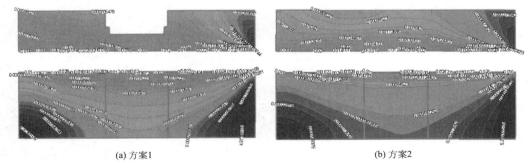

(a) 方案1　　(b) 方案2

图 6-39　全开挖位移等值线云图（单位：m）

地面沉降控制是所依托工程盾构施工的关键，只有把地面沉降控制在一定范围内，才不会对地面建筑物和地下管线构成危害，才能保证施工的顺利进行。鉴于隧洞上方地面现况交通以及地面建（构）筑物、地下管线的重要性，控制地面沉降是工程的重点，针对先井后隧两种施工方案进行数值模拟，地表位移变化规律如图6-40所示。

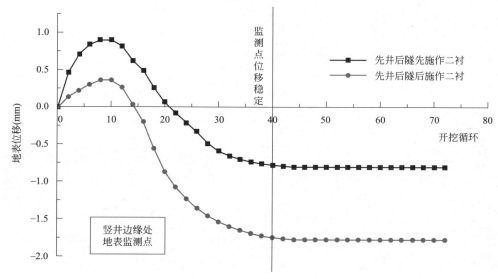

图6-40 地表位移变化曲线

位移值以沉降为负，隆起为正。数值计算时地表监测点布置如图6-36（a）所示，方案1及方案2为先井后隧施工方案。盾构隧道穿越竖井时，方案1已经完成竖井二衬施作，方案2未完成竖井二衬施作，由图6-37～图6-39不同开挖方案位移等值线云图及图6-40所示地表位移变化曲线可知，方案1由于已经完成二衬施作，在盾构机破除洞门穿越竖井时需要更大的推力，在盾构机破除洞门时方案1地表先有隆起，隆起最大值达到0.90mm，随着开挖的进行监测点处的位移由隆起变为沉降，沉降值稳定在0.81mm；在盾构机破除洞门时方案2地表先有隆起，隆起最大值达到0.36mm，随着开挖的进行监测点处的位移由隆起变为沉降，沉降值稳定在1.78mm。可以看出方案1（先井后隧先施作二衬）的地表位移小于方案2（先井后隧后施作二衬）的地表位移。监测点位于第20个开挖循环正上方，当开挖至第40个开挖循环左右时，监测点处的位移趋于稳定，即盾构隧道开挖的影响范围在20个开挖循环左右。

2. 先井后隧盾构管片位移规律对比分析

数值计算时，盾构管片采用实体单元模拟，盾构注浆采用壳单元模拟，具体参数见6.4.1节所述，计算过程中在第一正环管片处设监测点，监测点具体位置如图6-36（b）所示，盾构管片管顶、边墙及管片底部位移变化曲线如图6-41～图6-43所示。

盾构管片收敛以向临空面移动为正，反之为负。由图6-41可知，方案1（先井后隧先施作二衬）随着开挖的进行，在盾构管片边墙处的收敛值逐步累积，最大达到2.32mm；方案2（先井后隧后施作二衬）随着开挖的进行，在盾构管片边墙处的收敛值逐步累积，最大达到3.74mm。方案1边墙处的收敛值小于方案2边墙处的收敛值。第一正环管片在第21个开挖循环，当开挖至第40个开挖循环左右时，边墙处监测点的位移趋于稳定。

管片管顶竖向位移以沉降为负，以向上隆起为正，由图6-42盾构管片管顶位移变化

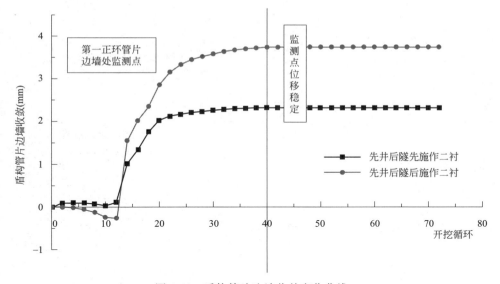

图 6-41 盾构管片边墙收敛变化曲线

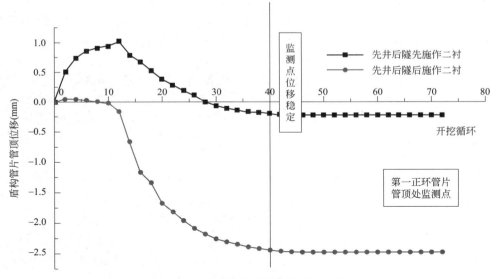

图 6-42 盾构管片管顶位移变化曲线

曲线可知，方案1（先井后隧先施作二衬）在盾构管片顶处先有部分隆起，最大达到1.02mm，随着开挖的进行，逐步变为沉降，沉降值最大达到0.23mm；方案2（先井后隧后施作二衬）在盾构管片顶处先有少量隆起，隆起值最大达到0.05mm，随着开挖的进行，由隆起逐步变为沉降，沉降值最大达到2.48mm。方案1管顶处位移值小于方案2管顶处位移值。第一正环管片在第21个开挖循环，当开挖至第40个开挖循环左右时，管顶处监测点的位移趋于稳定。

盾构管片管底竖向位移以沉降为负，以向上隆起为正，由图6-43盾构管片管底竖向位移变化曲线可知，方案1（先井后隧先施作二衬）随着开挖的进行，在盾构管片管底处

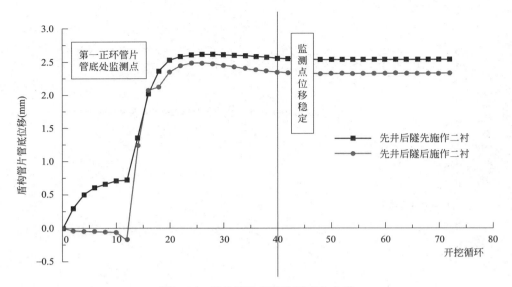

图6-43　盾构管片管底位移变化曲线

的竖向位移值逐步累积，最大达到2.53mm；方案2（先井后隧后施作二衬）随着开挖的进行，在盾构管片管底处的竖向位移值逐步累积，最大达到2.32mm。方案1管底处位移值大于方案2管底处位移值。第一正环管片在第21个开挖循环，当开挖至第40个开挖循环左右时，管底处监测点的位移趋于稳定。

由以上分析可知，在盾构管片管顶及边墙处的位移方案1（先井先隧先施作二衬）小于方案2（先井后隧后施作二衬），在盾构管片管底处，方案1大于方案2管底处的位移值。第一正环管片监测点位于第21个开挖循环处，当开挖至第40个循环时，监测点处位移趋于稳定，即盾构隧道开挖的影响范围在20个开挖循环左右。

3. 先井后隧围护桩侧移规律对比分析

数值模拟时，围护桩采用桩单元模拟，围护桩数值计算模型及具体参数见6.4.1所述。模拟过程中对于围护桩的监测点设置在竖井短边垂直于隧道轴向正中间一根围护桩上。先井后隧两种不同施工方案单桩沿隧道轴线方向的侧移变化规律如图6-44所示。

图6-44为先井后隧两种施工方案随着开挖的进行，围护桩侧移值逐渐积累的过程曲线图。规定围护桩沿隧道方向位移值与隧道开挖方向一致为正，与隧道开挖方向相反为负。由图6-44可以看出，先井后隧中的两种施工方案的围护桩侧移变化规律相同。随着围护桩埋深的增大，沿隧道方向的侧移值增加，到达隧道管片顶部时，侧移值达到最大，随后逐渐减小。当隧道开挖至第20个和第21个循环时，隧道开挖掌子面临近围护桩，在盾构隧道管径范围内的围护桩侧移值发生突变，迅速增大，隧道通过时，围护桩被打断，从而出现断桩，在断桩处位移较大。当隧道开挖至第70个循环时围护桩侧移基本达到稳定。方案1（先井后隧先施作二衬）最大侧移值为13.61mm，方案2（先井后隧后施作二衬）最大侧移值为14.75mm。方案1的侧移值小于方案2的侧移值。

数值模拟时，围护桩采用桩单元模拟，围护桩数值计算模型及具体参数见6.4.1所述。模拟过程中对于围护桩的监测点设置在沿隧道轴线一排围护桩正中间的一根围护桩上。单桩的侧移变化规律如图6-45所示。

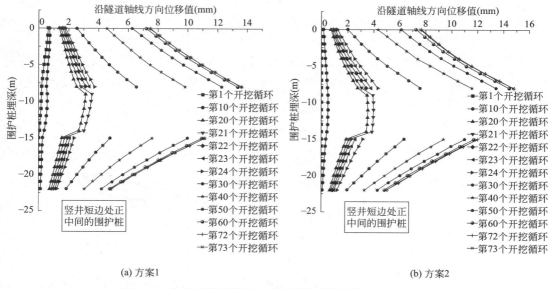

(a) 方案1   (b) 方案2

图 6-44 先井后隧两种施工方案围护桩沿隧道方向位移曲线

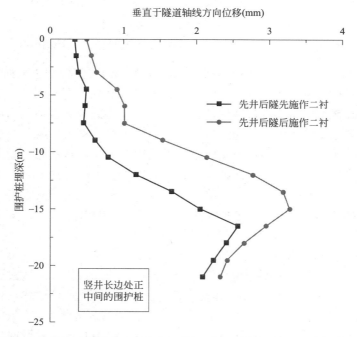

图 6-45 先井后隧两种施工方案围护桩垂直于隧道方向水平位移曲线

规定围护桩向竖井远离方向移动为正，由图 6-45 可知，先井后隧的两种方案围护桩侧移变化规律基本一致。围护桩顶部由于设有冠梁连接，围护桩顶部位移比较小，方案 1 围护桩顶部侧移为 0.33mm，方案 2 围护桩顶部侧移为 0.49mm。随着围护桩埋深的增大，两种方案的侧移也逐步增大，围护桩深度到达盾构隧道底部时，侧移值达到最大，方案 1 侧移值达到 2.57mm，方案 2 侧移值达到 3.28mm。随后侧移值有所减少，方案 1 中围护桩底部侧移值为2.08mm，方案2中围护桩底部位移为2.3mm，整个模拟过程中，方案1的围护桩侧移值小于方案2的围护桩侧移值。

4. 先井后隧沉降槽位移规律对比分析

数值模拟时，沿着模型 X 方向，在 Y=20 剖面，距离隧道顶部2m处设置45个监测点。整个数值计算过程中，先井后隧两种不同施工方案各个监测点位移及沉降变化规律如图6-46所示。

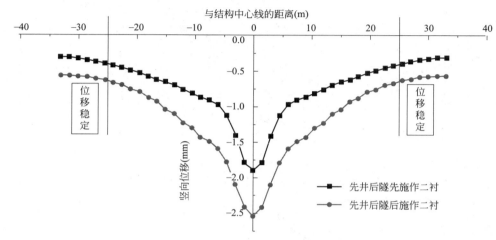

图6-46 先井后隧两种施工方案盾构隧道管片上部沉降槽曲线

由图6-46可知，先井后隧两种不同施工方案的沉降值关于模型中轴面，即 YZ 坐标面呈对称分布，沉降槽的变化规律基本一致，在模型中轴面处沉降值最大，方案1（先井后隧先施作二衬）在模型中轴面的沉降值达到1.9mm，方案2（先井后隧后施作二衬）在模型中轴面的沉降值达到2.54mm。随着与结构中心线距离的增大，沉降值越来越小，距离隧道开挖断面5倍洞径以外的监测点受隧道开挖的影响很小，基本趋于稳定，在5倍洞径以外的范围内，方案1（先井后隧先施作二衬）基本稳定在0.31mm，方案2（先井后隧后施作二衬）基本稳定在0.56mm。在整个模拟计算过程中，方案1（先井后隧先施作二衬）监测点的沉降值小于方案2（先井后隧后施作二衬）的沉降值。方案1隧道开挖的影响范围小于方案2隧道开挖的影响范围。

5. 先井后隧地表应力规律对比分析

施工过程中，结构受力也是评价结构是否安全的一个评价指标，通过数值模拟方法分析先井后隧两种不同的施工方案结构受力。盾构隧道施工掘进22m后，通过数值模拟计算得到方案1（先井后隧先施作二衬）和方案2（先井后隧后施作二衬）中 X=0 剖面处最大主应力等值线图，如图6-47所示；盾构隧道采用施工掘进38m后，通过数值模拟计算得到方案1（先井后隧先施作二衬）和方案2（先井后隧后施作二衬）中 X=0 剖面处最大主应力等值线云图，如图6-48所示；方案1（先井后隧先施作二衬）和方案2（先井后隧后施作二衬）中全开挖后，X=0 剖面处最大主应力等值线图如图6-49所示。

应力水平也是所依托工程盾构施工的关键，只有把受力控制在一定范围内，才能保证结构的安全，保证施工的顺利进行。针对先井后隧两种施工方案进行数值模拟，地表应力变化规律如图6-50所示。

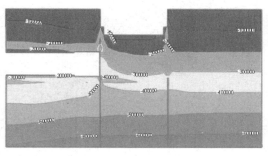
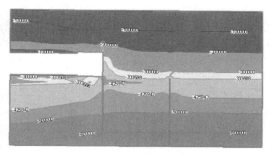

(a) 方案1　　　　　　　　　　　　　(b) 方案2

图 6-47　开挖至 22m 处最大主应力等值线云图（单位：Pa）

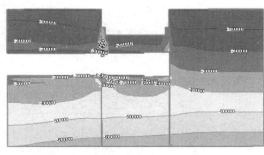

(a) 方案1　　　　　　　　　　　　　(b) 方案2

图 6-48　开挖至 38m 处最大主应力等值线云图（单位：Pa）

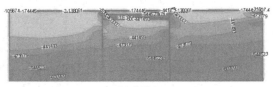

(a) 方案1　　　　　　　　　　　　　(b) 方案2

图 6-49　全开挖最大主应力等值线云图（单位：Pa）

由图 6-47～图 6-49、图 6-50 可知，地表处的应力水平比较低。先井后隧两种方案主应力变化规律基本一致，两种方案的主应力均为压应力，方案 1（先井后隧先施作二衬）地表处的最小主应力小于方案 2（先井后隧后施作二衬）地表处的最小主应力；方案 1（先井后隧先施作二衬）地表处的最大主应力小于方案 2（先井后隧后施作二衬）地表处的最大主应力。隧道开挖至第 54 个循环时，地表处主应力基本趋于稳定，即隧道开挖对地表处主应力的影响范围大致为 30 个开挖循环左右。方案 1（先井后隧先施作二衬）隧道开挖的影响范围小于方案 2（先井后隧后施作二衬）隧道开挖的影响范围。

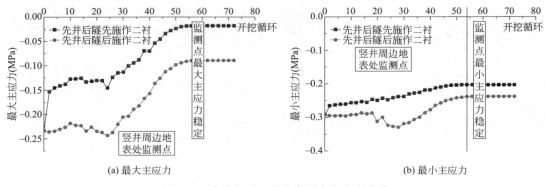

图 6-50　先井后隧两种方案地表主应力曲线

6. 先井后隧喷混应力规律对比分析

数值模拟时，喷射混凝土采用实体单元模拟。模拟过程中对于喷射混凝土的监测点设置如图 6-36(b) 所示。先井后隧两种不同的施工方案喷混主应力变化规律如表 6-2 所示。

先井后隧两种不同施工方案的喷混主应力云图（单位：Pa）　　表 6-2

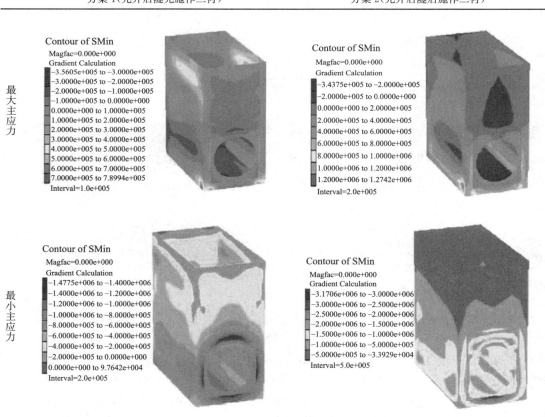

方案 1（先井后隧先施作二衬）和方案 2（先井后隧后施作二衬）盾构管片管顶处喷混主应力如图 6-51 所示，方案 1（先井后隧先施作二衬）和方案 2（先井后隧后施作二衬）

管片侧墙处喷混主应力如图 6-52 所示，方案 1（先井后隧先施作二衬）和方案 2（先井后隧后施作二衬）管片管底处喷混主应力如图 6-53 所示。

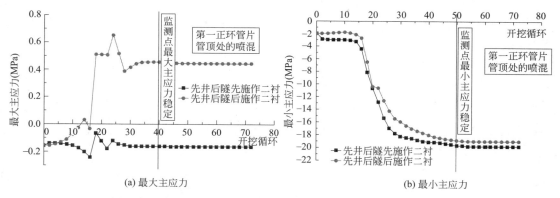

图 6-51　先井后隧两种不同施工方案管片管顶处喷混主应力曲线

由表 6-2 可以看出，先井后隧两种不同的施工方案在喷混处的主应力分布明显不同。由图 6-51(a) 可以看出，先井后隧两种不同的施工方案在盾构管片拱顶处喷混最大主应力变化规律基本一致。方案 1（先井后隧先施作二衬）在盾构管片管顶处喷混最大主应力整个模拟过程中均为压应力，随着开挖的进行，最大主应力逐渐增大，最大达到 0.24MPa，最后稳定在 0.17MPa；开挖初期，方案 2（先井后隧后施作二衬）在盾构管片管顶处喷混最大主应力为压应力，随着开挖的进行，压应力逐渐变小，开挖到一定程度时变为拉应力，压应力最大达到 0.16MPa，拉应力最大达到 0.65MPa，最后稳定在 0.44MPa。方案 2 在盾构管片管顶处喷混的最大主应力压应力小于方案 1 在盾构管片管顶处喷混的最大主应力。

由图 6-51(b) 可以看出，先井后隧两种不同的施工方案在盾构管片拱顶处喷混最小主应力变化规律基本一致。先井后隧两种不同的施工方案在盾构管片管顶处喷混的最小主应力均为压应力，随着开挖的进行，最小主应力逐渐增大。方案 1（先井后隧先施作二衬）在盾构管片管顶处喷混的最小主应力最后稳定在 19.83MPa；方案 2（先井后隧后施作二衬）盾构管片管顶处喷混最小主应力最后稳定在 19.02MPa。方案 1 在盾构管片管顶处喷混的最小主应力大于方案 2 在盾构管片管顶处喷混的最小主应力，但是数值相差不大。

由图 6-52(a) 可以看出，先井后隧两种不同的施工方案在盾构管片侧墙处喷混最大主应力变化规律基本一致。开挖初期，方案 1（先井后隧先施作二衬）和方案 2（先井后隧后施作二衬）在盾构管片侧墙处喷混最大主应力均为压应力，随着开挖的进行，压应力逐渐变小，开挖到一定程度时变为拉应力。方案 1（先井后隧先施作二衬）压应力最大达到 0.21MPa，拉应力最大达到 0.30MPa，最后稳定在 0.17MPa；方案 2（先井后隧后施作二衬）压应力最大达到 0.21MPa，拉应力最大达到 0.88MPa，最后稳定在 0.60MPa；方案 2（先井后隧后施作二衬）和方案 1（先井后隧先施作二衬）在盾构管片侧墙处喷混的压应力基本相同。方案 2（先井后隧后施作二衬）在盾构管片侧墙处喷混的拉大应力大方案 1（先井后隧先施作二衬）在盾构管片侧墙处喷混的拉应力。

由图 6-52(b) 可以看出，先井后隧两种不同的施工方案在盾构管片侧墙处喷混最小主

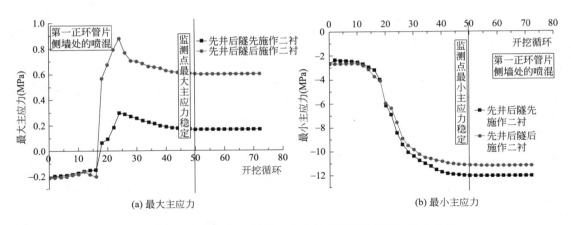

图 6-52　先井后隧两种不同施工方案管片侧墙处喷混主应力曲线

应力变化规律基本一致。方案 1（先井后隧先施作二衬）和方案 2（先井后隧后施作二衬）盾构管片侧墙处喷混最小主应力开始时均为压应力，随着开挖的进行，最小主应力逐渐增大。方案 1（先井后隧先施作二衬）在盾构管片侧墙处喷混的最小主应力最后稳定在 12.07MPa；方案 2（先井后隧后施作二衬）盾构管片拱顶处喷混最小主应力最后稳定在 11.20MPa。方案 1（先井后隧先施作二衬）在盾构管片侧墙处喷混的最小主应力开始时小于方案 2 在盾构管片管顶处喷混的最小主应力。随着开挖的进行，方案 1（先井后隧先施作二衬）在盾构管片侧墙处喷混的最小主应力大于方案 2（先井后隧后施作二衬）在盾构管片管顶处喷混的最小主应力。在整个模拟过程中先井后隧两种不同的施工方案在盾构隧道管片侧墙处的最小主应力差别不大。

由图 6-53(a) 可以看出，先井后隧两种不同方案在盾构管片管底处喷混最大主应力变化规律基本一致。开挖初期，方案 1（先井后隧先施作二衬）和方案 2（先井后隧后施作二衬）在盾构管片管底处喷混的最大主应力均为压应力，随着开挖的进行，压应力基本上呈逐渐变小的趋势，开挖到一定程度时变为拉应力，方案 1 压应力最大达到 1.25MPa，拉应力最大达到 0.69MPa，最后稳定在 0.17MPa；方案 2 压应力最大达到 1.11MPa，拉应

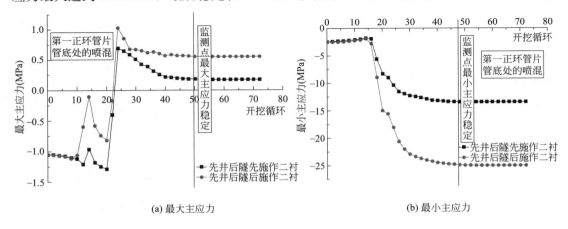

图 6-53　先井后隧两种不同施工方案管片管底处喷混主应力曲线

力最大达到 1.03MPa，最后稳定在 0.55MPa；方案 2 在盾构管片管底处喷混的压应力小于方案 1 在盾构管片管底处喷混的压应力。方案 2 在盾构管片管底处喷混的拉应力大于方案 1 在盾构管片管底处喷混的拉应力。

由图 6-53(b) 可以看出，方案 1（先井后隧先施作二衬）和方案 2（先井后隧后施作二衬）盾构管片管底处喷混最小主应力变化规律基本一致。方案 1 和方案 2 盾构管片管底处喷混最小主应力均为压应力，随着开挖的进行，最小主应力逐渐增大。方案 1 在盾构管片管底处喷混的最小主应力最后稳定在 13.45MPa；方案 2 盾构管片拱顶处喷混最小主应力最后稳定在 25.00MPa。方案 1 在盾构管片侧墙处喷混的最小主应力小于方案 2 在盾构管片管顶处喷混的最小主应力。

7. 先井后隧管片应力规律对比分析

进行数值模拟时，盾构管片采用实体单元模拟。模拟过程中对于喷混的监测点设置如图 6-36(c) 所示。先井后隧两种不同施工方案的盾构隧道第一正环主应力云图如表 6-3 所示。先井后隧两种不同方案在盾构管片管顶处的主应力曲线如图 6-54 所示，先井后隧两种不同方案在盾构管片侧墙处的主应力曲线如图 6-55 所示。

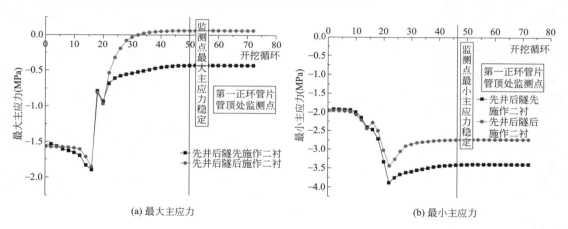

图 6-54　先井后隧两种不同施工方案管片管顶处主应力曲线

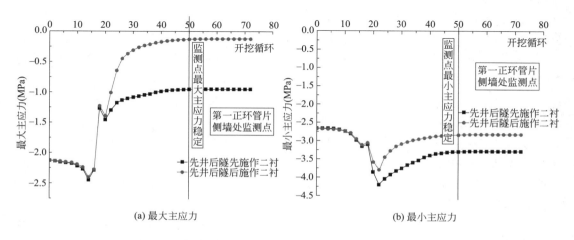

图 6-55　先井后隧两种不同施工方案管片侧墙处主应力曲线

先井后隧两种不同施工方案第一正环管片主应力云图（单位：Pa） 表6-3

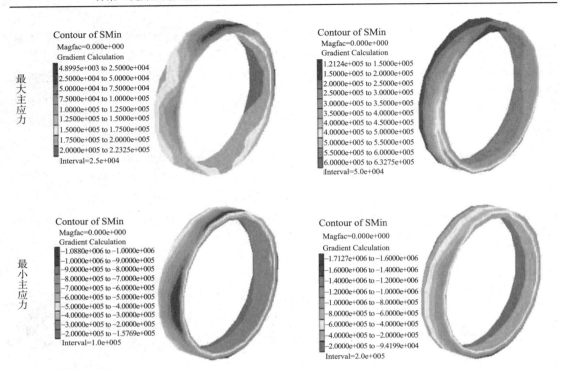

由图6-54(a)可以看出，先井后隧两种不同的施工方案在盾构管片管顶处的最大主应力变化规律基本一致，在开挖初期，方案1（先井后隧先施作二衬）和方案2（先井后隧后施作二衬）在管片管顶处均为压应力，随着开挖的进行，最大主应力逐渐增大，方案1最大达到1.90MPa，方案2最大达到1.86MPa，随后最大主应力逐渐减小，方案1最大主应力最后稳定在0.43MPa，方案2在盾构管片管顶处的最大主应力，在开挖到一定程度时由压应力变为拉应力，最后稳定在0.07MPa。在开挖初期，先井后隧两种不同施工方案在盾构管片管顶处的最大主应力基本一致，随着开挖的进行，方案1在盾构管片管顶处的最大主应力大于方案2在盾构管片管顶处的最大主应力。

由图6-54(b)可以看出，先井后隧两种施工方案在盾构管片管顶处的最小主应力变化规律基本一致，方案1（先井后隧先施作二衬）和方案2（先井后隧后施作二衬）均为压应力，开挖初期，随着开挖的进行，最小主应力呈逐渐增大的趋势，方案1最大达到3.87MPa，方案2最大达到3.44MPa，随后最小主应力呈缓慢减小的趋势，方案1最小应力最后稳定在3.40MPa，方案2在盾构管片管顶处的最小主应力最后稳定在2.73MPa；在开挖初期，先井后隧两种不同施工方案在盾构管片管顶处的最小主应力基本一致，随着开挖的进行，方案1在盾构管片管顶处的最小主应力大于方案2在盾构管片管底处的最小主应力。

由图6-55(a)可以看出，先井后隧两种方案在盾构管片侧墙处的最大主应力变化规律基本一致，方案1（先井后隧先施作二衬）和方案2（先井后隧后施作二衬）在管片侧墙处均为压应力。开挖初期,随着开挖的进行,最大主应力逐渐增大,方案 1 最大达到 2.45MPa,方案 2 最大达到 2.41MPa,随后最大主应力逐渐减小,方案 1 最大主应力最后稳定在 0.95MPa,方案 2 在盾构管片侧墙处的最大主应力最后稳定在 0.12MPa。在开挖初期,先井后隧两种不同施工方案在盾构管片侧墙处的最大主应力基本一致,随着开挖的进行,方案 1 在盾构管片侧墙处的最大主应力大于方案 2 在盾构管片侧墙处的最大主应力。

由图 6-55(b) 可以看出,先井后隧两种方案在盾构管片侧墙处的最小主应力变化规律基本一致,方案 1(先井后隧先施作二衬)和方案 2(先井后隧后施作二衬)在管片侧墙处均为压应力,开挖初期,随着开挖的进行,最小主应力呈逐渐增大的趋势,方案 1 最大达到 4.20MPa,方案 2 最大达到 3.80MPa,随后最小主应力呈缓慢减小的趋势,方案 1 最小主应力最后稳定在 3.28MPa,方案 2 在盾构管片侧墙处的最小主应力最后稳定在 2.83MPa。在开挖初期,先井后隧两种不同施工方案在盾构管片侧墙处的最小主应力基本一致,随着开挖的进行,方案 1 在盾构管片侧墙处的最小主应力大于方案 2 在盾构管片侧墙处的最小主应力。

6.5 现场监测分析

6.5.1 地表监测位移分析

现场监测时,竖井周边地表处监测点布置如图 6-36(a) 所示,分别选取 11 号竖井和 18 号竖井周边地表处监测点,11 号竖井采用先井后隧盾构前施加二衬施工方案,18 号竖井采用先井后隧盾构后施作二衬施工方案,监测点处位移如图 6-56 所示。

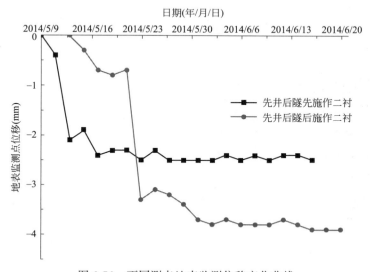

图 6-56　不同测点地表监测位移变化曲线

地表竖向位移以沉降为负,以向上隆起为正,由图 6-56 可以看出,先井后隧两种不同施工方案地表处变形规律基本一致,随着施工的进行,监测点竖向位移先增大,随后慢慢趋于稳定,采用先井后隧先施作二衬的竖井地表处监测点的最大位移稳定在 2.5mm 左右;采用先井后隧后施作二衬的竖井地表处监测点的最大位移稳定在 3.9mm 左右。由于数值计算模拟时考虑因素单一，实际施工现场影响因素却复杂多样，现场监测数据略大于数值计算结果，但是现场监测变形规律与不同施工方案条件下，地表竖向位移变化规律基本一致。

6.5.2 盾构管片监测位移分析

管片的监测点布置如图 6-36(c) 所示，分别选取 11 号竖井和 18 号第一正环管片监测点，11 号竖井采用先井后隧先施作二衬施工方案，18 号竖井采用先井后隧后施作二衬施工方案，管顶处监测点的位移变化如图 6-57 所示。边墙处监测点的位移变化如图 6-58 所示。管底处监测点的位移变化如图 6-59 所示。

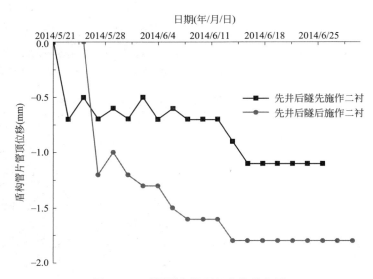

图 6-57　不同测点管顶竖向位移曲线

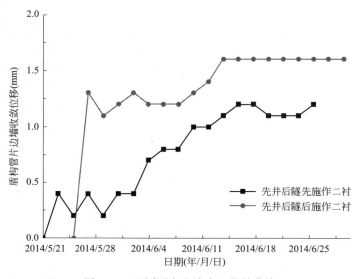

图 6-58　不同测点边墙净空收敛曲线

盾构管片管顶处的竖向位移以沉降为负，以向上隆起为正，由图 6-57 可以看出，先井后隧两种不同施工方案盾构管片管顶处的变形规律基本一致，随着开挖的进行，监测点竖向位移先增大，随后慢慢趋于稳定。采用先井后隧先施作二衬的管片管顶处监测点的最大位移稳定在 1.1mm 左右；采用先井后隧后施作二衬的管片管顶处监测点的最大位移稳定在 1.8mm 左右。

盾构管片收敛以向临空面移动为正，由图 6-58 可以看出，先井后隧两种不同施工方案盾构管片边墙处的变形规律基本一致，随着开挖的进行，监测点边墙收敛位移先增大，随后慢慢趋于稳定。采用先井后隧先施作二衬的管片边墙处监测点的最大位移稳定在 1.2mm 左右；采用先井后隧后施作二衬的管片侧墙处监测点的最大位移稳定在 1.6mm 左右。

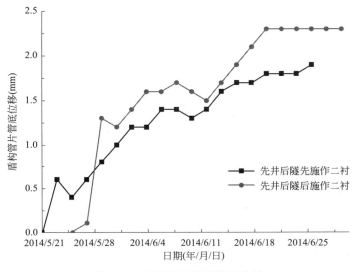

图 6-59　不同测点管底隆起曲线

盾构管片管底竖向位移以沉降为负，以向上隆起为正，由图 6-59 可以看出，先井后隧两种不同施工方案盾构管片管底处的变形规律基本一致，随着开挖的进行，监测点竖向位移先增大，随后慢慢趋于稳定。采用先井后隧先施作二衬的管片管底处监测点的最大位移稳定在 1.8mm 左右；采用先井后隧后施作二衬的管片管底处监测点的最大位移稳定在 2.3mm 左右。

6.6　本章小结

先井后隧两种不同施工方案的优缺点及适用性如表 6-4 所示。

先井后隧施工方案优缺点及适用性　　　　　　　表 6-4

方案	方案描述	技术可行性	适用性	优缺点
方案 1	竖井完成钻孔灌注桩、初衬、二衬施工后，进行盾构机穿越竖井的施工，竖井回填砂至盾构隧道中心处，盾构机无上覆土穿越竖井	技术上可行	对结构受力及地表变形有严格要求，但对工期没有严格要求的工程	对结构受力有利，结构受力变形性能较好；但是增大了盾构机穿越难度，施工工期长
方案 2	竖井完成钻孔灌注桩、初衬施工后，进行盾构机穿越竖井的施工，竖井回填土至盾构隧道顶 3m 处	技术上可行	对结构受力及地表变形要求不严，但对工期有要求的工程	盾构机穿越难度不大，但对结构受力及地表变形控制稍差

由以上分析可知，地表位移、盾构管片不同位置处位移、围护桩侧移值及沉降槽位移均为方案1（先井后隧先施作二衬）的位移小于方案2（先井后隧后施作二衬）的位移。通过分析喷混及管片受力可以看出，先井后隧的两种施工方案中，方案1和方案2的应力水平相比，方案1的应力水平大于方案2的应力水平。从数值计算得到的位移应力曲线可以看出，隧道开挖的影响范围在20个开挖循环左右。方案1（先井后隧先施作二衬）隧道开挖的影响范围小于方案2（先井后隧后施作二衬）隧道开挖的影响范围。

从数值计算结果对比分析可以看出，先井后隧中的两种施工方案中，方案1由于在施工盾构隧道前已经完成竖井二衬施工，当盾构隧道穿越竖井时，竖井结构稳定性较好，方案1的受力变形性能优于方案2的受力变形性能。从施工工期及难易程度分析，方案1前期施工时间较长，而且增大了隧道穿越竖井的难度，后期施工时间短且后期施工步序少，施工简单，热力隧道竖井数量较多，全部采用方案1施工方案施工，不能形成流水作业，造成施工工期长；方案2相对于方案1前期少了施作二衬的时间，但是后期施作二衬时施工难度增加。

由于数值计算模拟时考虑因素单一，实际施工现场影响因素却复杂多样，现场监测数据略大于数值计算结果，但是现场监测变形规律与先井后隧不同施工方案条件下的数值计算结果、位移变形规律基本一致。

结合现场实际监测数据分析可以看出，数值计算所采用的数值计算模型、边界条件假定以及材料参数的赋予比较合理，可以采用本模型对先隧后井施工方案以及盾构管片拆除时的加固范围进行研究。

第 7 章 先隧后井方案施工关键技术

7.1 概述

依托工程的热力检查井中部分竖井采用先隧后井施工方案，先隧后井施工方案包括两种施工方案，一是盾构隧道施工前完成竖井周边围护桩的施作，围护桩为完整的，盾构隧道通过后，围护桩出现断桩；二是盾构隧道施工前未完成竖井周边围护桩的施作，盾构隧道通过后，施作围护桩，盾构隧道正上方的围护桩施工至隧道顶部，出现半桩。先隧后井施工方案盾构隧道可以直接穿过，减少了盾构隧道进出竖井的次数，缩短工期，降低了盾构隧道穿越竖井的风险。但是后续竖井施工步序较多且复杂，施工难度增加[30-32]。本章着重针对先隧后井这两种方案进行数值模拟分析及施工技术总结。

先隧后井施工方案分为方案 3（先隧后井先施作围护桩）和方案 4（先隧后井后施作围护桩），数值计算模型如图 6-29、图 6-30 所示，数值计算过程中，监测点布置示意图如图 6-36 所示，模型参数及边界条件见 6.4.1 节。

为便于数值计算分析，先隧后井施工方案数值模拟中主要考虑如下两种方案：
1）方案 3：先隧后井先施作围护桩；
2）方案 4：先隧后井后施作围护桩。

7.2 先隧后井施工技术

7.2.1 盾构穿越前完成桩基施工的竖井施工技术措施

盾构穿越前完成桩基施工，盾构穿越后进行竖井初衬土方开挖施工，施工步序示意图如图 7-1 所示；由于桩基施工在盾构穿越方向的上、下、左、右 50cm 范围内采用玻璃纤维筋，盾构穿越后，洞口区域出现断桩，竖井施工时，第四道支撑采用如下技术措施：

1）第四道钢支撑的角撑变更为对撑；

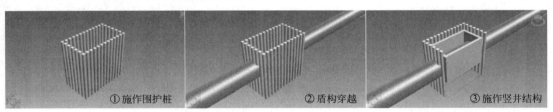

图 7-1 盾构穿越前完成桩基施工施工步序示意图

2) 在竖井四角设 2[25 槽钢对扣的角撑,角撑长度 2.25m,如图 7-2 所示。

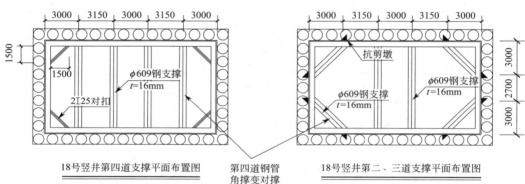

图 7-2 第四道支撑采用的技术措施图

7.2.2 盾构穿越后进行桩基施工的竖井施工技术措施

盾构穿越后进行桩基施工,盾构穿越方向为半截桩,桩底设置在管片顶,桩基没有锚固,在盾构穿越方向的围护结构采用围护桩+钢格栅+钢管撑的围护结构,管片与围护桩的间隙采用锚杆加固。具体处理措施如下:

1) 竖井开挖至管顶时,先在管片两侧进行注浆加固,注浆材料采用水泥浆,注浆深度为竖井封底以下 2m 处,注浆孔深度 9.5m,水平间距 1m,纵向间距 0.6m,呈梅花状布置,如图 7-3 所示。

2) 管片与围护桩的间隙采用锚杆加固,在竖井宽度水平方向进行砂浆锚杆加固,锚杆单根长度为 5m,水平及纵向间距均为 0.5m,呈梅花状布置。锚喷面的水平压筋加长,与竖井长度方向的水平压筋进行焊接牢固,如图 7-4 所示。

3) 在管片底至竖井封底处,采用钢格栅进行初衬加固,初衬厚度 40cm,钢格栅竖向间距 0.6m,每榀钢格栅与围护桩采用 8 个 φ25 膨胀螺栓连接。

施工步骤示意图如图 7-5 所示,竖井加固方式如图 7-6 所示。

第7章 先隧后井方案施工关键技术

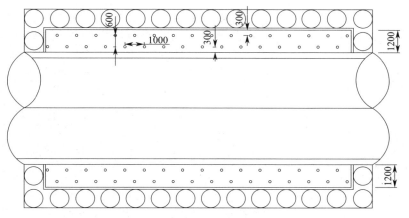

图 7-3 竖井注浆孔平面布置图（26号竖井）

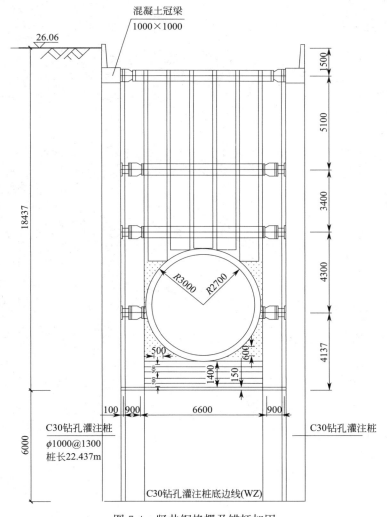

图 7-4 竖井钢格栅及锚杆加固

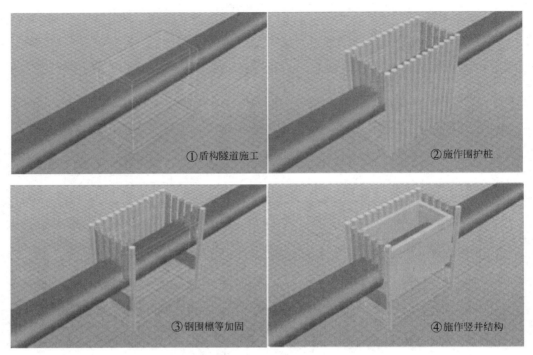

图 7-5 盾构穿越后进行桩基施工的竖井施工步序示意图

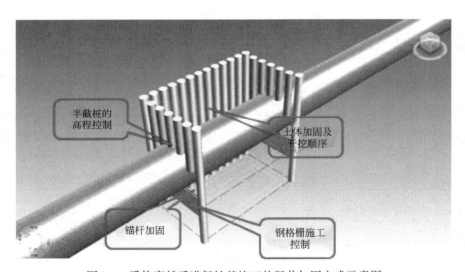

图 7-6 盾构穿越后进行桩基施工的竖井加固方式示意图

4) 锚杆施工应符合以下要求：

(1) 锚杆的构造要求

①锚杆采用 HRB335 级 ϕ25 钢筋，长度 5m。

②锚杆上下排垂直间距 0.5m，水平间距 0.5m。

③锚杆倾角为 12.5°。

④锚杆锚固体采用水泥砂浆，其强度等级不宜低于 M10。

⑤喷射混凝土厚度 10cm。
⑥钢筋网片 $\phi 6.5@150mm \times 150mm$。
⑦注浆压力为 0.6MPa，根据具体情况压力可适当提高。

（2）钻孔与锚杆制作
①钻孔时要保证位置正确（上下左右及角度），防止高低参差不齐和相互交错。
②钻进时要比设计深度多钻进 100～200mm，防止孔深不够。
③锚杆应由专人制作，接长应采用直螺纹对接，为使锚杆置于钻孔的中心，应在锚杆上每隔 1500mm 设置定位器一个；钻孔完毕后应立即安插锚杆以防塌孔。

（3）注浆
①注浆管在使用前应检查有无破裂和堵塞，接口处要牢固，防止注浆压力加大时开裂跑浆；注浆管应随锚杆同时插入，在灌浆过程中看见孔口出浆时再封闭孔口。
②注浆前要用水引路、润湿输浆管道；灌浆后要及时清洗输浆管道、灌浆设备；灌浆后自然养护不少于 7d。

（4）喷射混凝土
①在喷射混凝土前，面层内的钢筋网片牢固固定在边坡壁上并符合规定的保护层厚度的要求。钢筋网片可用插入土中的钢筋固定，在混凝土喷射时应不出现移动。
②钢筋网片焊接而成，网格允许偏差为 10mm；钢筋网铺设时每边的搭接长度不小于一个网格的边长。
③喷射混凝土的配合比应按设计要求通过试验确定，粗骨料最大粒径不宜大于 12mm；喷射混凝土作业，应事先对操作手进行培训，以保证喷射混凝土的水灰比和质量能达到要求；喷射混凝土前，应对机械设备、风、水和电路进行全面检查及试运转；喷射混凝土的喷射顺序应自下而上，喷头与受喷面距离宜控制在 0.8～1.5m，射流方向垂直指向喷射面，但在钢筋部位应先喷填钢筋一方后再侧向喷填钢筋的另一方，防止钢筋背面出现空隙；为保证喷射混凝土厚度达到规定值，可在边壁上垂直插入短的钢筋段作为标志。
④为加强支护效果，在喷射混凝土时可加入 3%～5% 的早强剂；在喷射混凝土初凝 2h 后，方可进行下一道工序，此后应连续喷水养护 5～7d。

7.3　先隧后井方案结构受力变形分析

7.3.1　先隧后井地表位移规律对比分析

先隧后井两种不同的方案全开挖后，$X=0$ 剖面处位移等值线图如图 7-7 所示。

地面沉降控制是所依托工程盾构施工的关键，只有把地面沉降控制在一定范围内，才不会对地面建筑物和地下管线构成危害，才能保证施工的顺利进行。鉴于隧洞上方地面现况交通以及地面建（构）筑物、地下管线的重要性，控制地面沉降是工程的重点，针对先隧后井两种不同的施工方案进行数值模拟，地表位移变化规律如图 7-8 所示。位移曲线中横坐标为计算时间步，表示整个开挖过程。

数值计算时地表监测点布置如图 6-36(a) 所示，先隧后井两种方案，方案 3（先隧后

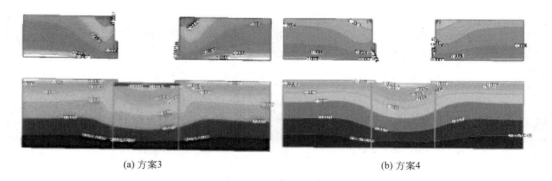

(a) 方案3   (b) 方案4

图 7-7　全开挖位移等值线云图（单位：m）

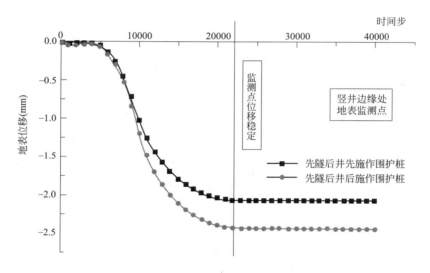

图 7-8　地表位移变化曲线

井先施作围护桩）和方案 4（先隧后井后施作围护桩），两种方案的地表位移变化规律一致。盾构隧道穿越竖井时，方案 3 盾构隧道施工前已经完成围护桩的施作，围护桩为完整围护桩，在开挖过程中，沉降值逐渐增大，沉降值最大达到 2.06mm；方案 4 盾构隧道施工前未完成围护桩的施作，盾构隧道施作完成后，施作围护桩，部分围护桩为半围护桩，在开挖过程中，沉降值逐渐增大，沉降值最大达到 2.43mm。方案 3 地表处的位移小于方案 4 地表处的位移。

7.3.2　先隧后井管片位移规律对比分析

数值计算时，盾构管片采用实体单元模拟，盾构注浆采用壳单元模拟，具体参数见 6.4.1 节，计算过程中在第一正环管片处设监测点，监测点具体位置如图 6-36(c) 所示，先隧后井两种不同施工方案盾构管片边墙、管顶及底部位移变化曲线如图 7-9 所示。

第 7 章 先隧后井方案施工关键技术

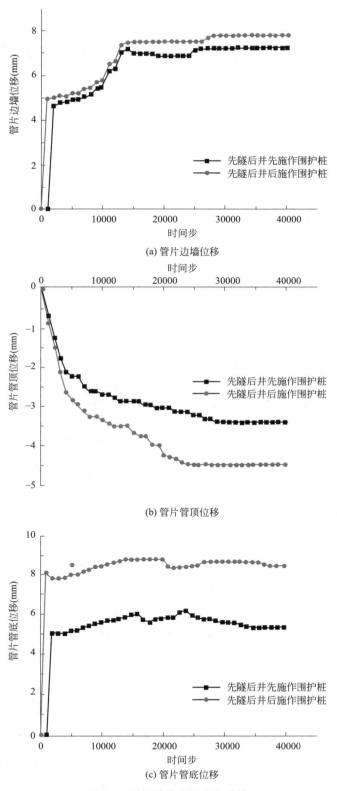

图 7-9 盾构管片位移变化曲线

盾构管片收敛以向临空面移动为正，由图 7-9(a) 盾构管片边墙位移变化曲线可知，方案 3（先隧后井先施作围护桩）随着开挖的进行，盾构管片边墙处的收敛逐步累积，最后稳定在 7.27mm；方案 4（先隧后井后施作围护桩）随着开挖的进行，盾构管片边墙处的收敛逐步累积，最后稳定在 7.78mm。

盾构管片管顶竖向位移以沉降为负，以向上隆起为正，由图 7-9(b) 盾构管片管顶位移变化曲线可知，方案 3（先隧后井先施作围护桩）随着开挖的进行，盾构管片顶部竖向位移逐步累积，最后稳定在 3.4mm；方案 4（先隧后井后施作围护桩）随着开挖的进行，盾构管片顶部竖向位移逐步累积，最后稳定在 4.5mm。

盾构管片管底竖向位移以沉降为负，以向上隆起为正，由图 7-9(c) 盾构管片管底竖向位移变化曲线可知，方案 3（先隧后井先施作围护桩）随着开挖的进行，盾构管片管底处的竖向位移值逐步累积，最后稳定在 5.31mm；方案 4（先隧后井后施作围护桩）随着开挖的进行，盾构管片管底处的竖向位移逐步累积，最后稳定在 8.45mm。

由以上分析可知，在先隧后井两种不同施工方案中，盾构管片不同部位处的位移变化规律一致。方案 3 在第一正环管片管顶、边墙及管底处的位移均小于方案 4。在竖井开挖阶段，盾构管片位移不断增大，随着竖井开挖的完成，管片位移趋于稳定；当进行钢支撑拆除工序时，管片位移有明显增大，随后趋于稳定。

7.3.3 先隧后井围护桩侧移规律对比分析

数值模拟时，围护桩采用桩单元模拟，围护桩数值计算模型及具体参数见 6.4.1 节。模拟过程中对于围护桩的监测点设置在沿隧道轴线一排围护桩正中间的一根围护桩上。单桩的侧移变化规律如图 7-10 所示。

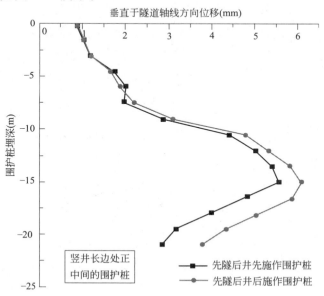

图 7-10　先隧后井施工方案盾构隧道围护桩侧移曲线

规定围护桩向竖井远离方向移动为正，由图 7-10 可知，先隧后井两种方案围护桩侧移变化规律基本一致。围护桩顶部由于设有冠梁连接，围护桩顶部位移比较小，方案 3（先隧后井先施作围护桩）和方案 4（先隧后井后施作围护桩）在围护桩顶部侧移均为 0.89mm。随着围护桩埋深的增大，先隧后井两种方案的侧移也逐步增大，围护桩深度到达盾构隧道底部时，侧移值达到最大，方案 3 侧移值达到 5.55mm，方案 4 侧移值达到 6.08mm。随后侧移值有所减少，方案 3 中围护桩底部位移为 2.86mm，方案 4 中围护桩底部位移为 3.77mm。整个模拟过程中，方案 4 的围护桩侧移值大于方案 3 的围护桩侧移值。

7.3.4 先隧后井沉降槽位移规律对比分析

数值模拟时，沿着模型 X 方向，在 Y＝20 剖面，距离隧道顶部 2m 处设置 45 个监测点。整个数值计算过程中，先隧后井两种方案各个监测点位移及沉降变化规律如图 7-11 所示。沿着隧道轴线方向，在 X＝0 剖面，距离隧道顶部 2m 处，每隔 1m 设置一个监测点，整个数值计算过程中，各监测点水平位移及竖向位移变化规律如图 7-12 所示。

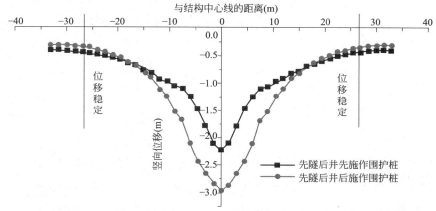

图 7-11　先隧后井施工方案盾构隧道管片上部沉降槽曲线

由图 7-11 可知，先隧后井两种不同方案的沉降值关于模型中轴面，即 YZ 坐标面呈对称分布，先隧后井两种方案沉降槽的变化规律基本一致，在模型中轴面处沉降值最大，方案 3（先隧后井先施作围护桩）在模型中轴面的沉降值达到 2.22mm，方案 4（先隧后井后施作围护桩）在模型中轴面的沉降值达到 2.97mm。随着与结构中心线距离的增大，沉降值越来越小，距离隧道开挖断面 5 倍洞径以外的监测点受隧道开挖的影响很小，基本趋于稳定，在 5 倍洞径以外的范围内，方案 3 基本稳定在 0.40mm，方案 4 基本稳定在 0.31mm。在整个模拟计算过程中，模型中轴面处方案 4 的沉降值大于方案 3 的沉降值。在 3 倍洞径以外的范围内，方案 4 的沉降值小于方案 3 的沉降值。

由图 7-12（a）可以看出，先隧后井施工方案中的两种方案沿隧道轴线方向各监测点水平位移变化规律一致，在竖井边缘处水平位移最大，随着距竖井边缘的距离增大，水平位移变小，随后逐渐趋于稳定。规定向竖井临空面移动为负，反之为正。方案 3（先隧后井先施作围护桩）沿隧道轴线方向监测点的水平位移（最大为 4.84mm）大于方案 4（先隧后井后施作围护桩）的水平位移（最大为 3.64mm），方案 3 的水平位移增长速率大于方案 4 的水平位移增长速率。由于方案 4 在竖井开挖时对竖井下半部分周围的围岩进行多种方式加固，采用方案 4 进行竖井开挖对围岩的影响范围小于方案 3 的影响范围，影响范围在 18m 左右。

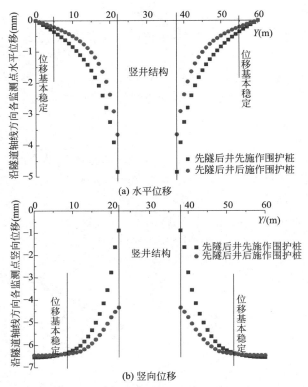

图 7-12 先隧后井管片上部沿隧道轴线方向各监测点位移曲线

由图 7-12（b）可以看出，先隧后井施工方案中的两种方案沿隧道轴线方向各监测点竖向位移变化规律一致，在竖井边缘处竖向位移最小，随着距竖井边缘的距离增大，竖向位移变大，随后逐渐趋于稳定。规定沉降为负，隆起为正。方案 3（先隧后井先施作围护桩）沿隧道轴线方向监测点的竖向位移增长速率大于方案 4（先隧后井后施作围护桩）的竖向位移增长速率。由于方案 4 在竖井开挖时对竖井下半部分周围的围岩进行多种方式加固，采用方案 4 进行竖井开挖对围岩的影响范围小于方案 3 的影响范围，影响范围在 18m 左右。

7.3.5 先隧后井地表应力规律对比分析

施工过程中，结构受力情况也是评价结构是否安全的一个评价指标，本书通过数值模拟方法分析先隧后井两种不同施工方案的结构受力。先隧后井两种不同的方案全开挖后，$X=0$ 剖面处最大主应力等值线图如图 7-13 所示。应力曲线中横坐标为计算时间步，表示整个开挖过程。

应力水平也是所依托工程盾构施工的关键，只有把受力控制在一定范围内，才能保证结构的安全，以及施工的顺利进行。针对先隧后井两种施工方案进行数值模拟，地表应力变化规律如图 7-14 所示。

由图 7-13 及图 7-14 可知，地表处的应力水平比较低。先隧后井两种方案主应力均为压应力，主应力变化规律基本一致，开挖计算在 20000 步左右时，监测点处主应力趋于稳定。方案 3（先隧后井先施作围护桩）的最大主应力最后稳定在 0.14MPa，最小主应力最后稳定在 0.33MPa；方案 4（先隧后井后施作围护桩）的最大主应力最后稳定在 0.19MPa，最小主应力最后稳定在 0.40MPa。方案 4 先隧后井先施作围护桩的主应力水平

第 7 章 先隧后井方案施工关键技术

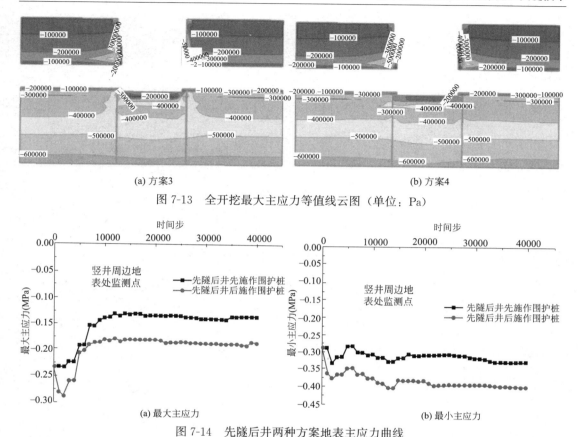

(a) 方案3　　　　　　　　　　　　　(b) 方案4

图 7-13　全开挖最大主应力等值线云图（单位：Pa）

图 7-14　先隧后井两种方案地表主应力曲线

高于方案 3 先隧后井后施作围护桩的主应力水平。

7.3.6　先隧后井管片应力规律对比分析

数值模拟时，管片采用实体单元模拟。模拟过程中对于喷混的监测点设置如图 6-36（c）所示。先隧后井两种不同方案盾构隧道第一正环最大主应力云图和最小主应力云图如表 7-1 所示。先隧后井两种不同方案盾构管片管顶处主应力曲线如图 7-15 所示，先隧后井两种不同方案盾构管片侧墙处主应力曲线如图 7-16 所示。

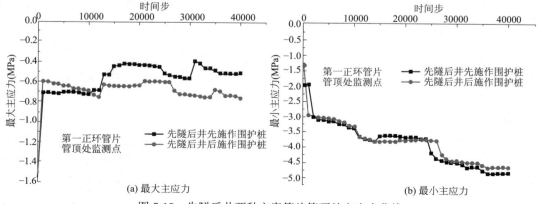

图 7-15　先隧后井两种方案管片管顶处主应力曲线

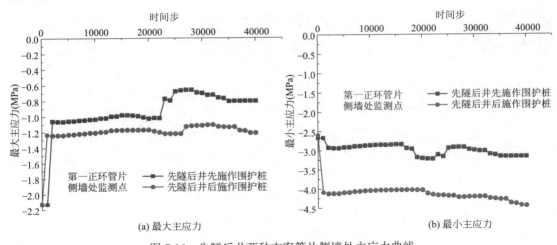

(a) 最大主应力   (b) 最小主应力

图 7-16 先隧后井两种方案管片侧墙处主应力曲线

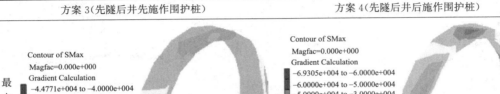

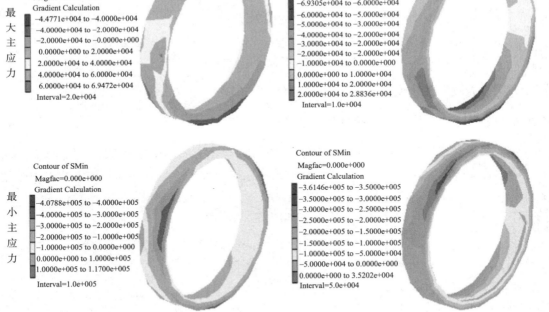

由图 7-15（a）可以看出，先隧后井两种不同方案在盾构管片管顶处的最大主应力变化规律基本一致，方案 3（先隧后井先施作围护桩）和方案 4（先隧后井后施作围护桩）在整个模拟过程中均为压应力，随着开挖的进行，最大主应力呈缓慢减小的趋势，方案 3 最大主应力最后稳定在 0.51MPa，方案 4 最大主应力最后稳定在 0.73MPa。在开挖初期，方案 3 在管片管顶处的最大主应力大于方案 4；随着开挖的进行，方案 3 在管片管顶处的

最大主应力小于方案 4 在管片管顶处的最大主应力。

由图 7-15（b）可以看出，先隧后井两种不同方案在盾构管片管顶处的最小主应力变化规律基本一致。方案 3（先隧后井先施作围护桩）和方案 4（先隧后井后施作围护桩）在盾构管片管顶处的最小主应力变化规律基本一致，两种方案在开挖过程中均为压应力，随着开挖的进行，最小主应力呈逐渐增大的趋势，方案 3 最小主应力最后稳定在 4.83MPa，方案 4 最小主应力最后稳定在 4.62MPa。在开挖过程中，方案 3 在管片管顶处的最小主应力大于方案 4 在管片管顶处的最小主应力。

由图 7-16（a）可以看出，先隧后井两种不同的施工方案在盾构管片侧墙处的最大主应力变化规律基本一致，两种方案在整个模拟过程中均为压应力，随着开挖的进行，最大主应力呈缓慢减小的趋势，方案 3（先隧后井先施作围护桩）最大主应力最后稳定在 0.80MPa，方案 4（先隧后井后施作围护桩）最大主应力最后稳定在 1.21MPa。在整个模拟过程中，方案 4 在管片侧墙处的最大主应力大于方案 3 在管片侧墙处的最大主应力。

由图 7-16（b）可以看出，先隧后井两种不同的施工方案在盾构管片侧墙处的最小主应力变化规律基本一致，两种方案在整个模拟过程中均为压应力，随着开挖的进行，最小主应力呈逐渐增大的趋势，方案 3 最小主应力最后稳定在 3.16MPa，方案 4 最小主应力最后稳定在 4.44MPa。在整个模拟开挖过程中，方案 4 在管片侧墙处的最小主应力大于方案 3 在管片侧墙处的最小主应力。

7.4 现场监测分析

7.4.1 地表监测位移分析

现场监测时，竖井周边地表处监测点布置如图 6-36（a）所示，分别选取 24 号竖井和 26 号竖井周边地表处监测点，24 号竖井采用先隧后井先施作围护桩施工方案，26 号竖井采用先隧后井后施作围护桩施工方案，监测点处位移变化规律如图 7-17 所示。

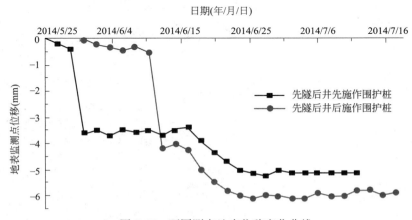

图 7-17 不同测点地表位移变化曲线

地表竖向位移以沉降为负，以向上隆起为正，由图 7-17 可以看出，先隧后井两种不同施工方案地表处变形规律基本一致，随着施工的进行，监测点竖向位移先增大，随后慢慢趋于稳定，采用先隧后井先施作围护桩的竖井地表处监测点的最大位移稳定在4.7mm左右；采用先隧后井后施作围护桩的竖井地表处监测点的最大位移稳定在5.4mm左右。由于数值计算模拟时考虑因素单一，实际施工现场影响因素却复杂多样，现场监测数据略大于数值计算结果，但是现场监测变形规律与不同施工方案条件下，地表竖向位移变化规律基本一致。

7.4.2 盾构管片监测位移分析

现场监测时，管片的监测点布置如图6-36（c）所示，分别选取24号竖井和26号竖井第一正环管片监测点，24号竖井采用先隧后井先施作围护桩施工方案，26号竖井采用先隧后井后施作围护桩施工方案，管顶处监测点的位移变化规律如图7-18所示。边墙处监测点的位移变化规律如图7-19所示。

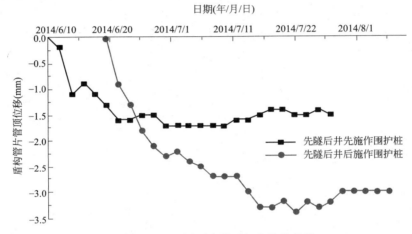

图7-18 不同测点管顶竖向位移曲线

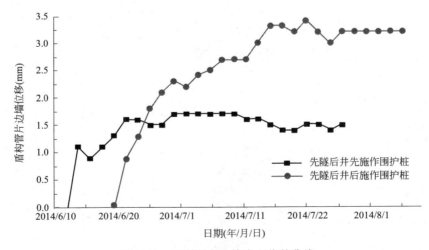

图7-19 不同测点边墙净空收敛曲线

盾构管片管顶处的竖向位移以沉降为负，以向上隆起为正，由图7-18可以看出，先隧后井两种不同施工方案盾构管片管顶处的变形规律基本一致，随着开挖的进行，监测点竖向位移先增大，随后慢慢趋于稳定。采用先隧后井先施作围护桩的管片管顶处监测点的最大位移稳定在 1.5mm 左右；采用先隧后井后施作围护桩的管片管顶处监测点的最大位移稳定在 3.0mm 左右。

盾构管片收敛以向临空面移动为正，由图 7-19 可以看出，先隧后井两种不同施工方案盾构管片边墙处的变形规律基本一致，随着开挖的进行，监测点竖向位移先增大，随后慢慢趋于稳定。采用先隧后井先施作围护桩的管片边墙处监测点的最大位移稳定在 1.5mm 左右；采用先隧后井后施作围护桩的管片边墙处监测点的最大位移稳定在 3.2mm 左右。

7.5 本章小结

先隧后井两种不同施工方案的优缺点及适用性如表 7-2 所示。

先隧后井施工方案对比　　　　　　表 7-2

方案	方案描述	技术可行性	适用性	优缺点
方案 3	盾构穿越前完成桩基施工，盾构穿越后进行竖井初衬土方开挖施工	技术上可行	对结构受力及地表变形要求不严，要求盾构连续施工的工程	盾构隧道能够快速通过，隧道施工方便，但是增加了后期竖井施工难度
方案 4	盾构穿越后进行桩基施工，盾构穿越方向的桩基设置在管片顶，在盾构穿越方向的围护结构采用围护桩＋钢格栅＋钢管撑的围护结构，管片与围护桩的间隙采用锚杆加固	技术上可行	对结构受力及地表变形要求不严，来不及施工竖井结构的工程	盾构隧道能够快速通过，隧道施工方便，但是增加了后期竖井施工难度，尤其是围护桩出现半桩的部分，桩底高程控制及加固处理的施工难度较大

综上所述，地表位移、盾构管片不同位置处位移及围护桩侧移值均为方案 3（先隧后井先施作围护桩）的位移小于方案 4（先隧后井后施作围护桩）的位移。由于方案 4 在竖井开挖时对竖井下半部分周围的围岩进行多种方式加固，方案 4 沿隧道轴线方向的位移变化速率小于方案 3 的位移变化速率。通过分析地表及管片受力可以看出，先隧后井的两种施工方案中，方案 3 和方案 4 的应力水平相比，方案 4 的应力水平大于方案 3 的应力水平。

先隧后井中的两种施工方案，方案 4 中部分围护桩施工至隧道管片顶部，出现半桩，受力变形性能相对方案 3 较差。从施工工期及难易程度分析，方案 3 在隧道施工前只做了围护桩结构，节约一定的前期施工时间，但后期施工步序繁杂；方案 4 盾构隧道直接通过，之后再进行竖井结构施工，围护桩出现半桩后，在隧道下方要采取锚杆注浆、钢围檩加固等一系列加固措施，施工难度较大。建议尽量避免方案 4（先隧后井后施作围护桩）施工方案。

由于数值计算模拟时考虑因素单一，实际施工现场影响因素复杂多样，现场监测数据略大于数值计算结果，但是现场监测变形规律与先井后隧不同施工方案条件下的数值计算结果、位移变形规律基本一致。

　　结合现场实际监测数据分析可以看出，数值计算所采用的数值计算模型、边界条件假定以及材料参数的赋予比较合理，可以采用本模型对盾构管片拆除时加固范围进行研究。

第8章 热力竖井段管片保护性拆除施工技术

8.1 管片拆除施工技术

依托热力隧道工程全线一共有竖井 18 座,盾构先行后开挖热力检查井共有盾构穿越前完成竖井桩基施工、盾构穿越后进行竖井桩基施工两种工况,均须对检查井位置的盾构管片进行保护性拆除。竖井内需要拆除的管片环数量为 167 环,竖井内负环管片拼装示意图如图 8-1 所示,管片拆除时,先将 C 块吊装孔打穿,用特制吊装螺栓安装在 C 块的吊装孔(手孔)上,起吊钩的作用,再将特制吊装螺栓装在吊车的钢丝吊绳上。缓慢起吊钢丝绳,使钢丝绳处于拉直但 C 块不受拉力状态,卸除纵向连接螺栓螺母,并用管片螺栓作为顶出工具,用铁锤击打管片螺栓,从而顶出纵向连接螺栓。再分别卸除两侧环向连接螺母,用同样方法取出环向连接螺栓。再垂直提升吊钩将其吊至地面。C 块拆除后,再按由上至下的顺序拆除 B1、B2 块。拆除 B1、B2 块方法同拆除 C 块。为了安全稳当,最后一根(或两根)环向螺栓不宜全部取出,可在剩余 1/4~1/3 处时,利用提升吊钩将其拉出。拆除 A3 块前,竖井进行土方开挖至管片接缝部位,拆除 A3 块时,用 2 根特制吊装螺栓安装在 A3 块上部环向连接螺栓孔作为吊钩吊出。连接螺栓取出办法和拆除 B1、B2 块相同。拆除 A1 块的方法和拆除 C 块相同。最后拆除 A2 块,因为 A2 块在最底部,拆除方法和拆除 B1、B2 块相同。竖井内管片拆除的施工步序如图 8-2 所示[29]。

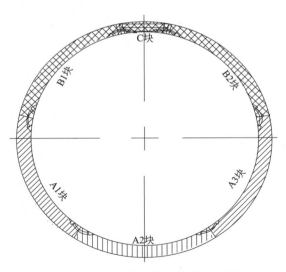

图 8-1 竖井内负环管片拼装示意图

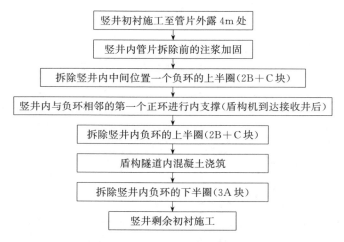

图 8-2 竖井内管片拆除的施工步序

8.2 管片保护性拆除方案研究

8.2.1 临近拆除段的管片支撑方案分析

进行管片拆除时,要保证管片以及围岩的变形在允许范围内,并且保证合理的结构受力。因此,为了降低应力集中现象、减少对管片结构的扰动,需要选用合理的管片支撑体系。管片支撑体系应该遵循以下原则:

1)保证隧道内部足够的作业空间,尽量减少竖井内管片拆除对邻近隧道管片的影响;
2)支撑构件尽量标准化,具有良好的操作性;
3)能够保证结构的整体稳定性,传力明确;
4)对邻近管片有一定的约束力,有效抑制管片的松弛和变形;
5)支撑体系可以随时调节以满足施工过程中变化的要求;
6)经济实用。

参照国内外相关工程实例,管片支撑材料以型钢为主,主要支撑结构形式如图 8-3 所示。

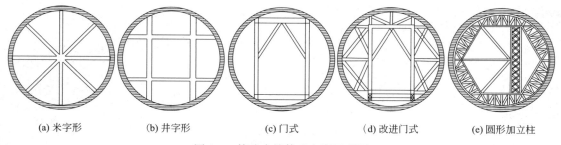

(a) 米字形　　(b) 井字形　　(c) 门式　　(d) 改进门式　　(e) 圆形加立柱

图 8-3 管片支撑体系方案示意图

图 8-3(a)为米字形管片支撑方案,曾经在隧道联络通道处应用较多。该方案优点为单一的结构形式,传力较明确;杆件角度及长度在施工过程中可以灵活调整。能够保证在

管片拆除时与管片的密贴和顶紧。缺点是因支撑杆件较长，因此，支撑过程中的稳定性需要验证；管片拆除过程中引起的不平衡荷载较大，由于支撑和管片的接触点较少，使用此种方案时，要验证管片拆除过程中管片变形的约束。

图 8-3 (b) 为井字形支撑方案，该方案结构形式单一，传力也很明确；杆件长度及拼装位置在管片拆除过程中都可以灵活调整，保证了支撑杆件构件的标准化以及施工作业的标准化，能够保证与管片的密贴顶紧。与米字形支撑方案相比杆件长度稍短，支撑杆件的稳定性优于米字形支撑。

图 8-3 (c) 为门式支撑方案，该方案优点是杆件形式简单，结构传力路径明确，可以保证隧道内部足够的作业空间。应用在盾构隧道时，盾构管片基本都是钢筋混凝土，因接触点较少，应力集中现象明显。

图 8-3 (d) 为改进的门式支撑方案，此方案在门式支撑方案的基础上增加了一些杆件，结构形式与门式支撑方案相比较复杂，但是增多了支撑杆件和管片的接触点，能够有效减少应力集中现象，对于管片拆除过程中限制邻近管片的变形和结构整体受力都较有利。

图 8-3 (e) 为圆形加立柱支撑方案，该方案杆件非常多，不利于支撑构件施工的标准化，施工过程中灵活性较差。但是支撑杆件和管片几乎达到了面接触的程度，充分增大了接触面积，具有优越的限制管片变形能力，减少了施工过程中的应力集中现象。

8.2.2 管片保护性拆除施工技术

竖井内管片拆除前对管片周围进行注浆加固，加固范围长度为竖井宽度+左右侧加固区管片环的长度，注浆位置为盾构隧道上、下、左、右各 3m 区域内进行注浆，注浆材料采用水泥-水玻璃双浆液。加固后的土体无侧限抗压强度不低于 0.8MPa，渗透系数 $\leqslant 1.0 \times 10^{-7}$ cm/s，拆除管片段注浆加固区剖面示意图如图 8-4 所示。

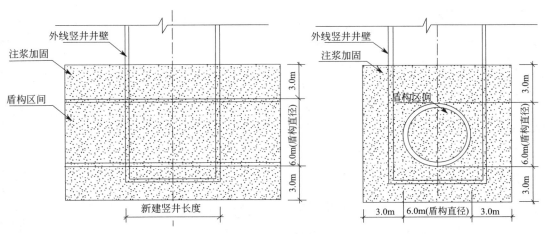

图 8-4 拆除管片段注浆加固区剖面示意图

地面注浆孔设置在盾构隧道的两侧，注浆孔水平及纵向间距均为 1m，呈梅花形布置，竖井内管片拆除前盾构隧道加固的注浆孔平面布置图如图 8-5 所示，为保证盾构隧道注浆加固的效果，在竖井内盾构隧道外露 4m 的部位采用水平注浆加固的措施，盾构隧道外露

4m 处设置两排注浆孔，水平间距 1m，排距 0.5m，竖井内盾构隧道加固注浆孔布置图如图 8-6 所示。

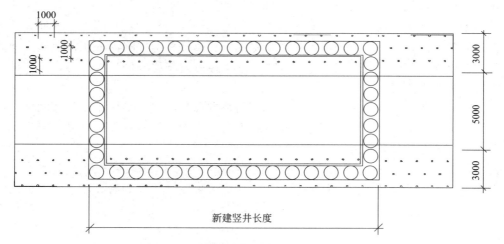

图 8-5　盾构隧道加固注浆孔平面布置图

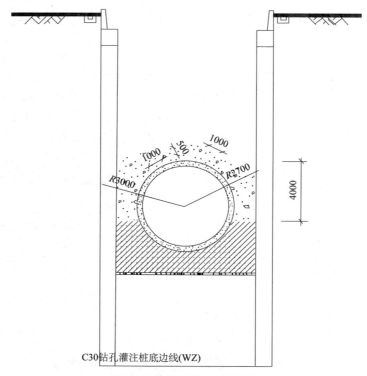

图 8-6　竖井内盾构隧道加固注浆孔布置图

通过 8.2.1 节对不同管片支撑形式的对比分析可知，在管片拆除过程中，邻近管片支撑形式采用井字形支撑方案。与竖井内负环相邻的第一个正环采用井字形的型钢支撑，横向采用工25b，纵向采用工40b，支撑的作用体现在拆除负环的过程中限制管片的继续变形，具体支撑措施如图 8-7 所示。

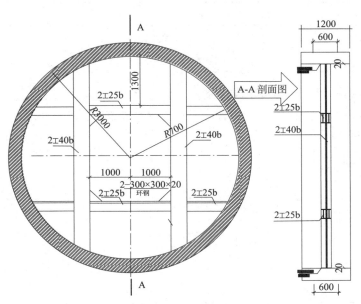

图 8-7　相邻环钢支撑布置图

竖井内管片拆除前盾构隧道注浆施工工艺如图 8-8 所示。

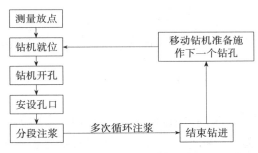

图 8-8　管片拆除前盾构隧道注浆施工工艺

经过小导管注浆试验，确定在粉质黏土及较密实粉细砂地带采用注浆浆液为水泥-水玻璃双液浆。注浆原材料包括：水泥（42.5级普通硅酸盐水泥）、水玻璃（模数2.2～2.8，浓度40Be'），1.5∶1水泥浆＋30 Be'水玻璃（水泥浆与水玻璃体积比1∶1）。钻孔按照施工工艺（图 8-8）进行，钻孔完成后即进行该孔的注浆，注浆量可按式（8-1）计算。

$$L = V \times n \times a(1+\beta) \tag{8-1}$$

式中，L——注浆量（m^3）；

V——注浆范围土体体积（m^3）；

n——地层（粉质黏土和粉细砂层）孔隙率；

a——浆液充填系数，0.7～0.9，取 0.8；

β——浆液损失率：10%～30%，取 20%；$n \times a (1+\beta)$ 统称为填充率，填充率按表 8-1 选用。

不同地质条件填充率选用表 表8-1

序号	地质条件	填充率(%)
1	粉质黏土、砂土	20~25
2	粉细砂、砂层	40~45

当达到以下条件之一，即可结束注浆：（1）注浆压力达到注浆终压；（2）注浆压力上升缓慢，当注浆量达到设计要求，并确认未发生跑浆或漏浆。

压力的选定有以下两种方法：

1. 根据注浆处地层深度计算

$$P = KH \quad (8-2)$$

式中，P——设计注浆压力（终压值）（MPa）；

H——注浆处深度（m）；

K——由注浆深度确定的压力系数。

注浆处深度与压力系数关系见表8-2。

注浆处深度与压力系数关系 表8-2

注浆深度(m)	<10	10~12	12~16	16~20	>20
K	0.023~0.021	0.021~0.020	0.020~0.018	0.018~0.016	0.016

2. 根据地层渗透系数情况确定

根据地层渗透系数情况及浆液注入量情况，注浆压力一般选用0.3~0.5MPa。

8.3 不同加固范围结构位移分析

管片拆除前需要对相应区域进行加固，盾构管片加固方案如第8.2.2节所述，本节主要针对不同加固范围进行数值模拟计算分析，数值计算模型如图8-9所示，注浆加固通过改变实体单元参数来实现，正环井字形钢支撑采用梁单元模拟。竖井内管片拆除前盾构管片的加固范围为竖井内两侧与负环相邻的正环管片环，本节数值计算主要模拟4种不同加固范围，4种不同加固范围分别为与负环相连接的2环正环管片、4环正环管片、6环正环管片以及8环正环管片，具体加固位置如图8-10所示。

8.3.1 不同加固范围地表位移规律对比分析

分别对4种不同加固范围方案进行数值模拟，得到不同加固范围位移等值线云图，如图8-11所示。数值模拟过程中，地表监测点布置在隧道轴线上方竖井短边边缘处，不同加固长度地表位移曲线如图8-12所示。

地表处的位移以向下沉降为负，向上隆起为正，由图8-12可以看出，4种不同加固范围的地表位移变化规律一致，在管片拆除初期，地表先有沉降，沉降逐渐增大，加固2环管片长度的沉降值最大达到0.73mm，加固4环管片长度的沉降值最大达到0.61mm，

第 8 章 热力竖井段管片保护性拆除施工技术

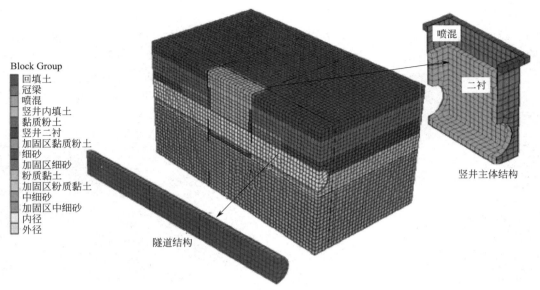

图 8-9 不同加固范围数值计算模型图

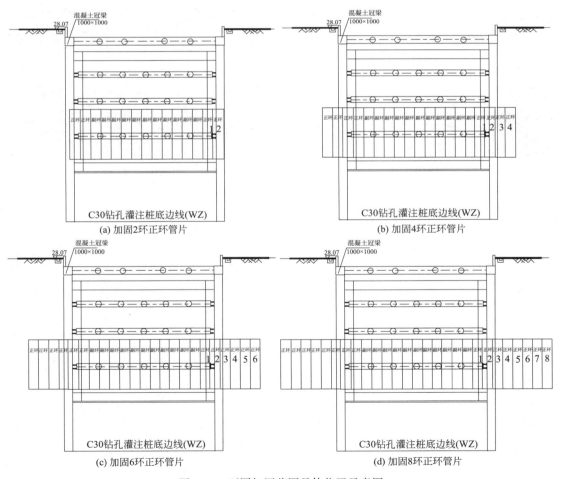

图 8-10 不同加固范围具体位置示意图

加固 6 环管片长度的沉降值最大达到 0.53mm，加固 8 环管片长度的沉降值最大达到 0.48mm；随着管片的拆除及钢支撑的施加，地表处的位移由沉降逐步变为隆起，加固 2 环管片长度的隆起值最大达到 0.79mm，加固 4 环管片长度的隆起值最大达到 0.72mm，加固 6 环管片长度的隆起值最大达到 0.61mm，加固 8 环管片长度的隆起值最大达到 0.61mm。加固 2 环管片长度地表处位移最大，加固 4 环管片长度地表处位移次之，加固 8 环管片长度地表处位移最小。

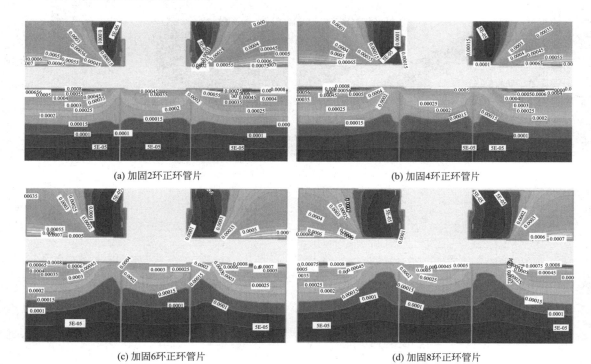

图 8-11　不同加固长度位移等值线云图（单位：m）

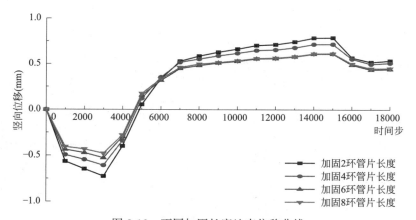

图 8-12　不同加固长度地表位移曲线

8.3.2 不同加固范围管片位移规律对比分析

数值计算过程中，管片处的监测点布置如图 6-36（c）所示，不同加固长度管片边墙水平收敛曲线如图 8-13 所示，不同加固长度管片管顶位移曲线如图 8-14 所示，不同加固长度管片管底位移曲线如图 8-15 所示。

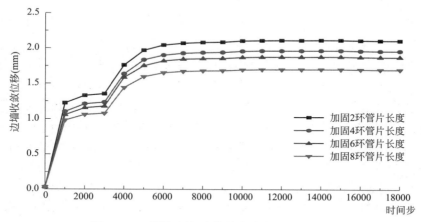

图 8-13 不同加固长度管片边墙水平收敛曲线

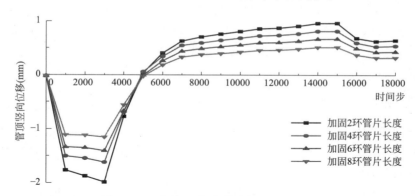

图 8-14 不同加固长度管片管顶位移曲线

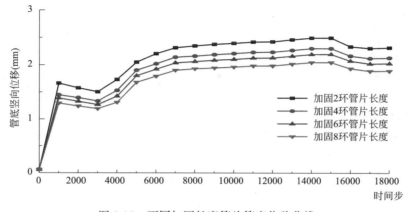

图 8-15 不同加固长度管片管底位移曲线

管片边墙收敛以向临空面移动为正，由图 8-13 可以看出，4 种不同加固范围的边墙收敛变化规律一致，在管片拆除过程中，收敛值逐渐增大，加固 2 环管片长度的收敛值最大达到 2.11mm，加固 4 环管片长度的收敛值最大达到 1.97mm，加固 6 环管片长度的收敛值最大达到 1.88mm，加固 8 环管片长度的收敛值最大达到 1.70mm。加固 2 环管片长度边墙收敛值最大，加固 4 环管片长度边墙收敛值次之，加固 8 环管片长度边墙收敛值最小。

盾构管片管顶处的位移以向下沉降为负，向上隆起为正，由图 8-14 可以看出，4 种不同加固范围的盾构管片管顶处位移变化规律一致，在管片拆除初期，盾构管片管顶先有沉降，沉降逐渐增大，加固 2 环管片长度的沉降值最大达到 1.99mm，加固 4 环管片长度的沉降值最大达到 1.62mm，加固 6 环管片长度的沉降值最大达到 1.41mm，加固 8 环管片长度的沉降值最大达到 1.15mm；随着管片的拆除及钢支撑的施加，盾构管片管顶处的位移由沉降逐步变为隆起，加固 2 环管片长度的隆起值最大达到 0.96mm，加固 4 环管片长度的隆起值最大达到 0.82mm，加固 6 环管片长度的隆起值最大达到 0.67mm，加固 8 环管片长度的隆起值最大达到 0.51mm。加固 2 环管片长度盾构管片管顶处位移最大，加固 4 环管片长度盾构管片管顶处位移次之，加固 8 环管片长度盾构管片管顶处位移最小。

管片管底处位移以向上隆起为正，由图 8-15 可以看出，4 种不同加固范围的管底位移变化规律一致，在管片拆除过程中，向上隆起值逐渐增大，加固 2 环管片长度的隆起值最大达到 2.50mm，加固 4 环管片长度的隆起值最大达到 2.30mm，加固 6 环管片长度的隆起值最大达到 2.20mm，加固 8 环管片长度的隆起值最大达到 2.05mm。加固 2 环管片长度管底隆起值最大，加固 4 环管片长度管底隆起值次之，加固 8 环管片长度管底隆起值最小。

8.3.3　不同加固范围围护桩侧移规律对比分析

数值模拟时，围护桩采用桩单元模拟，围护桩数值计算模型及具体参数见第 6.4.1 节所述。模拟过程中围护桩的监测点设置在沿隧道轴线一排围护桩正中间的一根围护桩上。单桩的侧移变化规律如图 8-16 所示。

规定围护桩向竖井远离方向移动为正，由图 8-16 可知，4 种不同加固范围围护桩侧移变化规律基本一致。围护桩顶部由于设有冠梁连接，围护桩顶部位移比较小，加固 2 环管片长度围护桩顶部侧移值为 0.40mm，加固 4 环管片长度围护桩顶部侧移值为 0.36mm，加固 6 环管片长度围护桩顶部侧移值为 0.33mm，加固 8 环管片长度围护桩顶部侧移值为 0.31mm。随着围护桩埋深的增大，4 种不同加固范围的侧移值也逐步增大，围护桩深度到达盾构隧道底部时，侧移值达到最大，加固 2 环管片长度侧移值达到 4.98mm，加固 4 环管片长度侧移值达到 4.70mm，加固 6 环管片长度侧移值达到 4.47mm，加固 8 环管片长度侧移值达到 4.26mm。随后侧移值有所减少，加固 2 环管片长度围护桩底部侧移值为 4.55mm，加固 4 环管片长度围护桩底部侧移值为 4.31mm，加固 6 环管片长度围护桩底部侧移值为 4.10mm，加固 8 环管片长度围护桩底部侧移值为 3.91mm。整个模拟过程中，加固 2 环管片长度的围护桩侧移值最大，加固 4 环管片长度的围护桩侧移值次之，加固 8 环管片长度的围护桩侧移值最小。

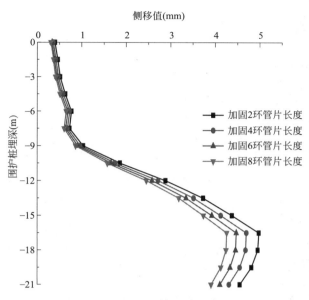

图 8-16　不同加固长度盾构隧道围护桩侧移曲线

8.3.4　不同加固范围沉降槽位移规律对比分析

数值模拟时，沿着隧道轴线方向，在 $X=0$ 剖面，距离隧道顶部 1m 处，每隔 1m 设置一个监测点。整个数值计算过程中，不同加固长度沿隧道轴线方向各个监测点的水平位移变化规律如图 8-17 所示。

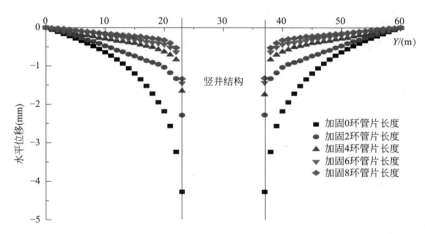

图 8-17　不同加固长度各个监测点沿隧道轴线方向水平位移曲线

由图 8-17 可以看出，盾构管片拆除过程中，不同加固长度方案在沿隧道方向各个监测点的水平位移变化规律基本一致，在竖井边缘处水平位移最大，随着距竖井边缘距离的增大，水平位移逐渐变小，随后趋于稳定。随着加固长度的增大，水平位移逐渐变小，管片拆除的影响范围也逐渐减小。

8.4 不同加固范围结构应力分析

8.4.1 不同加固范围地表应力规律对比分析

分别对 4 种不同加固范围方案进行数值模拟，得到不同加固范围最大主应力等值线云图，如图 8-18 所示。

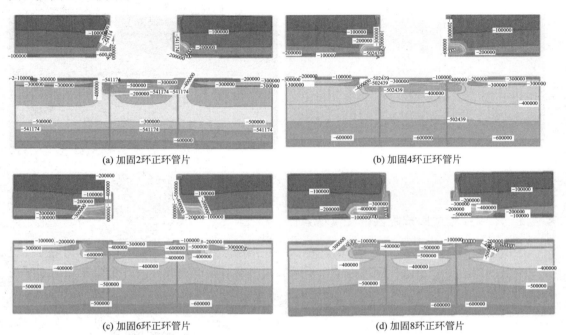

图 8-18　不同加固长度最大主应力等值线云图（单位：Pa）

应力水平也是所依托工程盾构施工的关键，只有把受力控制在一定范围内，才能保证结构的安全和施工的顺利进行。针对 4 种加固范围进行数值模拟，地表应力变化规律如图 8-19 所示。

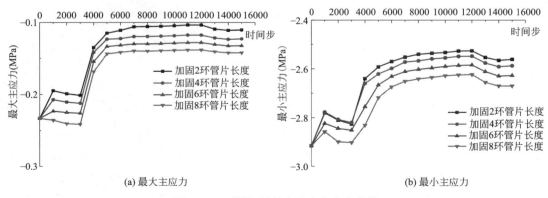

图 8-19　不同加固长度地表主应力曲线

由应力等值线云图 8-18 及主应力曲线图 8-19 可知，地表处的应力水平比较低。4 种加固范围主应力均为压应力，加固 8 环管片长度的最小主应力水平最高，加固 6 环管片长度的最小主应力水平次之，加固 2 环管片长度的最小主应力水平最低。加固 8 环管片长度的最大主应力水平最高，加固 6 环管片长度的最大主应力水平次之，加固 2 环管片长度的最大主应力水平最低。

8.4.2 不同加固范围喷混应力规律对比分析

喷混采用实体单元模拟。模拟过程中喷混的监测点设置如图 6-36（b）所示。4 种方案喷混主应力云图如表 8-3 所示，4 种方案管片侧墙处喷混主应力曲线如图 8-20 所示，4 种方案管片管顶处喷混主应力曲线图 8-21 所示，4 种方案管片管底处喷混主应力曲线如图 8-22 所示。

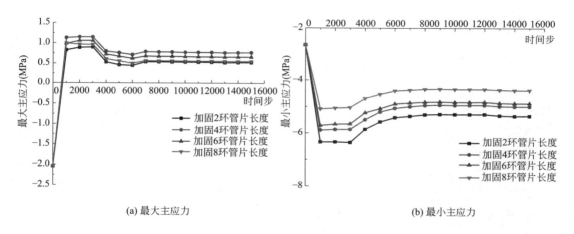

图 8-20　不同加固长度管片侧墙处喷混主应力曲线

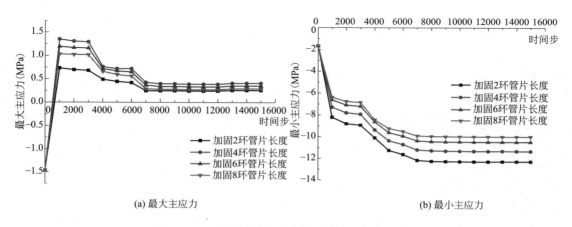

图 8-21　不同加固长度管片管顶处喷混主应力曲线

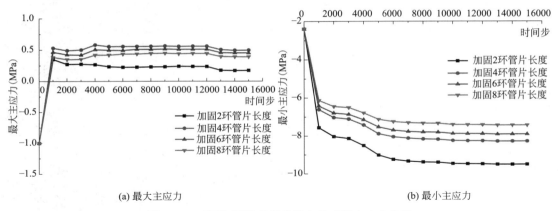

(a) 最大主应力　　　　　　　　　　(b) 最小主应力

图 8-22　不同加固长度管片管底处喷混主应力曲线

不同加固长度喷混主应力云图（单位：Pa）　　　　表 8-3

最大主应力	最小主应力

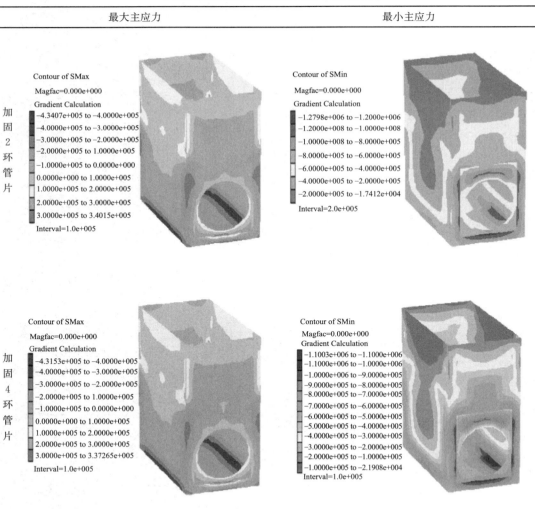

续表

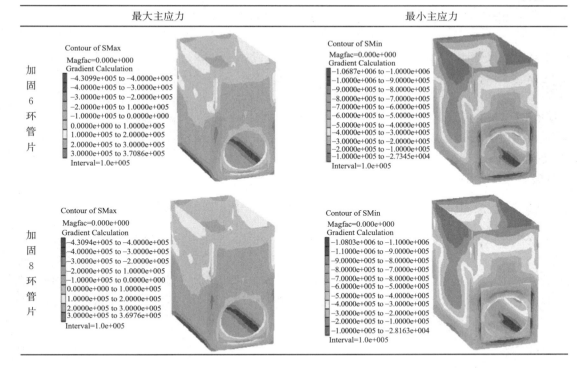

由图 8-20 可以看出，不同加固长度管片侧墙处喷混主应力变化规律一致，开挖初期，4 种不同加固范围在管片侧墙处喷混的最大主应力均为压应力，应力水平基本一致，随着管片的拆除，最大主应力逐渐由压应力转变为拉应力。加固 4 环管片长度的最大主应力水平最高，最大值为 1.15MPa 的拉应力；加固 6 环管片长度的最大主应力水平次之，最大值为 1.06MPa 的拉应力；加固 8 环管片长度的最大主应力最大值为 1.00MPa 的拉应力；加固 2 环管片长度的最大主应力水平最低，最大值为 0.90MPa 的拉应力。4 种不同加固范围在管片侧墙处喷混的最小主应力均为压应力。加固 2 环管片长度的最小主应力水平最高，最大值为 6.36MPa 的压应力；加固 4 环管片长度的最小主应力水平次之，最大值为 5.89MPa 的压应力；加固 6 环管片长度的最小主应力最大值为 5.71MPa 的压应力；加固 8 环管片长度的最小主应力水平最低，最大值为 5.09MPa 的压应力。

由图 8-21 可以看出，不同加固长度管片管顶处喷混主应力变化规律一致，开挖初期，4 种不同加固范围在管片管顶处喷混的最大主应力均为压应力，应力水平基本一致，随着管片的拆除，最大主应力逐渐由压应力转变为拉应力。加固 4 环管片长度的最大主应力水平最高，最大值为 1.35MPa 的拉应力；加固 6 环管片长度的最大主应力水平次之，最大值为 1.20MPa 的拉应力；加固 8 环管片长度的最大主应力最大值为 1.03MPa 的拉应力；加固 2 环管片长度的最大主应力水平最低，最大值为 0.73MPa 的拉应力。4 种不同加固范围在管片管顶处喷混的最小主应力均为压应力。加固 2 环管片长度的最小主应力水平最高，最大值为 12.30MPa 的压应力；加固 4 环管片长度的最小主应力水平次之，最大值为 11.33MPa 的压应力；加固 6 环管片长度的最小主应力最大值为 10.48MPa 的压应力；加固 8 环管片长度的最小主应力水平最低，最大值为 9.99MPa 的压应力。

由图 8-22 可以看出，不同加固长度管片管底处喷混主应力变化规律一致，开挖初期，4 种不同加固范围在管片管底处喷混的最大主应力均为压应力，应力水平基本一致，随着管片的拆除，最大主应力逐渐由压应力转变为拉应力。加固 4 环管片长度的最大主应力水平最高，最大值为 0.58MPa 的拉应力；加固 6 环管片长度的最大主应力水平次之，最大值为 0.46MPa 的拉应力；加固 8 环管片长度的最大主应力最大值为 0.38MPa 的拉应力；加固 2 环管片长度的最大主应力水平最低，最大值为 0.35MPa 的拉应力。4 种不同加固范围在管片管底处喷混的最小主应力均为压应力。加固 2 环管片长度的最小主应力水平最高，最大值为 9.51MPa 的压应力；加固 4 环管片长度的最小主应力水平次之，最大值为 8.28MPa 的压应力；加固 6 环管片长度的最小主应力最大值为 7.91MPa 的压应力；加固 8 环管片长度的最小主应力水平最低，最大值为 7.43MPa 的压应力。

8.4.3　不同加固范围管片应力规律对比分析

数值模拟时，盾构管片采用实体单元模拟。模拟过程中盾构管片的监测点设置如图 6-36（c）所示。4 种不同加固长度条件下，盾构隧道第一正环最大主应力云图和最小主应力云图如表 8-4 所示。不同加固长度第一正环管片侧墙处主应力曲线如图 8-23 所示，不同加固长度第一正环管片管顶处主应力曲线如图 8-24 所示，不同加固长度第一正环管片管底处主应力曲线如图 8-25 所示。

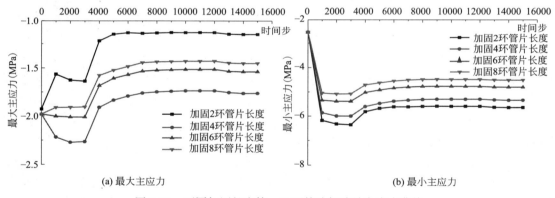

图 8-23　不同加固长度第一正环管片侧墙处主应力曲线

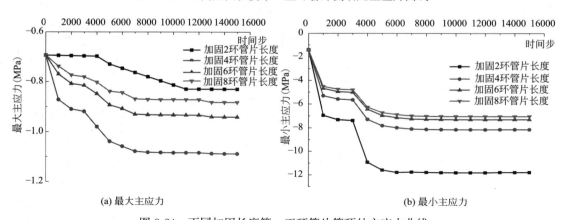

图 8-24　不同加固长度第一正环管片管顶处主应力曲线

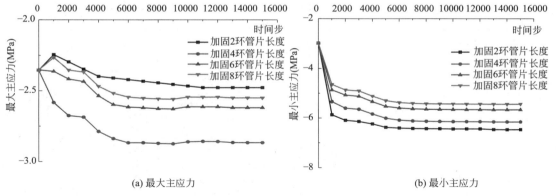

(a) 最大主应力　　　　　　　　　　　　(b) 最小主应力

图 8-25　不同加固长度第一正环管片管底处主应力曲线

不同加固长度第一正环主应力云图（单位：Pa）　　　　表 8-4

续表

最大主应力	最小主应力
加固8环管片	

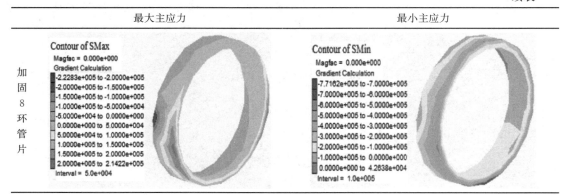

由图 8-23 可以看出，不同加固长度管片侧墙处盾构隧道第一正环管片主应力变化规律一致，4 种不同加固范围在第一正环管片侧墙处的最大主应力均为压应力，开挖初期，应力水平逐渐增大，随着管片的拆除，最大主应力逐渐变小。加固 4 环管片长度的最大主应力水平最高，最大值为 2.27MPa；加固 6 环管片长度的最大主应力水平次之，最大值为 2.01MPa；加固 8 环管片长度的最大主应力最大值为 1.91MPa；加固 2 环管片长度的最大主应力水平最低，最大值为 1.64MPa 的拉应力。4 种不同加固范围在第一正环管片侧墙处的最小主应力均为压应力。加固 2 环管片长度的最小主应力水平最高，最大值为 6.35MPa 的压应力；加固 4 环管片长度的最小主应力水平次之，最大值为 6.00MPa 的压应力；加固 6 环管片长度的最小主应力最大值为 5.39MPa 的压应力；加固 8 环管片长度的最小主应力水平最低，最大值为 5.09MPa 的压应力。

由图 8-24 可以看出，不同加固长度管片管顶处盾构隧道第一正环管片主应力变化规律一致，4 种不同加固范围在第一正环管片管顶处的最大主应力均为压应力，随着管片的拆除，最大主应力逐渐变大。加固 4 环管片长度的最大主应力水平最高，最大值为 1.09MPa；加固 6 环管片长度的最大主应力水平次之，最大值为 0.94MPa；加固 8 环管片长度的最大主应力最大值为 0.88MPa；加固 2 环管片长度的最大主应力水平最低，最大值为 0.83MPa 的拉应力。4 种不同加固范围在第一正环管片管顶处的最小主应力均为压应力，随着管片的拆除，最小主应力逐渐变大。加固 2 环管片长度的最小主应力水平最高，最大值为 11.78MPa 的压应力；加固 4 环管片长度的最小主应力水平次之，最大值为 8.14MPa 的压应力；加固 6 环管片长度的最小主应力最大值为 7.30MPa 的压应力；加固 8 环管片长度的最小主应力水平最低，最大值为 7.04MPa 的压应力。

由图 8-25 可以看出，不同加固长度管片管底处第一正环管片主应力变化规律一致，4 种不同加固范围在第一正环管片管底处的最大主应力均为压应力，随着管片的拆除，最大主应力整体逐渐变大。加固 4 环管片长度的最大主应力水平最高，最大值为 2.87MPa；加固 6 环管片长度的最大主应力水平次之，最大值为 2.63MPa；加固 8 环管片长度的最大主应力最大值为 2.56MPa；加固 2 环管片长度的最大主应力水平最低，最大值为 2.48MPa。4 种不同加固范围在第一正环管片管底处的最小主应力均为压应力，随着管片的拆除，最小主应力逐渐变大。加固 2 环管片长度的最小主应力水平最高，最大值为 6.47MPa 的压应力；加固 4 环管片长度的最小主应力水平次之，最大值为 6.16MPa 的压应力；加固 6

环管片长度的最小主应力最大值为 5.66MPa 的压应力；加固 8 环管片长度的最小主应力水平最低，最大值为 5.44MPa 的压应力。

8.5 本章小结

根据不同支撑体系的分析，选择井字形支撑体系。由以上分析可知，地表位移、盾构管片不同位置处位移、围护桩侧移值均为加固 8 环的位移最小，加固 6 环的位移次之，加固 2 环的位移最大。通过分析喷混及管片受力可以看出，加固 4 环的最大主应力水平最高；加固 6 环的最大主应力水平次之；加固 2 环管片长度的最大主应力水平最低。加固 2 环的最小主应力水平最高；加固 4 环的最小主应力水平次之；加固 8 环的最小主应力水平最低。

从数值计算结果对比分析可以看出，随着加固范围的增大，盾构隧道本身及竖井结构受力变形性能越好，沿隧道轴线方向各点的水平位移逐渐变小，管片拆除的影响范围也逐渐减小。建议在拆除管片时，加固范围为一边紧接着竖井结构 8 环管片长度。

关于热力竖井段管片保护性拆除施工技术研究主要得出如下结论：

（1）结合现场实际检测数据分析可以看出，数值计算所采用的数值计算模型、边界条件假定以及材料参数的赋予比较合理，可以采用本模型对盾构管片拆除时加固范围进行研究。

（2）根据对管片支撑体系的分析，采用井字形支撑进行支护。从数值计算结果对比分析可以看出，随着加固范围的增大，盾构隧道本身及竖井结构受力变形性能越好，沿隧道轴线方向各测点的水平位移越小，管片拆除的影响范围也越小。建议在保护性拆除管片施工时，加固范围为一边 8 环管片长度。

第 9 章　施工监测与信息反馈技术

9.1　监测目的

（1）判定基坑和隧道支护结构在施工期间的安全性及施工对周边环境的影响，动态地掌握支护结构、围岩、周围建（构）筑物的变形情况，并及时分析、预测被监测物体的变形趋势，对可能发生的危险和环境安全的隐患或事故提供及时、准确的预报，以便及时采取有效措施，避免事故的发生。

（2）将监测结果用于优化设计，及时变更设计参数和施工方法，为设计提供更符合工程实际情况的数据依据。基坑盾构隧道工程设计方案的定量化预测计算是否真正反映了工程实际状况，只有在方案实施过程中才能获得最终的答案，其中现场监测是确定上述数据的重要手段。由于各个场地地质条件不同、施工工艺不同和周边环境不同，设计计算中未曾计入的各种复杂因素都可能体现在支护施工过程和支护结构的稳定性结果中，表现形式为安全和不安全，通过对现场的监测结果进行分析、研究，可以对不安全的情况加以局部的修改、补充和完善。

9.2　编制依据

1. 《建筑基坑工程监测技术标准》GB 50497—2019；
2. 《岩土工程试验监测手册》（林宗元，辽宁科学技术出版社）；
3. 《建筑变形测量规范》JGJ 8—2016；
4. 《工程测量标准》GB 50026—2020；
5. 《铁路隧道施工规范》TB 10204—2002；
6. 《城市轨道交通工程测量规范》GB/T 50308—2017；
7. 《地下铁道工程施工质量验收标准》GB/T 50299—2018；
8. 《地铁工程监控量测技术规程》DB 11/490—2007；
9. 施工单位提供的有关图纸、资料及对监测的技术要求；
10. 现场踏勘得到的资料[33-40]。

9.3　监控量测

9.3.1　监测范围

本工程监测范围为基坑、隧道支护结构及其地表与附近重要管线和周围建（构）筑物监测,监测等级为一级和二级,基坑开挖深度大,结合基坑周边环境特点,确定施工监测范围为 $1.5H$(H 为基坑开挖深度)范围内的建(构)筑物及围护结构均需进行监测。隧道监测范围为 $2h$(h 为隧道覆土深度)范围内的建(构)筑物、隧道纵向上方地面及隧道自身均需进行监测。

9.3.2 监测项目

施工监测项目按照表 9-1 的规定。

监测项目表　　　　　　　　　　　　　　表 9-1

类别	监测项目
必测项目	施工区域地表隆沉、沿线建(构)筑物和地下管线变形
	隧道结构变形
选测项目	岩土体深层水平位移和分层竖向位移
	衬砌环内力
	地层与管片的接触应力

基坑支护结构监测包括:锁口圈梁水平位移和垂直位移、围护结构周围地面沉降观测、地下水位观测。

隧道监测包括:地表沉降监测、管片初衬拱顶和管底下沉、管片初衬净空收敛。

周边环境监测包括:建(构)筑物沉降、倾斜、桥梁墩柱(台)沉降、倾斜及相邻墩柱(台)差异沉降、地下管线沉降及差异沉降、道路及地表沉降。

9.3.3 监控量测测点布置原则

1. 围护结构顶水平位移、垂直位移:在基坑四角及四边中点设置测点。在基坑周边荷载较大部位、管线渗漏部位布设测点。同一测点可以兼作水平位移和垂直沉降监测使用。对于水平位移变化剧烈的区域,宜适当加密测点。

2. 围护结构周边地表沉降:在基坑四边中点向外 14m 的范围内分别纵向布置 1 排沉降测点,点距分别为 1m、3m、5m、5m。在工法变化的部位应增设测点。

3. 基坑周边地下水位观测:布点位置应根据水文地质条件、地下水的空间分布以及工程降水设计要求综合确定。在基坑对角处点布设地下水位观测孔。观测孔距基坑围护结构外 1.5～2m,布置数量不少于两个,可以选用降水井作为观测孔。

4. 隧道上方地表沉降:隧道轴线上方的地表每 50m 布置 1 个断面,每个断面设 7 个沉降测点,点距由隧道中线向两侧均为 2m、3m、5m。在每两个监测断面中间沿隧道轴线纵向布置 2 个测点。在工法变化的部位应增设测点。

5. 建(构)筑物沉降:施工影响范围内的建(构)筑物根据现场实际情况布置测点,当建(构)筑物沉降或倾斜变化明显时适当加密测点。

6. 初衬或支护拱顶和管底下沉:隧道内沿轴线每 20m 布置 1 个断面,每个断面在拱顶和管底分别布置 1 个测点。在工法变化的部位应增设测点。

7. 初衬或支护净空收敛:隧道内轴线每 20m 布置 1 对测点。在工法变化的部位应增设测点。

9.3.4 监测点布置

各监测项目监测点布置及数量如表 9-2 及表 9-3 所示。

竖井及建（构）筑物监测点布置及数量　　　　表 9-2

序号	监测内容	单位	数量	监测仪器	测点布置
1	围护结构顶水平位移	点	40	全站仪、精密水准仪	锁口圈梁
2	围护结构顶垂直位移	点	80	全站仪、精密水准仪	锁口圈梁
3	基坑周围地面沉降观测	点	160	精密水准仪	基坑附近地表
4	地下水位观测	孔	20	电子水位仪	基坑外侧
5	构筑物	点	8	精密水准仪	桥桩

隧道监测点布置及数量　　　　表 9-3

序号	监测内容	单位	数量	监测仪器	测点布置
1	地表沉降监测	点	612	精密水准仪,钢钢尺	隧道轴线上方的地表每 50m 设 1 个断面,每个断面 7 测点,每两个断面间沿隧道轴线纵向设两个测点
2	初衬或支护拱顶和管底下沉	点	344	精密水准仪钢钢尺	每 20m 设 1 个断面,每个断面在拱顶和管底设两个测点,洞壁每 20m 设一对测点
3	初衬或支护净空收敛	对	172	电子收敛计	

9.3.5 监测周期与频率

各监测项目的监测周期及频率如表 9-4 和表 9-5 所示。

基坑施工监测频率、周期表　　　　表 9-4

施工状况		监测频率
基坑开挖期间	$H \leqslant 5m$	1 次/3 天
	$5m < H \leqslant 10m$	1 次/2 天
	$15m > H > 10m$	1 次/天
	$H > 15m$	2 次/天
基坑开挖完成以后	1～7 天	2 次/天
	7～15 天	1 次/1 天
	15～30 天	1 次/3 天
	30 天以后	1 次/7 天
	经数据分析确认达到基本稳定后	1 次/2 周

隧道施工监测频率、周期表　　　　　　　　　　表 9-5

变形量(mm)	量测断面距开挖工作面的距离	量测频率
>10	(0~1)B	1~2 次/天
10~5	(1~2)B	1 次/天
5~1	(2~5)B	1 次/2 天
<1	>5B	1 次/周

9.3.6 监测警戒值

监测警戒值是指引起警戒措施的起始值,一般取设计容许值的 0.8 倍。监测警戒值的确定应由设计单位提供或按照现行的规范要求。监测警戒值如表 9-6 所示。

监测警戒值　　　　　　　　　　表 9-6

监测项目	监测警戒值	设计容许值
竖井垂直沉降	设计容许值的 0.8 倍,或单日变化量 2mm	30mm
地表沉降监测	设计容许值的 0.8 倍,或单日变化量 2mm	30mm
初衬或支护拱顶下沉	设计容许值的 0.8 倍,或单日变化量 2mm	30mm
初衬或支护水平收敛	设计容许值的 0.8 倍,或单日变化量 2mm	30mm
民房及相关建(构)筑物沉降观测	设计容许值的 0.8 倍,或单日变化量 2mm	
重要地下管线沉降和位移观测	设计容许值的 0.8 倍,或单日变化量 2mm	20mm
地下水位监测	设计容许值的 0.8 倍	
倾斜观测	设计容许值的 0.8 倍,或单日变化量 2mm	45mm

9.3.7 监测前期准备工作

1. 收集资料

监测任务确定后,收集各工点的监测设计图纸、勘察报告、工程设计图纸及最新设计变更资料、土建施工方案及各工点设计、施工负责单位具体联系方式等基本资料,此外还要尽可能多的收集沿线需要监测的重要建(构)筑物的详细设计资料,包括地基、基础类型、基础埋深,并做现场调查核实。

2. 现场踏勘

在对与监测相关的所有资料进行了熟悉理解后,到各工点现场踏勘。了解施工现场条件、环境、交通状况,根据现场条件研究监测项目测点埋设位置与量测方法,为编写具体的监测方案做好准备。对一些难以实施监测工作的现场情况,应与设计、施工方进行协调,必要时还应向业主进行汇报,创造适合于监测的环境。

9.4 监测方法

本项目各种监测项目的监测要及时到位,及时进行监测点布设、初值的采集,保证监测工作的正常开展。

9.4.1 水平位移监测

本项目水平位移监测只包括围护结构顶水平位移监测。

测定水平位移的方法很多，常用的有：基准线法、测小角法、激光准直法、引张线法等。本项目明挖基坑的围护结构顶水平位移拟采用多方法相结合进行观测。

水平位移初值的测量，待围护结构顶部完成硬化满足布点条件后，及时布设测点，测点稳定后立即进行初值的采集，取 2 次测量结果的平均值作为初始值。

1. 基准点的设计要求

为满足水平位移监测的精度要求，基准点的埋设应遵循下列原则：

1) 基准点必须稳固，便于保存；
2) 通视良好，便于观测及定期检验；
3) 宜采用强制归心观测墩。

顾及基坑周边实际状况，在基坑四边延长线上，稳定的位置可埋设多个观测墩。强制归心观测墩为混凝土现场浇筑，墩的顶部安装强制对中装置，其目的是使仪器严格对中，我们采用插入式强制对中的装置，如图 9-1 所示。

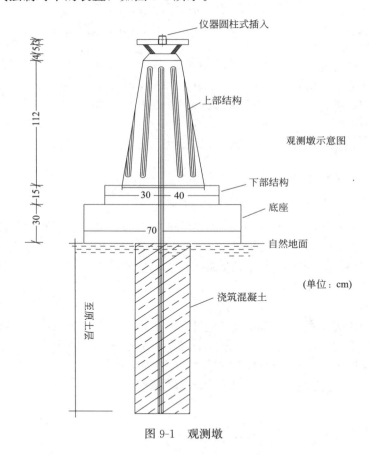

图 9-1 观测墩

2. 监测点觇牌的设计

测小角法的主要误差来源是照准误差，觇牌的设计应具有以下特点：

1) 反差大：觇牌以白色作底色，以红色或黑色作图案，能获得理想的反差效果；
2) 没有相位差：采用平面觇牌可以消除相位差；
3) 图案严格对称；

4）便于安置：所设计的觇牌能随意安置，当觇牌有一定倾斜时仍能保证精确照准。

本工程的觇牌采用直径 10cm、厚度 2.5mm 的不锈钢板，以白色作底色，以红色作图案。觇牌设计、制作完毕后，将其水平焊接在基坑的支护桩上或坡顶，如图 9-2 所示。

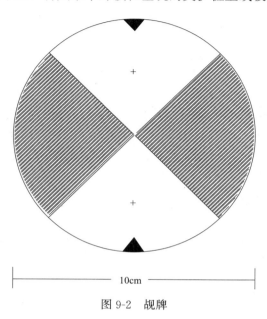

图 9-2　觇牌

3. 小角法观测

如图 9-3 所示，测小角法是利用精密全站仪精确地测出基准线与测站点（J_1）到监测点（A）视线之间的微小角度（β），读数取值精确至 $0.2'$，首次观测 4 个测回，取平均值，经检查无误后，计算偏离值：

$$L=(\beta/\rho)\cdot S \tag{9-1}$$

式中，S——测站（J_1）到监测点（A）的距离；

β——观测的小角。

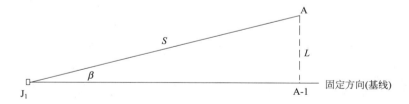

图 9-3　小角法观测示意图

4. 精度估计

由于观测中采用强制归心观测墩，以及小角度观测只需利用测微器测定，所以主要误差来源是照准觇牌时的照准误差。

1）对于距离 S 的精度要求：

将 $L=(\beta/\rho)\cdot S$ 全微分，取中误差得：

$$m_L^2=(m_\beta^2/\rho^2)\times S^2+(m_S^2/\rho^2)\times\beta^2 \tag{9-2}$$

相对于测小角（β），量测具有足够精度的边长 S 是较容易的，

因此，取 $(m_\beta/\rho)\times S=3\times(m_S/\rho)\times\beta$，

代入式（9-2）整理后，得：

$$m_S=(\rho\times m_L)/(3.16\times\beta) \tag{9-3}$$

由式（9-1），得：$\beta=(L\times\rho)/S$，

代入式（9-3）整理后，得：$m_S=m_L\times S/(3.16\times L)$

写成相对中误差形式：$m_S/S=m_L/(3.16\times L)$

因此，要求 $m_L=0.5$mm，而设偏离值 $L=40$mm，则 $m_S/S=1/250$，当 $L=100$mm 时，边长相对中误差仅要求 $m_S/S=1/1000$。

以 1/2000 的精度测量边长就完全满足精度要求，所以在测小角法时，边长需测量一次即可，在以后的各期观测中，此值可认为不变。

2）观测小角（β）的精度要求：

由式（9-2）略去右边第二项，得：

$$m_L=(m_\beta/\rho)\times S \tag{9-4}$$

由于测小角度的主要误差来源为照准误差，当小角度观测采用测回法时，一测回所测小角误差，由误差传播定律可知：

$$m_\beta=m_V \tag{9-5}$$

式中，m_V 为照准误差。

将式（9-5）代入式（9-4），得：$m_L=(1/\rho)S\times m_V$

因此可知，测小角法观测精度取决于照准误差 m_V，取眼睛的视力临界角为 $60'$，则 $m_V=60('')/V$，V 为望远镜的放大倍数。本项目采用 Wild T3 精密经纬仪测小角，其望远镜的放大倍数为 40，当测站（J_1）到监测点（A）的距离 $S=120$m 时，测小角度对偏离值影响为 0.87mm。

3）由水平角观测的误差分析可知：一般情况下，观测误差包括了仪器误差、测站对中误差、目标对中误差、角度观测误差、外界影响等，根据上述估算，能满足委托方提出基坑边坡上的监测点相对于控制线的一次偏离值的测定精度为 ± 1.0mm 的要求。即可满足《建筑变形测量规范》JGJ 8—2007 表 3.0.4 中的一级位移观测。水平位移观测等级如表 9-7 所示。

水平位移观测等级　　　　　　　　　　　　　　　表 9-7

变形测量级别	位移观测 监测点坐标中误差	主要使用范围
一级	±1.0	地基基础设计为甲级的建筑的变形测量；重要的古建筑和特大型市政桥梁等变形测量等
二级	±3.0	地基基础设计为甲、乙级的建筑的变形测量；场地滑坡测量；重要管线的变形测量；地下工程施工测量及运营中变形测量；大型市政桥梁变形测量等
三级	±10.0	地基基础设计为乙、丙级的建筑变形测量；地表、道路及一般管线的变形测量；中小市政桥梁变形测量等

5. 基准点检查

为了保证观测成果的准确性，在每期观测前，应对基准点（观测墩）进行检查，检查

各基准点间的水平角、水平距离,发现问题时,应及时处理。

9.4.2 垂直沉降监测

垂直沉降监测包括围护结构顶垂直沉降监测、围护结构周边地表垂直沉降监测、隧道上方地表垂直沉降监测、管线垂直沉降监测。

垂直沉降初值的采集,测点布设完成2d后,进行2次初值的测量,取测量结果的平均值作为初始值。

1. 监测点布设

监测点应埋设在变形体上能反映变形特征的位置,并便于工作基点或邻近的基准点对其进行观测,地表沉降监测点的埋设可采用标准方法。

围护结构顶监测点布设宜与围护结构顶水平位移监测点共用,不能共用的或无法布置的,在围护结构顶的对应位置周边布置地表或道路监测点代替。

地表、道路监测点设置的标准方法如图9-4所示。

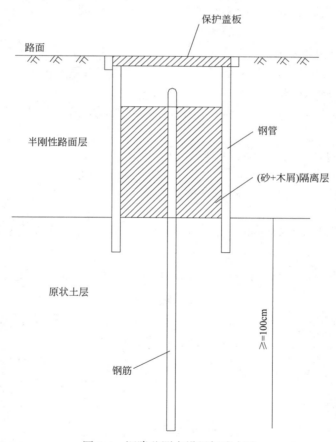

图9-4 沉降监测点设置标准方法

在下列各类地段应采用标准方法进行沉降监测点埋设:
1) 由设计确定的重要施工地段;
2) 由地表预先探测到地中存在空洞的施工地段;

3) 施工中地表发生塌陷并经修补过的地段;
4) 地面交通和环境条件允许采用标准方法设点的道路地段。

即所设监测点应穿透道路表面结构层,将其埋设在较坚实的原土层上(通常深度不小于1m),同时应设置保护套管及盖板。

2. 外业观测方式

利用0.5mm级精密水准仪,通过几何水准的方法进行观测,按国家二等水准测量的精度要求及方法实测,通过沉降监测得出建筑物基础上各监测点的差异沉降量。

1) 监测路线应采用单程路线往返观测(首次观测应增加一倍观测次数,即两次往返观测)。同一区段的往返测,应使用同一类型的仪器和转点,沿同一路线进行。

2) 在每一区段内,先连续进行所有测段的往测(或返测),随后再连续进行该区段的返测(或往测)。若区段较长,也可将区段分成若干分段,在分段内连续进行所有测段的往返观测。

3) 同一测段的往测(或返测)与返测(或往测)应分别在上午与下午进行。在日间气温变化不大的阴天和观测条件较好时,若干路线的往返可同在上午与下午进行,但这种路线的总站数不应超过区段总站数的30%。

3. 观测的时间和气象条件

监测应在标尺分划成像清晰而稳定时进行,下列情况,不宜观测:

1) 日出后与日落前30min内;
2) 太阳中天前后各约2h内(可根据季节、气象情况,适当增减,最短间歇时间不小于2h);
3) 标尺分划的影像跳动剧烈时;
4) 气温突变时;
5) 风力过大而使标尺与仪器不稳定时。

4. 测站设置

1) 根据监测路线土质选用尺桩(尺桩质量不轻于1.5kg,长度不短于0.2m)或尺垫(尺垫质量不小于5kg)作为转点,特殊地段可采用大帽钉作为转点。

2) 测站视线长度、前后视距差、视线高度、数字水准仪重复次数如表9-8所示。

参数表(单位:m) 表9-8

仪器类别	视线长度		前后视距差		视距差累积		视线高度		数字水准仪重复测量次数
	光学	数字	光学	数字	光学	数字	光学	数字	
DSZ1 DS1	≤50	≥3且≤50	≤1.0	≤1.5	≤3.0	≤6.0	≥0.3	≥0.55且≤2.8	≥2次

3) 测站观测限差如表9-9所示。

观测限差表(单位:mm) 表9-9

上下丝读数平均值与中丝读数差		基辅分划读数差	基辅分划所测高差之差	检测间歇点高差之差
0.5cm刻划标尺	1cm刻划标尺			
1.5	3.0	0.4	0.6	1.0

5. 监测数据平差计算

为减少人为因素，沉降监测的外业成果，应优先采用电子记录方式。记录的主要内容有：1）记录项目：每测段的始、末、工作间歇的前后及观测中气候变化时，应记录观测日期、时间、大气温度、天气、成像、观测路线土质、风力、风向等。2）观测记录的整理和检查观测结束后，应及时整理和检查外业手簿，统计闭合差。检查手簿中所有计算是否正确、观测成果是否满足各项限差要求，方可进行平差计算。

监测数据平差计算，应符合下列规定：

1）应利用稳定的基准点作为起算点；
2）应使用严密的平差方法和可靠的软件系统；
3）应保证平差计算所使用的观测数据、起算数据准确无误；
4）应剔除含有粗差的观测数据；
5）平差计算除得出变形参数值外，还应评定这些变形参数的精度。

利用测量平差软件对监测数据进行处理，解算出各监测点的高程值。各项精度指标满足规范及设计要求后，绘编各种图形、报表及资料。

6. 观测中应注意事项

1）观测前 30min，应将仪器置于露天阴影下，使仪器与外界气温趋于一致；设站时，应用测伞遮蔽阳光；使用数字水准仪前，还应进行预热，预热不小于 20 次单次测量。
2）在连续各测站上安置水准仪三脚架时，应使其中两脚与水准路线平行，而第三脚轮换置于路线方向的左、右侧。
3）除路线转弯处外，每一测站上仪器与前后标尺的三个位置，应接近一条直线。
4）转动仪器的倾斜螺旋和测微鼓时，其最后旋转方向，均应为旋进。
5）每一测段的往测与返测，其测站数均应为偶数，由往测转向返测时，两标尺应互换位置，并应重新整置仪器。
6）在高差较大时，应选用长度稳定、标尺名义米长偏差和分划偶然误差较小的水准标尺作业。

7. 沉降监测注意事项

1）监测时仪器应避免安置在空压机、搅拌机、卷扬机等振动影响范围之内，塔吊和露天电梯附近亦不宜设站。
2）监测应在水准尺成像清晰时进行，应避免视线穿过玻璃、烟雾和热源上空。
3）前后视观测最好使用同一根水准尺，前后视距应尽可能相等，视距一般不应超过 50m，前视各点观测完毕后，回测后视点，最后应闭合于水准点上。

9.4.3 建（构）筑物沉降监测

构筑物测点布置原则及方法：构筑物测点标志根据不同监测对象采用不同的埋点形式，桥桩采用钻孔埋入标志测点，钢结构对象采用焊接式测点，特殊装修较好的对象采用隐蔽式测点形式。沉降监测各类测点埋设时应注意避开如雨水管等有碍设标与观测的障碍物，并视立尺需要离开墙（柱）面和地面一定距离，一般应高于室内地坪 0.2~0.5m。测点埋设完毕后，在其端头的立尺部位涂上防腐剂。

沉降监测点的布设应能全面反映建（构）筑物的变形特征，埋设时应顾及地质情况及建筑结构特点。点位宜选设在下列位置：

1) 建筑物四角、拐角处及沿外墙每 10~20m 或每隔 2~3 根柱基上；
2) 高低悬殊、新旧建（构）筑物、纵横墙等交接处两侧；
3) 伸缩缝、沉降缝和不同埋深基础的两侧；
4) 框架（排架）结构的主要柱基或纵横轴线上；
5) 受堆载和震动显著的部位，基础下有暗沟、防空洞处；
6) 对于烟囱、水塔、油罐等高耸构筑物，应布设在沿周边与基础轴线相交的对称位置上，点数不少于 4 个。

建（构）筑物等沉降监测点布设方法如图 9-5 所示。

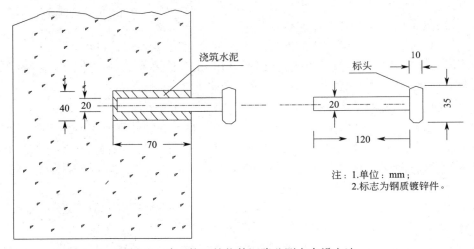

图 9-5　建（构）筑物等沉降监测点布设方法

对于钢结构对象应采用焊接式测点，特殊装修较好的对象采用隐蔽式测点形式。图 9-6 为钢结构沉降观测点埋设方式。

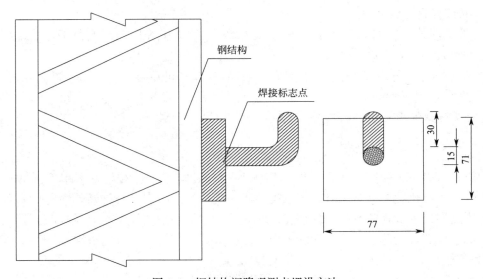

图 9-6　钢结构沉降观测点埋设方法

差异沉降量推算法

如图 9-7 所示，先用精密水准测量测定基础两端点的差异沉降量 Δh，再按宽度 D 和高度 h，推算上部的倾斜值。设顶部倾斜位移量为 Δ，斜度为 i，则：

$$i = \frac{\Delta}{h}$$

$$\Delta = \frac{\Delta h}{D} \cdot h$$

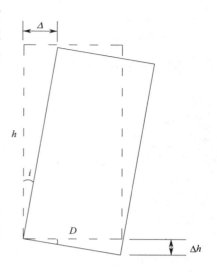

图 9-7 差异沉降量推算法示意图

9.4.4 地下水位

地下水位初值的采集，观测孔满足观测条件后立即进行 2～3 次初值的测量，取测量结果的平均值作为初始值。

1. 地下水位监测的设计要求

监测点的位置选择应具有代表性，对基坑结构变形的精准监测有利。监测孔位置应适宜保护，减少人为或机械损毁可能；监测孔保护措施得当，不为地下水、雨、雪、人工堆土等掩埋，且便于观测及定期校验。

2. 地下水位监测仪器设备

本项目测试仪器采用电测水位仪，仪器由探头、电缆盘和接收仪组成。仪器的探头沿水位管下放，当触到水时，上部的接收仪会发生蜂响，通过信号线的尺寸刻度可直接测得地下水位距管口的距离。管口高程用精密水准仪定期与基准水准点联测。电测水位仪读数精度为±1mm。

3. 地下水位监测方法

水位管的管口要高出地表并做好防护墩台，加盖保护，以防雨水、地表水和杂物进入管内。水位管处应有醒目标志，避免施工损坏。

水位管埋设后每隔 1d 测试一次水位面，观测水位面是否稳定。当连续几天测试数据稳定后，可进行初始水位高程的测量。

在监测了一段时间后。应对水位孔逐个进行抽水或灌水试验，看其恢复至原来水位所需的时间，以判断其工作的可靠性。

水位管要注意做好保护措施，防止施工破坏。

水位监测除水位观测外，还应结合降水效果监测，即对出水量和真空度进行监测。

4. 地下水位监测数据整理

先用水位计测出水位管内水面距管口的距离，然后用水准测量的方法测出水位管管口绝对高程，最后通过计算得到水位管内水面的绝对高程。每次测量可以得到地下水位标高数值。并汇总成地下水位变化曲线。

5. 提交资料

地下水位监测单项工作完成后，应及时提交监测报告。

量测报告主要包括：

1) 地下水位监测技术说明；
2) 地下水位监测点数据及图形成果表；
3) 地下水位监测位置示意图。

9.4.5 隧道收敛及拱顶下沉

1. 钢尺传递高程

基坑边上架一个钢架子，将检定钢尺整尺固定在钢架子上，使尺自然下垂，零尺位吊10kg的重锤引涨。在基坑上设固定点AO，在基坑下设临时工作点BO。AO、BO处分别立铟瓦水准尺，用两台N3水准仪同时进行观测。一台水准仪置坑上AO与钢尺中间；另一台水准仪置坑下BO与钢尺中间。

往测：坑上水准仪照准AO尺读取基本分划。之后，坑上、坑下水准仪同时照准钢尺，用测微器读取钢尺读数，并记下气温。最后，坑下水准仪照准BO水准尺读取基本分划。

返测：坑下水准仪照准BO水准尺，读取基本分划。坑下、坑上水准仪同时照准钢尺，用测微器读取钢尺读数，并记下气温。坑上水准仪照准AO尺读取基本分划。

AO至BO之间做4个往返观测。对钢尺读数作刻划误差改正；对钢尺读数作温度改正，改正数公式为：$\Delta Lt = LO \times a \times (T - 20℃)$，AO至BO的高差是坑上、坑下两台水准仪所测高差之和（图9-8）。

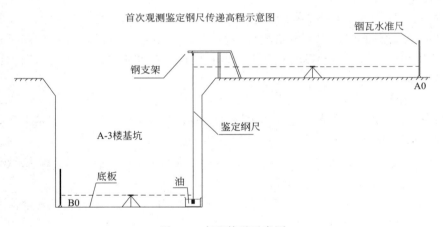

图9-8 高程传递示意图

2. 测点设置

隧道收敛监测采用收敛计观测的方法进行，测点安装到起拱线的位置，安装可采用预埋或焊接等方法，本工程按20m断面间距进行布设。

隧道拱顶和管底下沉监测采用水准仪和钢尺测隧道顶沉降的方法（图9-9）。点布设在隧道拱顶内壁，标志采用特制的挂钩，做法是冲击钻在隧道内壁钻孔，用锚固剂将挂钩埋入。本工程按20m断面间距进行布设，与水平收敛位于同一断面，有利于数据比较分析。

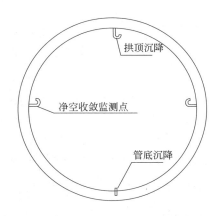

图 9-9 隧道沉降及净空收敛测点埋设示意图

9.5 监测的辅助手段

监测项目均是非实时性监测项目,所以相比之下巡视目测也有一些仪器量测尚不具备的优点。

1. 直观、快捷

基坑开挖容易发生的工程事故多为土体滑坡、支撑体系变形、周围建筑物沉陷以及裂缝等。很多工程事故的发生都是在监测正常进行下发生的,监测点的数量有限,分布于常见的重要位置,有时仅从监测数据并不能预测到基坑的个别部位。通过经常的目测往往能更及时的发现事故的前兆,特别是对暴雨天气后基坑周围土体的一些细微变化,土体的局部的沉陷,地面与建筑的裂缝等的发现。

2. 定性准确

仪器的监测均是定量的数据,我们从数据上发现的往往是量变的过程,而一些规范和工程经验的警戒限值都是大家长期沿用下来的安全底线,它是一个具体的量值。而直接导致工程事故或其前兆现象发生的量值具有很大的范围,有时会远远高于常规警戒值,有时甚至会低于常规警戒值。目测有可能及时发现质变的前兆,对现象做出定性结论。

3. 巡视目测实施方法

每次现场量测之前,大量或长时间降雨时,均进行目测,对监测点未布置到的部位也要查看,例如未设监测点的基坑支撑等。目测具体内容有:

1)肉眼观察施工基坑支护结构外观,查看其壁上是否产生裂缝、流沙或其他变形。
2)观察隧道初期支护是否有变形,是否有管片错台、裂缝等破坏现象。
3)查看基坑隧道周围土体及建(构)筑物,看地面是否有沉陷、裂缝、滑移、隆起、地面冒浆等现象,建(构)筑物是否有裂缝、剥落、墩台周围地表沉陷。特别是在大量降雨时,应及时多次的进行观察。

观察到的异常现象中,严重的应立即向有关方通报,可疑的应结合现场监测数据分析,分析结果写进日报或周报。

9.6 监测技术管理措施和质量控制措施

9.6.1 技术管理措施

1. 技术管理机构

施工监测工作责任重大,不仅要及时评估工程施工对工程本身和周边环境安全及正常使用的影响程度,还要通过监测数据引导土建承包商采取正确的施工方法和相应的保护措施来保证施工的安全,并为可能发生的法律纠纷向业主提供证据。要顺利完成施工监测的任务,首先我们将建立一个完善的、系统的技术管理机构。该机构不同于整个项目部的组织机构,它侧重于技术方面的管理,实行专事专管制。涉及监测工作的每个环节都任命一个专项负责人,各环节的技术工作由该环节负责人统筹安排。所有负责人再由项目部技术负责人统一领导,组成以技术负责人为核心的技术管理机构。各环节负责人在完成自己负责的事务之后向下一环节的负责人做好技术交接工作。遇到技术难题,由技术负责人召集各负责人开会共同研究解决。

2. 规章制度

任命了监测每个环节的负责人之后,由各个负责人根据本环节的工作特点制定适合的规章制度,交由技术负责人审批通过后,试行半个月后正式执行。每个工作人员都必须遵守各自的工作规章制度,保证所有工作有条不紊地顺利开展。

各负责人在制定本环节的规章制度时,须以下内容作为中心:

前期准备:资料收集齐全,并保管好所有资料,重要文件复印后及时交至档案资料室存档。

现场量测:仪器工作正常,现场量测技术过关,注意施工安全。

数据处理:数据导入准确,软件更新及时,理论基础全面。

信息反馈:系统方便快捷,反馈及时到位。

报告编制:论述全面,技术支持合理恰当,结论明确,签字齐全。

资料归档:保证所有资料能快速查阅,资料控制、保护措施全面。

3. 岗位职责

监测工作涉及诸多环节,每个环节的工作人员也有分工。在各环节负责人制定本环节的工作规章制度之后,还需明确每个岗位工作人员的职责。这样,使得每个人都能很明确地知道自己的职责,并很好地履行自己的职责,不至于在工作过程中出现工作盲区而影响正常工作。

根据本工程的性质和特点,初步设定的岗位主要有:资料收集员、设备管理员、监测组长、测量员、记录员、工程审核人、质量负责人、安全负责人、安全员、档案管理员等。

9.6.2 工作内容及管理办法

1. 施工前期的工作准备

1) 收集资料

(1) 工作内容

收集工程范围内的地质、水文条件和设计资料，详细调查各线路邻近的建（构）筑物和市政基础设施的种类、规模、修建年代、结构形式、材质、质量状况、安全状况以及与工程基坑的位置关系。

收集基坑和隧道结构设计和施工方案，熟悉所要监测工点结构形式、开挖时间、支护顺序与工程进展等情况。在对工点所有资料进行初步研究后，确定现场踏勘的内容和重点。

在各个工点取得相应监测项目的初始值之后，每次进行现场量测之前还应检查土建方所测的相关数据，以确认土建方进行了施工监测。

(2) 管理办法

技术负责人在接收到监测任务后，通知前期准备工作负责人准备资料（须发放任务通知书），同时安排行政协调人员进行配合。前期准备工作负责人准备好资料后向技术负责人提交资料清单（技术负责人签字批准通过）。

2) 现场踏勘

(1) 工作内容

组织参与工点监测工作的技术人员进行现场踏勘，核实既有资料的准确性，熟悉工点的工作环境，同时记录现场察看的情况，提出实施监测工作时需要注意的事项。在去现场之前，先与施工方及监理方联系，要求派代表参加现场踏勘。对于工点中存有疑问之处，向施工方了解清楚。

(2) 管理办法

技术负责人在踏勘前组织技术人员对所收集的资料进行初步研究，提出踏勘重点（会议须有签到记录和会议内容纪要）；确定了踏勘重点之后组织人员看现场（要有现场签到记录和现场情况描述纪录）。

3) 重点分析

(1) 工作内容

在完成现场踏勘工作后，结合现场记录的情况，对既有资料进行进一步的分析，根据工点的地质情况、基坑结构、施工方案和周围建（构）筑物的分布列出监测重点，并且制定专门的实施方法。

(2) 管理办法

由技术负责人组织技术人员在现场踏勘完毕后立即对工点的监测重点做详细分析并形成文字，同时在会议上确定工点监测方案的技术人员（要有签到记录和会议内容纪录），并向其下达编写方案的通知。

4) 编制各工点监测方案

(1) 工作内容

通过分析既有资料、现场踏勘和工点的监测重点，编制可行、合适的监测方案。方案内容需包括工点各方面内容的介绍，侧重针对工点的具体情况制定相应的监测手段和作业流程。

对不同的工法，列出其风险要素，便于在实施监测的过程中能把握工点的关键所在，同时也便于工程的风险评估。

施工风险要素包括：工程地质和水文地质情况、开挖断面大小、形式、施工分块及分步、支护类型、超前支护方式、施工进度等。

(2) 管理办法

监测方案编制人员把方案编制好后提交工程审核人进行审核（审核前由前期准备工作负责人进行校对），有需要修改的地方在原稿上进行修改，并在修改处签字；工程审核人修改后提交技术负责人进行审批，同样在原稿上写明修改意见并签字；方案编制人员拿回修改稿进行修改，形成正式稿，交由工程审核人和技术负责人签字通过，同时提交一份方案评分表，由工程审核人及技术负责人进行评审。

方案通过后交由现场量测负责人（也可由现场量测负责人本人编制方案），进行技术交底。方案、方案修改稿及方案评分表均需存档（要填写存档记录表）。

2. 现场量测和数据采集

1) 布置和安装测点

(1) 工作内容

对于负责埋设的需保护的测点，按批准的实施方案，提前准备足够的埋设材料。测点埋设严格按要求进行，埋设后由技术人员逐一检查，不合格的要返工，做好测点的标示和保护工作。

(2) 管理办法

现场量测负责人在接收到监测方案后，指派技术人员先进行测点埋设或协助土建方进行测点埋设。在埋设测点的过程中，要详细记录所埋设测点的位置、方式等信息；有埋设元器件的测点还需确定元器件通过鉴定并有合格证书。参与埋设工作的人员须在测点埋设纪录上签字，并注明工作内容。测点埋设完后向现场量测人员进行技术交底（测点埋设人员如无特殊任务，必须参与现场量测工作）。

2) 现场测量

(1) 工作内容

现场量测工作必须以制定的程序文件、作业指导书的要求，按批准的方案实施。作业过程有详细的记录，观测成果及时记录签名，有条件的立即对数据进行检查，有疑问的要立即进行复测。

作业人员在现场要注意安全，监测单位对自身的人员、设施及现场安全负责。在隧道内作业必须遵守工地的安全管理规定，作业人员戴安全帽、穿防滑胶鞋，高空作业要系安全索，并服从施工人员的指挥和安排，带电作业的要注意安全用电。道路作业还须保证过路行人及车辆安全。注意保持环境卫生，注意处理好各单位和个人的关系，确保现场监测工作按期进行。

(2) 管理办法

现场量测人员在进行量测之前须先查看工点所有测点的情况，并做查看纪录。如无异常，按正常测量工序进行测量；如有异常，采取相应的措施进行处理。测量人员在测量过程中各司其职，按各自的技术要求做好自己的工作，同时互相关注技术动作，当有不恰当的操作时及时更正。

3. 数据的分析和处理

1) 工作内容

现场量测所取得的原始数据，不可避免地会具有一定的离散性。如果不经过数学处理，这些量测数据有时可能不方便直接利用，所以在现场取得原始数据后，必须对其进行分析和处理。通过分析对比各种量测数据，可以确定量测数据的可靠性；另外，分析变形和受力随时间的变化规律，有助于判定工程支护系统的稳定状态，达到安全监测的目的。

一般说来，回归分析是目前量测数据数学处理的主要方法。通过对量测数据回归分析可以预测最终变化值和各阶段的变化速率。常用的回归函数有：对数函数、指数函数和双曲函数。

现场采集完数据以后，该项负责人必须在最短的时间组织技术人员对数据进行分析和处理。通过计算机管理和各监测量对应的软件处理完数据之后，技术人员在理论和经验两方面对工程的安全性做出评价，并将结论提供给负责信息反馈的负责人，以便及时反馈到业主、施工方、监理方和设计方。

以基坑开挖时的情况为例，根据国内外实测数据和研究成果，我们可以根据变化量测值或预计最终变化值、位移变化速度和围岩位移时态曲线等判断围岩稳定性和支护系统的可靠性。

根据变化量测值或预计最终变化值来判断，在基坑开挖过程中，若发现量测位移总量或根据已测位移预计最终位移将超过某一临界值时，则意味着围岩不稳定，需要加强支护；相反，如果发现量测位移总量或根据已测位移预计最终位移总是在某一临界值以内时，可以考虑是否有必要设置当前量的支护，以减少成本支出。

若根据应力变化速度来判断，则可从变形曲线分为三个阶段：（1）变形急剧增长阶段：变形速度大于 10％/d 时；（2）变形缓慢增长阶段：变形速度大约为 5％/d/时；（3）基本稳定阶段：变形速度小于 0.5％/d 时。

若根据围岩位移时态曲线来判断，可将岩体破坏前的变形曲线分为三个阶段：（1）基本稳定区：应力变化速率逐渐下降，即 $d^2U/dt^2<0$，表明围岩处于稳定状态；（2）过渡区：$d^2U/dt^2=0$，表明围岩向不稳定状态发展，需发出警告，加强支护系统；（3）破坏区：$d^2U/dt^2>0$，表明围岩已进入危险状态，必须立即停工，采取有效手段，控制变形。

2）管理办法

数据处理工作负责人在监测工作开始之时配备性能好的专用计算机，并对计算机的使用进行严格管理（要有使用纪录表）。分析和处理的过程须安排经验丰富的技术人员来操作或指导操作。原始记录、处理结果（要有处理过程、处理方法描述）等资料均须存档，并要求相关负责人在上面签字。

4. 信息反馈

1）工作内容

为了做好信息反馈工作，该项负责人必须建立与建设方、施工方、监理方及设计方的快速联系通道，便于信息能及时反馈到各方。

在实际监测工作中，需要完善的一项工作是建立一套适合本项目的预警、警戒、通告、行动和解除等制度，规定每个监测项目的量测数据在不同的范围应对应采取不同的措施。

例如在安全、稳定状态，可以把所有资料都处理整理完毕后提交正式报告给建设方；在过渡阶段，即量测数据的变化表明工程所处状态不稳定，需向施工方发出警告，令其减缓施工进度，并密切注意周边情况的变化，同时向建设方和监理方汇报，准备采取一些应急措施；在破坏阶段，立即通知施工方停止施工，并向建设方汇报，要求建设方向施工方发出停工的正式通知。

2）管理办法

信息反馈负责人在接收到现场量测人员的报告及数据处理后的结果之后，决定选择何种反馈途径，形成书面文字递交技术负责人审批后执行。紧急情况可先电话确认，书面报告事后补齐。

9.6.3 质量保证措施

1. 质量监控小组

有经验的技术人员担任质量负责人，并由项目部副经理、技术负责人、专业负责人成立质量监控小组，对监测质量进行控制。质量监控小组成员对各个环节进行定期检查和不定期的抽查，召开质量分析会，发现问题及时解决，及时改正。建立质量奖惩制度，奖优罚劣，对造成事故的责任人处以重罚。

2. 人员素质

主要人员要有相应的专业基础知识，并取得相应岗位的上岗证。对全体工作人员进行有计划的培训，在专业知识和操作技能上与所担负的工作相适应，人员上岗前要通过考核。本项目配备有较高专业知识和丰富工程经验的人员，项目负责人和技术负责人经验丰富，具有工程管理、工程协调和处理复杂技术问题的能力。项目人员专业搭配全面合理，有措施控制人员素质能够保证满足工程需要。实施中保证本投标文件所列项目负责人、技术负责人、专业技术人员和骨干测量技术工人到位。

3. 仪器设备

配备精密的先进设备，且使用的监测仪器设备经过计量检定合格，并处于有效期内，按规定在检定期间进行比对和期间核查。仪器设备验收、维护保养和检修均按规定程序进行。

4. 环境条件

凡对环境条件有特殊要求的监测项目，建立相应的监控手段。对建筑物沉降监测等受温度和大气影响的因素进行监控，保证测量精度要求。

5. 专业工序质量保证

1）监测点的施测

按"五固定"（仪器固定、人员固定、方法固定、观测路线固定、观测时间段固定）原则进行测量，消除不必要的误差。观测完后根据限差要求决定是否复测，严格按整个线路返测站数比例决定是否全部重测。

2）安全作业

交通繁忙地段应注意作业安全，同时避免由此带来的误差，可选择合适的时间段观测，必要时派专人疏导线路。

3）现场资料记录

（1）现场记录使用统一制定的标准格式，内容应填写齐全，字迹清楚，不得涂改、擦改和转抄。凡划改的数字和超限划去的成果，均应注明原因和重测结果所在的页码。

（2）需现场计算的检核数据要当场完成，避免返测而耽误工期。

（3）电子记录要注意记录储存设备的电源更换，避免数据丢失。注意手工录入的数据复核和非直接采集项目的检查。

9.7 信息化监测和成果反馈

9.7.1 信息化监测和成果反馈流程

信息化监测和成果反馈包括多个环节,从监测仪器的快速数据采集、监测数据的快速处理到监测成果的及时传达,进而迅速采取措施等。其整个过程的流程如图 9-10 所示。

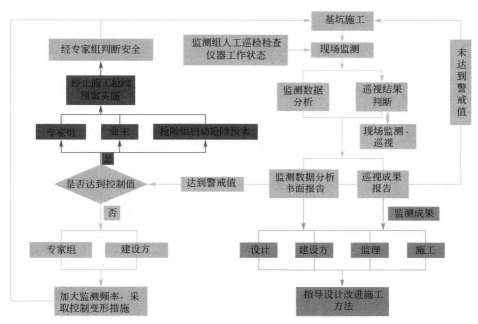

图 9-10 信息化监测和成果反馈流程

现将流程分成如下几个阶段:

1. 采集数据(包括目测),对数据进行初步分析,初步判断监测对象安全,如果情况可疑应通知建设方,并做进一步监测验证。

2. 数据录入计算机,进行数据处理,各有关审核人或专家顾问及时进行审核。

3. 审核合格,生成成果报告,这里主要指周报(全部监测工作结束后,生成最终报告)。

4. 如果处理计算过程中发现监测数值过大,达到警戒值,应加大监测频率,采取控制位移变形的施工措施。

5. 如果监测数值过大,达到了控制值,那么立即紧急通知各方,停止施工,并启动建设方相关的抢险预案,监测单位积极配合建设方抢险。直到措施得当、危险解除、可以施工为止。

6. 生成监测成果报告后(全部监测工作结束后,生成最终报告)。成果报告和相关主要数据、图表一并及时提交,建设方、设计、监理等各方均可以进行实时查询监测成果,同时成果报告以书面形式另报送给各相关方。

7. 数据的日报表要及时进行申报,在每次测量完成后的次日 17:00 前将测量成果报送给参建各方,并在施工现场建立各项测量成果表。

9.7.2 监测成果报告

监测成果报告中应包含技术说明、监测时间、使用仪器、依据规范、监测方案及其所达到精度,列出监测值、累计值、变形率、变形差值、变形曲线,并根据规范及监测情况提出结论性意见。

监测成果报告必须能以直观的形式(如表格、图形等)表达出获取的与施工过程有关的监测信息(如被测指标的当前值与变化速率等),监测结果一目了然,可读性强。

9.8 监测成果分析

9.8.1 基坑监测总结

监测点布置及数量如表 9-10 所示。

基坑监测点布置及数量 表 9-10

序号	监测内容	单位	数量	监测仪器	测点布置
1	围护结构顶水平位移和垂直位移监测	点	19	全站仪、水准仪	桩顶或基坑边缘
2	地面及深层沉降监测	点	42	精密水准仪	基坑附近地表
3	基坑内部水平支撑内力监测	项	5	表面应变计和配套二次仪表	位于水平横撑上
4	地下水位监测	孔	3	电子水位仪	基坑外侧
5	基坑收敛监测	点	6	收敛计	桩体或结构边

监测数据如图 9-11～图 9-18 所示。

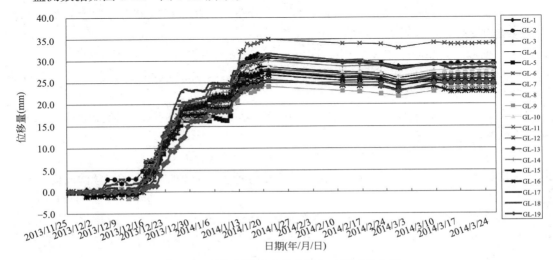

图 9-11 基坑冠梁垂直位移量与时间变化曲线

第 9 章 施工监测与信息反馈技术

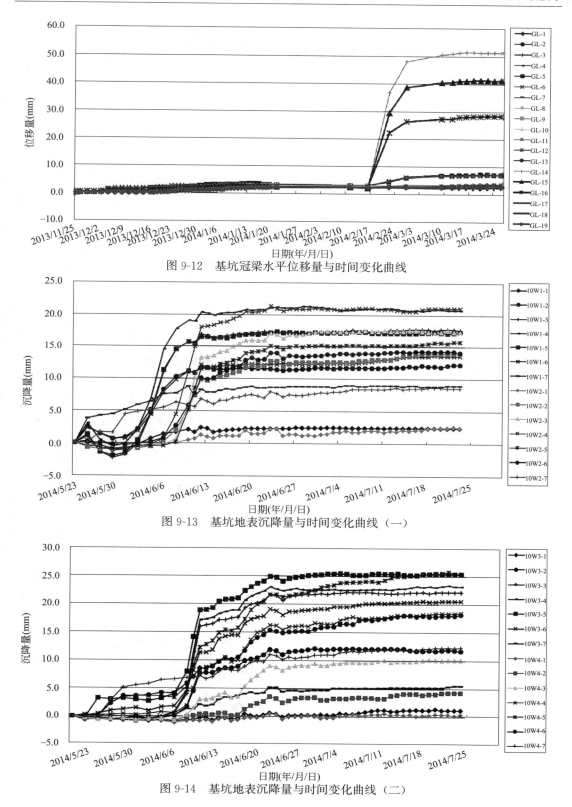

图 9-12 基坑冠梁水平位移量与时间变化曲线

图 9-13 基坑地表沉降量与时间变化曲线（一）

图 9-14 基坑地表沉降量与时间变化曲线（二）

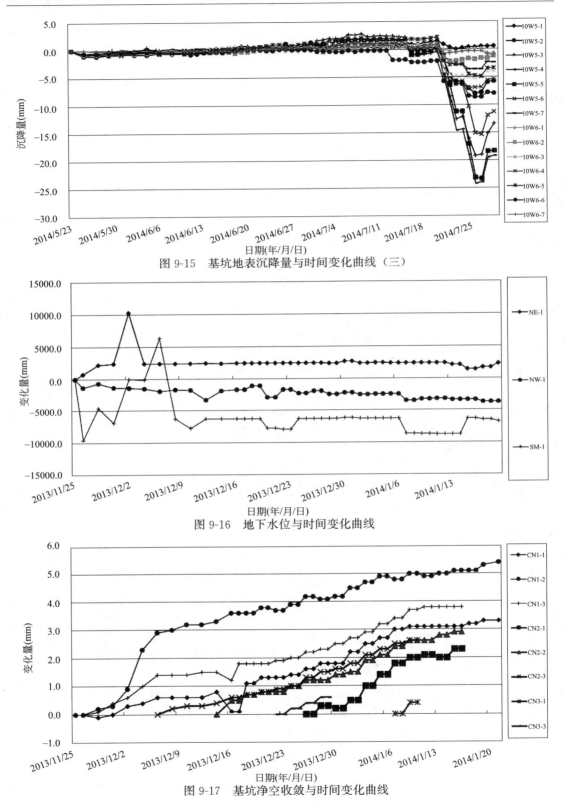

图 9-15　基坑地表沉降量与时间变化曲线（三）

图 9-16　地下水位与时间变化曲线

图 9-17　基坑净空收敛与时间变化曲线

第 9 章 施工监测与信息反馈技术

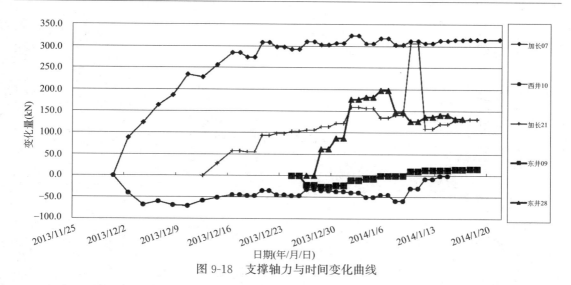

图 9-18 支撑轴力与时间变化曲线

根据现场开挖的实际情况，各地层的现状基本平行，且与地表大致平行。地下水，对地下土层的冲刷及流失是造成沉降的主要原因。

地表沉降是围岩稳定性判别的直观的监测项目，其检测结果能反映基坑开挖过程围岩介质变形的全过程。

由地表沉降的曲线图可以得出，地表沉降经历了三个阶段：

1）当基坑开挖深度在 $H{\leqslant}10{\rm m}$ 时，下沉作用很弱。这一阶段的下沉量很小，占总沉降量的 5%~10%。

2）当基坑开挖深度在 $10{\rm m}{<}H{\leqslant}17{\rm m}$ 时，地表下沉显著。这一阶段的下沉量占总沉降量的 60%~80%。

3）当基坑封底后，地表下沉趋势减缓，此时地层尚未固结，地层进入缓慢沉降过程。这一阶段经历的时间较长，一般最少经过 1 个雨季。该阶段虽然下沉趋势减缓，但下沉量占总下沉量的 20% 左右。

该工程中，施工单位为了减少基坑开挖引起的周围土体变化，多次注浆以固结基坑周围土体，减少周围土体的变化。施工后及时补充注浆，回补由施工引起的地层变化。地层在二次补浆后恢复到地面原状标高附近后沉降趋势明显减弱。说明基坑支护以及补充注浆后，基坑周围土体基本稳定，支护体系有效，注浆效果明显。

9.8.2 盾构区间监测总结

监测点布置及数量如表 9-11 所示。

监测点布置及数量 表 9-11

序号	监测内容	单位	数量	监测仪器	测点布置
1	地表沉降监测	点	529	精密水准仪	见附图
2	隧道拱顶监测	点	84	精密水准仪	隧道拱顶中线
3	管底隆起监测	点	84	精密水准仪	隧道管底中线
4	净空收敛监测	对	84	收敛计	隧道拱墙

监测数据如图 9-19~图 9-29 所示。

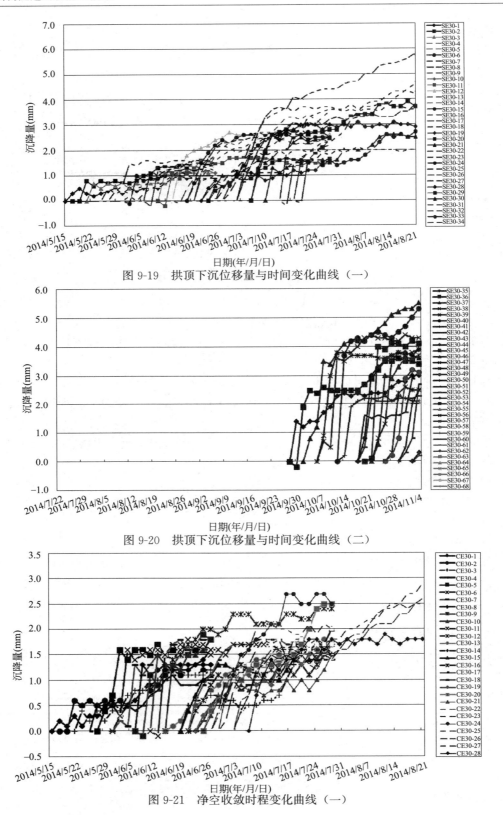

图 9-19 拱顶下沉位移量与时间变化曲线（一）

图 9-20 拱顶下沉位移量与时间变化曲线（二）

图 9-21 净空收敛时程变化曲线（一）

第 9 章 施工监测与信息反馈技术

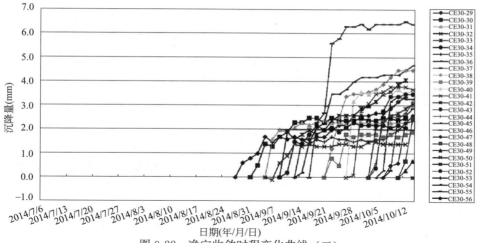
图 9-22 净空收敛时程变化曲线（二）

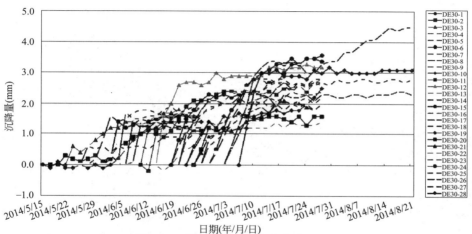
图 9-23 管底隆起时程变化曲线（一）

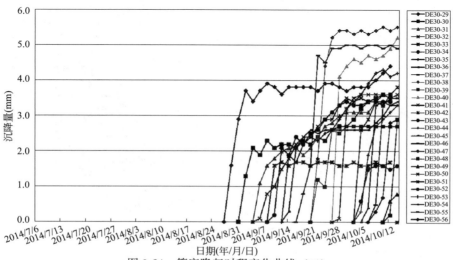
图 9-24 管底隆起时程变化曲线（二）

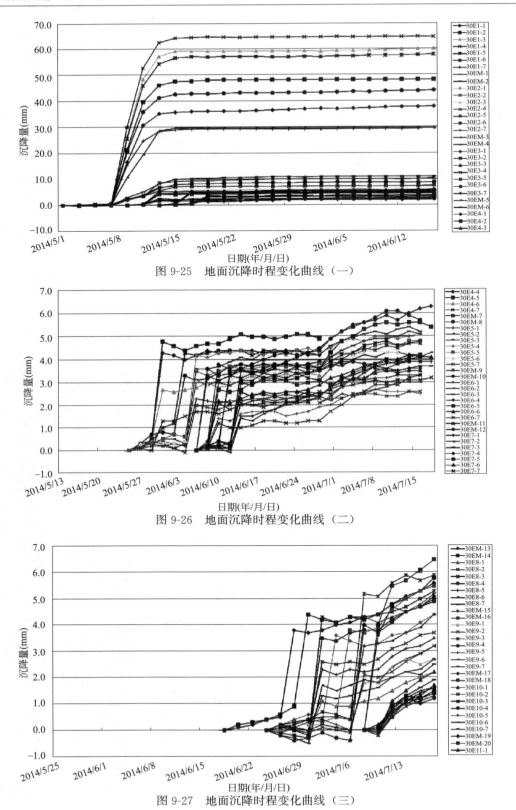

图 9-25 地面沉降时程变化曲线（一）

图 9-26 地面沉降时程变化曲线（二）

图 9-27 地面沉降时程变化曲线（三）

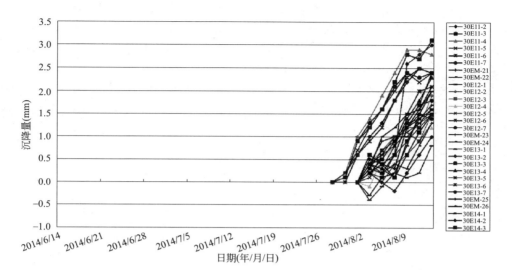

图 9-28 地面沉降时程变化曲线（四）

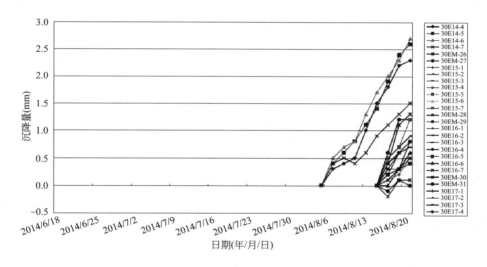

图 9-29 地面沉降时程变化曲线（五）

根据现场实际情况，各地层的现状基本平行，且与地表大致平行。地下水对地下土层的冲刷及流失是造成沉降的主要原因。

地表沉降是围岩稳定性判别的直观的监测项目，其检测结果能反映盾构机推进过程围岩介质变形的全过程。

由地表沉降的曲线图可以得出，地表沉降经历了三个阶段：

1）当盾构机刀头接近监测点下方时，下沉作用很弱。这一阶段的下沉量很小，占总沉降量的 5%～10%。

2）当盾构机刀头穿过监测点部位时，地表下沉显著。这一阶段的下沉量占总沉降量的 60%～80%。

3) 当盾构机刀头远离监测点部位时，地表下沉趋势减缓，此时地层尚未固结，地层进入缓慢沉降过程。这一阶段经历的时间较长，一般至少需要 5~7d。该阶段虽然下沉趋势减缓，但下沉量占总下沉量的 20% 左右。

该工程中，施工单位为了减少隧道掘进引起的周围土体变化，多次注浆以固结管片周围土体，减少周围土体的变化。地层在注浆后恢复到地面原状标高附近后沉降趋势明显减弱。说明隧道管片支护以及补充注浆后，管片周围土体基本稳定，支护体系稳定有效，注浆效果明显。

第10章 结论

热力隧道与地铁隧道相比有其特殊性,热力隧道是处在温度高、湿度大以及管道推力大的环境中,为保证热力管道运营安全,吸收热胀冷缩变形,采用热力支架固定管道及大面积使用"几"字弯热力补偿的设计。热力盾构隧道除了会遇到普通盾构施工中一些常见的问题,还会遇到热力检查井如何与盾构隧道安全接驳的施工技术问题以及盾构隧道管片拆除的问题;固定支架与管片的相互作用、热力管道的热胀冷缩以及热力小井的施工会导致盾构管片出现松弛等受力问题;连接螺栓和防水材料的耐久性能以及耐高温性能如何保证的问题,所以要发挥盾构技术的优点,必须进行相关关键技术的研究。

本书采用理论分析、试验室研究、数值模拟和现场试验等多种手段进行研究,形成了一整套热力盾构隧道工程的施工关键技术和系统认识。

1. 热力盾构隧道支架成型装置及其施工关键技术

国内外缺少热力盾构隧道的施工经验,缺乏对热力管道支架结构与盾构管片之间相互作用与影响的认识。通过一整套系统的试验研究,成功研发了一套热力盾构管道固定传力支架结构及其配套的施工技术。

支架结构受力明确、体系优化,具有良好的工作性能。框架梁最大应变值约为屈服应变的50%,相对挠度为1/585;长柱最大应变值约为屈服应变的46%,相对挠度为1/1123;短柱最大应变值约为屈服应变的10%,相对挠度为1/2882;环梁最大应变值仅为屈服应变的15.27%,可见各构件均有足够强度、刚度、稳定性,钢环梁及其固定件与混凝土管片连接可靠。根据工程实践进一步总结经验,完善该热力盾构管道固定传力支架结构及其配套施工技术,反馈工程施工,可供其他相似工程参考。

2. 热力盾构隧道温度场效应及热力支架对管片力学性能影响分析

热力隧道运营中由温度变化产生的温度应力相对于混凝土管片而言较少,不至于对管片产生结构性的破坏,但仍有可能会在混凝土管片表面产生一些微小裂纹,造成一定程度的损伤,所以在热力工程运营阶段中,应加强对混凝土管片的检查和监测,控制损伤程度则不会对混凝土管片的正常工作造成影响。

地铁标准环管片在一般荷载作用下,其变形、弯矩、轴力及剪力都是对称的;在安装热力支架后,热力盾构环管片内力发生局部突变,形成非对称变化。固定支架上的推力和管道重量通过环梁与管片的连接传递给管片,由于环梁与支架接头部位内力集中,相应的支架两侧连接管片与环梁的螺栓内力也会相应增大。施工时应根据推力的大小进行重点的考虑,验算预埋螺栓的抗剪承载力和管片混凝土的局部受压承载力。

3. 热力盾构隧道结构耐高温防水系统

为满足热力盾构隧道内部高温高湿的特殊环境下对结构防水系统的耐久性及防水能力要求,形成了以密实断面硅橡胶密封垫为主的热力盾构隧道结构防水系统。

通过对硅橡胶弹性防水材料进行人工老化试验研究,得出了100年使用后的压缩永久变形参数（约为7.5%），满足热力工程耐久性要求；采用密实断面的密封垫断面结构，通过对其防水能力、最大装配压缩应力进行模拟试验，验证了密实断面结构硅橡胶密封垫满足热力工程盾构管片拼装施工要求；对管片间隙缓冲材料和管片接缝内侧嵌缝材料也进行了经济合理的优化，进一步提高了热力盾构隧道结构防水系统的耐热性能，以满足热力盾构隧道的耐久性要求。

4. 热力检查井与盾构隧道多方案接驳施工技术

由于热力盾构隧道热力检查井数量众多，检查井施作与盾构推进间有多种情况，主要分为先井后隧、先隧后井两种。为实现热力盾构隧道的流水作业，研发了一套完整的热力检查井与盾构隧道接驳的施工技术，包含4种情况下的接驳状态施工方案，并通过数值分析、现场监测等方式分析各自的适用性及优缺点。

先井后隧前施作二衬的方案，其受力变形、开挖影响范围优于先井后隧后施作二衬的方案，但前者增加了盾构穿越竖井的难度，施工工期长。

在先隧后井两种不同的施工方案中，先施作围护桩的受力变形性能较好。从施工工期和施工难度分析，先施作围护桩节约一定的前期施工时间，但后期施工步序繁杂；以盾构直接通过的方案施作围护结构时，围护桩出现半桩后，需要采取锚杆注浆、钢围檩加固等技术措施，施工难度较大。

根据4种接驳方案受力变形能力、施工工期、施工技术难度以及实际工况、需求，合理综合使用4种施工方案，可满足施工安全和流水作业的要求，实现施工效益的最大化。

5. 热力竖井段管片保护性拆除施工技术

由于热力盾构隧道施工过程中盾构机需频繁穿越竖井段，为避免这种穿越带来的管片松弛问题，通过现场监测和数值分析研发了一套热力竖井段管片保护性拆除施工技术。

根据对管片支撑体系的分析，采用井字撑进行支护。从分析结果可以看出，随着加固范围的增大，盾构隧道本身及竖井结构受力变形性能越好，沿隧道轴线方向各测点的水平位移越小，管片拆除的影响范围就越小。因此，在管片保护性拆除施工技术中，以加固范围为一边紧接着竖井结构8环管片长度为主，可有效解决拆除管片带来的应力松弛问题。

本书内容的主要创新性：

1. 研究提出了热力盾构管道固定传力支架结构体系，该体系由支架、环梁、固定件、锚栓和管片组成，可确保热力管道运营中的隧道结构安全。

2. 提出了热力检查井与盾构隧道先井后隧、先隧后井两类四种接驳施工方法，并形成了井-隧施工成套技术，提高了施工效率。

3. 研发了耐高温老化硫化硅橡胶新型管片止水带，满足热力盾构隧道耐久性要求，投入运营以来不渗不漏。

参考文献

[1] 姚海波,王梦恕.热力隧道下穿地面建筑物的安全评价与对策[J].岩土力学,2006,(27)1:111-115.

[2] 熊建红,李锋.热力隧道下穿既有地铁线施工综合防护技术[J].铁道建筑,2010,(4):50-52.

[3] 王宇清.供热工程[M].哈尔滨:哈尔滨工业大学出版社,2001.

[4] 纪铁.热力隧道下穿房屋施工技术[J].西部探矿工程,2006,(12):162-164.

[5] 赵廷元.热力管道设计手册[M].太原:山西科学教育出版社,1986.

[6] 李岱森.简明供热设计手册[M].北京:中国建筑工业出版社,1998.

[7] 张耘荻.热力检查室侧墙开洞力学效应及隧道转角洞口反梁内力计算研究[D].北京:北京交通大学,2009.

[8] 张玉成.热力暗挖隧道结构内力计算分析[J].区域供热,2012(4):15-18.

[9] 张铭海.热力工程中浅埋暗挖法施工的动态控制[J].区域供热,2007(3):49-59.

[10] 尤田,刘军,王芳,等.热力隧道上穿既有地铁6号线隧道方案比选[J].北京建筑大学学报,2015,31(3):39-44.

[11] 冯继落,孙蕾等.北京长安热力复线工程的设计实践[J].特种结构,2009,26(5):70-72.

[12] 张新金,刘维宁,路美丽,等.北京地铁盾构法施工问题及解决方案[J].2008,41(10):94-99.

[13] 乐贵平.北京地铁盾构隧道技术[M].北京:人民交通出版社,2012.

[14] 刘佳冰,王军辉,苏晓华.热力管线暗做小室的结构设计与施工[J].区域供热,2005,(3):45-47.

[15] Vikas bansal. Performance analysis of earth-pipe-air heat exchange for winter heating [J]. Engineer and building. 2009:1151-1154.

[16] THOMAS Kasper, CAROLA Edvardsen, GERT Wittneben, et al. Lining design for the district heating tunnel in Copenhagen with steel fiber reinforced concrete segments [J]. Tunneling and Underground Space Technology, 2008, 23 (5):574-587.

[17] 中华人民共和国住房和城乡建设部.城镇供热管网设计规范:CJJ34-2010[S].北京:中国建筑工业出版社,2011.

[18] 中华人民共和国住房和城乡建设部.城镇供热直埋热水管道技术规程:CJJ/T81-2013[S].北京:中国建筑工业出版社,2014.

[19] 刘仰鹏,董淑棉.热力盾构隧道内管道纵向大推力对衬砌作用的实测及研究[J].特种结构,2019,36(4):103-110.

[20] 刘继林．热力检查室设计理论与方法研究［D］．北京：北京交通大学，2009．
[21] 董淑棉．热力盾构隧道内固定支架数值分析［D］．北京：北京交通大学，2009．
[22] 董淑棉．热力盾构隧道内固定支架数值分析［C］//2011中国盾构技术学术研讨会论文集，2011：210-215．
[23] 任华平．温度效应对热力隧道结构耐久性的影响研究［D］．北京：北京交通大学，2012．
[24] 王东平，杨红都，马涛，等．热力隧道管片接缝防水的设计研究［J］．特种橡胶制品，2015，36（5）：57-64．
[25] 王东平，马涛，韦增红，等．硅橡胶在热力隧道盾构管片防水中的应用［C］//2015年热硫化硅橡胶信息交流会论文集，2015：151-159．
[26] 全国橡胶与橡胶制品标委会密封制品分委会．静密封橡胶零件贮存期快速测定方法：HG/T 3087—2001［S］．2002．
[27] 中华人民共和国国家质量监督检验检疫总局，中国国家标准化管理委员会．硫化橡胶或热塑性橡胶压缩永久变形的测定 第1部分：在常温及高温条件下：GB/T 7759.1—2015［S］．北京：中国标准出版社，2015．
[28] 朱虹．热力井室的应力分析与设计［J］．特种结构，1998，15（2）：46-50．
[29] 申巧凤．热力隧道盾构法关键施工技术研究［D］．北京：北京交通大学，2016．
[30] 姚文博，贺少辉，张嘉文，等．热力盾构隧道先盾后井施工衬砌接头变形机理与控制［J］．岩土工程学报，2018，40（6）：1056-1065．
[31] 刘仰鹏，董淑棉，贺少辉，等．热力盾构隧道先盾后井施工对环缝及管片受力影响的研究［J］．区域供热，2018，197（6）：21-30．
[32] Yao W, He S, Wang D, et al. Deformation Regularity and Control of Segment Joints in the Project of Shield Tunneling Prior to the Shafts Excavation［J］. Geotechnical and Geological Engineering, 2019, 37（5）: 4589-4602.
[33] 林宗元．岩土工程试验监测手册［M］．北京：北京建筑工业出版社，2005．
[34] 中华人民共和国住房和城乡建设部．建筑基坑工程监测技术标准：GB 50497—2019［S］．北京：中国计划出版社，2020．
[35] 中华人民共和国住房和城乡建设部．建筑变形测量规范：JGJ 8—2016［S］．北京：中国建筑工业出版社，2016．
[36] 中华人民共和国住房和城乡建设部．工程测量标准：GB 50026—2020［S］．北京：中国计划出版社，2021．
[37] 中华人民共和国铁道部．铁路隧道施工规范：TB 10204—2002［S］．北京：中国铁道出版社，2002．
[38] 中华人民共和国住房和城乡建设部．城市轨道交通工程测量规范：GB/T 50308—2017［S］．北京：中国建筑工业出版社，2017．
[39] 中华人民共和国住房和城乡建设部．地下铁道工程施工质量验收标准：GB/T 50299—2018［S］．北京：中国建筑工业出版社，2018．
[40] 北京市质量技术监督局．地铁工程监控量测技术规程：DB 11/490—2007［S］．2007．